崎山直樹・二宮 祐・渡邉浩一 編
井上義和・笠木雅史・北村紗衣・標葉靖子・標葉隆馬・
嶋内佐絵・成瀬尚志・羽田貴史・光永悠彦・吉田 文 著

現場の大学論

大学改革を超えて未来を拓くために

ナカニシヤ出版

まえがき

1 COVID-19 と大学

2020 年 1 月，学期最後の授業の終わり際，学生から不意に質問を受けた。この学生は 2 月中旬より香港でのインターンシップ・プログラムに参加する予定であった。質問は，報道されはじめた新型感染症の影響についてであった。私はとっさにこう答えてしまった。「もし君らが行けない状況になったら，その時は対岸の火事どころじゃないよね。日本どころか世界中大騒ぎになると思うんだ。さすがにそれはないんじゃないかな」。この言葉を口走った時の嫌な予感は，今でも鮮明に覚えている。そしてその予感の数倍，数百倍の規模で被害は拡大していった。当然，予定していた派遣の多くは，直前にキャンセルとなった。

2020 年春の COVID-19 の第一波に際し，大学が直面した最初の困難は 2 月末にピークを迎える大学入試をどう乗り切るかであった。WHO が「国際的な緊急事態」を宣言した 1 月 30 日，文部科学省高等教育局大学振興課大学入試室は「新型コロナウィルスに感染した場合等の受験生への配慮について（依頼）」という事務連絡を発出している。内容としては「振替受験の実施や大学入試センター試験を参考にした合否判定等，柔軟な対応」をというものであり，各大学ともに知恵を絞らざるをえない状況となった[1]。しかしながら，2 月中は心配されていた市中感染の事例も少なく，入試も多少の混乱はあったものの，つつがなく進行することができた。

だが，状況は次第に変化していった。2 月 27 日には全国すべての小中高校に臨時休校の要請が発出され，3 月 9 日の専門家会議では「三密」を避ける呼びかけが提示された。この時期までに大学は，どのようにしたら新学期が始められるのかという問いに向き合いはじめた。オリンピックの延期が発表された 3 月 24 日に文科省は，「令和 2 年度における大学等の授業の開始等について」という文書を発表した。この文書において，「補講授業，遠隔授業，授業中に課すものに相当する課題研究等を活用し」，また「10 週又は 15 週の期間について弾力的に取り扱って差し支えないこと」が通知された。「遠隔授業」としては，「テレビ会議システムを用いた遠隔授

---

1) https://www.mext.go.jp/content/20200204-mxt_kouhou01-000003979_6.pdf（最終閲覧日：2021 年 9 月 18 日，以下 URL に関しては同様）

業」,「オンライン教材（MOOC 等）を用いた遠隔授業」の事例が紹介された。さらに，これまで「60 単位」とされていた遠隔授業の単位上限の規制が緩和されることも伝えられた[2]。この通知を受け，多くの大学は新学期の開始時期を遅らせるものの，遠隔授業を活用し「学びを止めない」ことを方針として定めた。

4 月 7 日，7 都府県に対して緊急事態宣言が発せられた。4 月 16 日には緊急事態宣言は全国へと拡大され，13 都道府県は特定警戒都道府県へと切り替わった。多くの大学は始業式などを中止し，新学期の開始を 4 月末あるいはゴールデンウィーク明けの 5 月上旬にずらした。このような状況下では「遠隔授業」だけが頼みの綱であった。もちろん準備やインフラの整備も不十分であった。大学として学生，そして教職員に対して有効な支援を実施できなかったところも多数あった。しかしながら，SNS 上での教員有志による情報共有など，これまでにない草の根的な動きもみられた。活用できる資源に限りはあったものの,「学びを止めない」ためにできうる限りのことが試みられていた。

もちろんすべての局面で上手くいったわけではなかった。たとえ不慣れな新しい教育システムを導入したとしても，例年であればガイダンスを実施し，その混乱は最小限に抑えられたかもしれない。しかしそれができなかった。結果として一部の大学・学部における「遠隔授業」のあり方は批判を呼び，それはいつしか大学教育全体への批判へと結びついていった。

試しに「遠隔授業」「大学」というキーワードがどのように報じられたのかを確認しておこう。意外に感じられるかもしれないが，4 月中旬の時期まで，メディアは大学での「遠隔授業」を，コロナ禍という困難な状況に立ち向かう試みとして賞賛することが多かった。たとえば 4 月 17 日の日本経済新聞は,「講義 4000 超オンラインに」,「授業の工夫一段と」と東京大学の試みを好意的に評価している[3]。しかし 4 月下旬になると状況は一変する。SNS 上では「＃学費返還運動」というハッシュタグが踊り，オンライン署名サイト Change.org では授業料や施設利用料の返還を求めるキャンペーンが始まった。メディアもこの流れに同調し，遠隔授業の「質の低さ」が問題とされるようになった。ここで注意しなくてはならないのは，このようなキャンペーンのはじまった 4 月下旬の時点で多くの大学はまだ授業を開始できていなかったということである。したがって「質の低さ」云々を議論できる

2) https://www.mext.go.jp/content/20200324-mxt_kouhou01-000004520_4.pdf
3) https://www.nikkei.com/article/DGXMZO58142250W0A410C2000000

状況ではなかった。また何をもって「質」を測るのかという点についても議論が深められないまま，大学は一方的にレッテルを貼られ，批判に晒された。この状況は少なくとも事態を改善するための前向きな議論ではなく，批判のための批判であり，結果，何も改善しないまま，時間と労力だけが失われていった。

　同様の悲劇は繰り返された。2020 年 7 月，「＃大学生の日常も大事だ」というハッシュタグが SNS 上で拡がった。首都圏で緊急事態宣言が解除されたのは 5 月25 日，都道府県をまたぐ移動の自粛の緩和は 6 月 19 日に行われた。しかし多くの大学は面接・対面授業を再開できなかった。その理由には，一時的に抑えられているとしても再度感染が拡大する可能性が否定できなかったこと，そしてひとまず前期期間の単位認定のプロセスを滞りなく終わらせたい，そういう判断があったと思われる。実際に首都圏は 7 月上旬には再度感染者増加の局面に入っていた。また，遠隔授業から面接授業に戻したためにクラスターが発生した事例もあった。

　そしてタイミングが悪いことに，多くの大学はこの時期に秋以降のスケジュールや授業の方針を発表せざるを得なかった。学生たちが SNS 上で吐露する苦しみには胸を締め付けられた。大学に通えない苦痛は共感できたし，一部の大学の対応のまずさは問題だと感じた。しかしあの時点で大学に何ができたのだろうか。文科省が管理するさまざまな業界団体は業種別のガイドラインを策定し，感染防止予防と活動再開に向けた道筋を示しはじめていた。しかし大学については，研究活動の両立に向けたガイドラインは早々に公表したものの，2021 年 4 月時点でも，文科省は対面授業再開に向けたガイドラインを策定することができなかった[4]。

　またこの時期から文科省の対応はぶれはじめる。たとえば 2020 年 7 月 27 日に「本年度後期や次年度の各授業科目の実施方法に係る留意点について」（以下「7 月留意点」）という事務連絡が行われた[5]。この文書は冒頭，次年度までの遠隔授業の特例措置の継続という内容が黒枠で囲い強調され，面接授業再開について慎重な立場を示している。しかし本文では「大学設置基準第 25 条第 1 項が，主に教室等において対面で授業を行うことを想定していることに鑑み，地域の感染状況や，教室の規模，受講者数，教育効果等を総合考慮し，今年度の授業の実施状況や学生の状況・希望等も踏まえつつ，感染対策を講じた上での面接授業の実施が適切と判断されるものについては面接授業の実施を検討していただき」とあり，後期からの面接

---

4) https://www.mext.go.jp/a_menu/coronavirus/mext_00028.html
5) https://www.mext.go.jp/content/20200727-mxt_kouhou01-000004520_1.pdf

授業の再開を促しているようにも読める。文書が出たのは感染が急拡大しているタイミングである。感染予防のコストも感染のリスクもすべて現場に押しつける形の「お願い」は，どういう政策意図に基づいて出されたのであろうか。

　この問題は何も COVID-19 に限定されるものではない。近年の大学改革は終始，この調子である。大学入学共通テストを例に挙げると，あらかじめ導入時期だけが先に決まり，その後泥縄的に仕様が決まり，準備不足やスケジュール的に困難であることが判明したとしても，止まることなく進んでいく。現在の大学改革はどこへ向かっているのか，本書では現状の課題を整理したうえで，このような状況を乗り越えるための方策を考えてみたい。

2　本書の構成

　序章では，近年の日本の大学改革の特徴である，拙速かつ現場を無視した意志決定のあり方が，どのように形成されてきたかを整理する。そのうえで，大学改革はどこへ向かうのか，また，このような状況のなかで大学は何ができるのかという，本書全体を貫く問題関心を提示し，続く1章から9章を導く。

　本書の最初の3章では，大学が直面している国際化，大学入試制度改革，そして研究評価という三つの外圧を扱う。1章で嶋内佐絵は日本における大学の国際化に関して，特に留学生の受け入れや国際化の多様な側面を論じている。日本研究や日本語による学術研究の固有性・独自性を日本語世界で閉じたものにするのではなく，それらを国際共通言語と国際的な作法をもって開いていける研究者・教育者の育成が急務だという主張は特に重要であろう。2章では光永悠彦が，テスト理論を踏まえ，試験を通じて何が測れ，何が測れないのか，あるいは何を測るべきではないのかを論じている。光永が主張するように安易に新方式に飛びつくのではなく，テストとはどのような行為なのかを社会の中で今一度確認することは重要だろう。3章では標葉隆馬が，人文・社会科学分野をめぐる研究評価について，ライデン声明，ノルウェーモデルを紹介しつつ論点を整理している。特にデータベースの構築や，東日本大震災後に民俗学や歴史学などの分野の研究者によって行われた歴史資料の保存といった社会的・文化的インパクトをもつ貢献を何らかのかたちで評価していくべきではないかという提案は，現代社会の中で人文／社会科学領域を評価していくためにも重要な観点を提供している。

　続く4章以降では，大学改革が続くなかで困難に直面してきた人びとや今後を担

う人びとの育成に焦点をあてる。4章では二宮祐が，従来的な教職員が担えない専門的な業務を担当する「新しい専門職」と若手研究者問題を論じている。どのようなプロセスで「新しい専門職」が導入され，誰がそれを担い，どのような困難に直面しているかが明らかにされる。5章では標葉靖子によって大学院における科学コミュニケーション教育のあり方が論じられている。「強い民主主義」に向けて，「科学と社会の関係深化」のための科学コミュニケーションの重要性は日々増しており，その育成と課題が整理されている。また小括として，高等教育研究者にして長らく大学改革に関わってきた羽田貴史と編者・編集者の四人での対話を収めている。本書が羽田による「高等教育を領域に取り込めない教育学と，教育学以外の視点をもてない高等教育研究」，「非高等教育・非教育学研究者が高等教育について発信しなくなった」という指摘への，何らかの応答となっていることを願いたい。

　6章以降では，近年の大学の変化について，教育という観点から掘り下げている。6章では井上義和がアクティブ・ラーニングについて「参加型パラダイム」という点から議論を展開している。特にここで井上が区別している「放任」と「設計的な自由」という論点は，日本におけるアクティブ・ラーニングのさらなる発展のための新たな視点を提供してくれる。7章では笠木雅史が，アメリカにおけるライティング教育の導入の歴史を明らかにしたうえで，日本におけるライティング教育の課題と展望を検討している。8章・9章は，現在の大学で行われている教育実践の紹介となる。8章は，北村紗衣による「英日ウィキペディアン養成セミナー」，9章は成瀬尚志による「ソーシャルアクション」の紹介である。この二つの事例はともに，既存の大学教育のあり方への批判や社会・学生からのニーズに応えたものであろう。学生の主体的な参加を求め，さらに学びの成果や活動の場を狭い大学の教室に限定することなく，社会への接続・還元を意識した新しいタイプの教育実践となっている。これらの事例のように，大学における教育のあり方も変わりつつある。最後に全体の総括の意味を込め，教育社会学者の吉田文を招き，教養教育のあり方や今後の大学について語り合った。

　ここで本書のタイトルについて簡単にふれておきたい。本書は当初，現在の大学改革をさまざまな角度から批判的に論じることを目的に企画され，バラエティに富む識者に執筆を依頼した。そのうえで実際にお寄せいただいた各章の原稿を読みながら，編者と出版社編集部で検討するなかで，キーワードとして浮かび上がってきたのが，あとがきでも詳しくふれるように「現場」という言葉であった。さまざまな事情によって最終段階で決定することとなった『現場の大学論――大学改革を超

えて未来を拓くために』という本書のタイトルには2通りの意味が込められている。一つは終わりなき大学改革に晒され続けている「現場からの」大学論，そしてもう一つはその改革に疲弊する「現場のための」大学論である。本書および本書に収められている各章がこのタイトルにうまく合致するものとなっているか，そして本当に「未来を拓く」ためのものとなっているかどうかについては，本書を読み終えた読者のみなさまのご判断に委ねたい。

　本書にはさまざまな大学・研究機関に所属する若手・中堅の研究者が参加している。それぞれの専門領域も異なり，直面している課題もまた多様である。しかしながら共通していることは，現状をよりよくしたいという思いである。そしてこの世代の教員・研究者は中央教育審議会「2040年に向けた高等教育のグランドデザイン（答申）」がゴールと見定める2040年においてもまだ現役の世代でもある。序章で紹介するシミュレーションは他人事ではなく，我々が直面する未来である。よりよい未来を掴むためにも，今何ができるのか。あるいはどのような改善ができるのか。教育現場における試行的な取組を紹介し，そこで蓄積された経験を共有し，そのようなコミュニケーションを通じて，血の通った大学教育のあり方を模索すること。それは，ごく少数の人間が描いた机上の空論ではなく，できる限り多くの人びととの協働を通じて模索され，実現されていくものだろう。そのためにもさらなる議論が必要である。本書がその開かれた議論の契機となることを望む。

2022年6月10日

崎山直樹

目　次

序　章

無責任な大学改革を越えて

なぜ準備不足のまま計画通り進むのか

崎山直樹

1　国立大学改革と「賭金」

　2018 年 12 月 20 日，文部科学省は内閣府に設置されている総合科学技術・イノベーション会議へ「国立大学改革の方向性について」を提出した。これには「第三期中期目標期間中の国立大学運営費交付金改革」という提案が含まれていた[1]。国立大学にとって 2018 年末は，2016 年から 2021 年までの第 3 期中期目標の折り返しの時期にあたっていた。この中期目標期では国立大学は「地域」,「特色」,「世界」という三つのカテゴリーに分けられ，それぞれのカテゴリーで運営費交付金の一部を巡る競争が強いられていた[2]。この提案によってこれまで約 100 億円であった「賭金」は，いきなり 10 倍の約 1000 億円に拡大された。

　そもそも中期目標期間中に配分のルールが大幅に変わるということは異常である。しかしそれ以上に，どのような指標で評価するのかも明らかにされないまま総額だけが拡大されたという点はさらに深刻である。

　結果的には，「社会への説明責任と国立大学改革の進捗状況を分かりやすく社会に発信するという観点から，評価指標（KPI）の精選等について評価」が行われ，配分がされた[3]。妥当な共通指標が設定されるに越したことはない。もしこれが 2022 年からの第四期中期目標期間から導入されるという話であれば，時間的余裕も

---

1) 文部科学省「国立大学改革の方向性について」平成 30 年 12 月〈https://www8.cao.
go.jp/cstp/siryo/haihui041/siryo1-2.pdf（最終閲覧日：2022 年 6 月 14 日，以下本章の
URL に関しては同様）〉

2) たとえば以下の文書を参照のこと。第 3 期中期目標期間における国立大学法人運営費交
付金の在り方に関する検討会「第 3 期中期目標期間における国立大学法人運営費交付金
の在り方について　審議まとめ」平成 27 年 6 月 15 日〈http://www.mext.go.jp/
component/b_menu/shingi/toushin/__icsFiles/afieldfile/2015/06/23/1358943_1.pdf〉

あり混乱は少なかったかもしれない。しかし近年の大学改革の特徴は，「まえがき」で触れた大学入学共通テストのように，あらかじめ導入時期が先に決まり，その後泥縄的に仕様が決まっていくことである。そして多くの場合，検討が足りなかった，実現するためのリソースが足りないなど準備不足が明らかになっても，またスケジュール的に困難であることがわかったとしても，そのまま計画が進んでいく。たとえそれが中途半端な状況に陥ることがわかりきっていても，にっちもさっちもいかなくなったとしても，現場が顧みられることなく，改革は進められていく。現在の大学改革はどこへ向かっているのか，そしてなぜこのように拙速な改革が進められるのか。本章ではそれを明らかにしたうえで，このような状況を乗り越えるための方策について考えていきたい。

2 2040 年のグランドデザイン

　近年の大学改革を考えるためのケーススタディとして，一つの文書に注目しよう。2018 年 11 月 26 日，文部科学省中央教育審議会（中教審）は「2040 年に向けた高等教育のグランドデザイン」と題する答申（以下，「グランドデザイン答申」）を公表した。本節では，この答申の内容および，それに合わせる形で発表された AI を利用したシミュレーションについて，検討する。

　このグランドデザイン答申は，答申が公表された 2018 年に生まれた子どもたちが「大学の学部段階を卒業するタイミングとなる年」である 2040 年を見据え，これまでの「将来像答申」（平成 17 年），「学士力答申」（平成 20 年），「質的転換答申」（平成 24 年）といった一連の中教審答申を踏襲しつつ，そこから逆算的に考え，必要な提言を行ったものとされる[4]。

　この答申で示される未来の課題とは，持続可能な開発，第 4 次産業革命，Society5.0，人生 100 年時代，さらなるグローバル化に地方創成など多岐にわたるが，この課題に向き合うことになる若年層は今後も減少していく。答申での推計では，2040 年の高等教育機関への進学率は現在よりも上昇するものの，進学者数は約

3）文部科学省「令和元年度国立大学法人運営費交付金の重点支援の評価結果について」〈https://www.mext.go.jp/content/1417263_01_1.pdf〉

4）「2040 年に向けた高等教育のグランドデザイン（答申）」〈http://www.mext.go.jp/b_menu/shingi/chukyo/chukyo0/toushin/1411360.htm〉

74 万人とされ，これは 2017 年との比較で 23 万人の減少となる。大学進学に限定すると約 51 万人で，約 12 万人の減少が見込まれ，これは現在の約 80％となる。したがってこの答申では，若年層の減少に応じた高等教育機関全体の規模見直し，つまりどのように大学の数や入学定員を減らすのかが課題として設定されている。

　18 歳人口の減少を踏まえた定員規模の検討は，公立大学も私立大学も直面する課題であるものの，国立大学，特に地方の国立大学への圧力はより重いものとなっている。たとえば，この答申では地方の大学に関する統制を国から地方へ移管するための仕組みとして「地域連携プラットフォーム（仮称）」という提案が示されている。これは地域の高等教育機関を中心に，地方公共団体，産業界が積極的に関わり，将来像の議論や具体的な連携・交流等の方策について議論するものとされている。今後はこのなかで，将来的な国公私立の枠組みを越えた統廃合が議論されるのであろう。しかし，設置主体，規模，歴史，役割などを超えて大学が足並みを揃えていくのは難しいだろう。また仮に統廃合が進んだとしても，現状の教育研究環境と比べてどのようなメリットがあるのかも不明である。

　このようにグランドデザイン答申では，国が統制する部分を縮小し，そこで担いきれない部分については地方へ権限を委譲するという方向性が示されている。これは大学の設置，管理のあり方だけでなく，予算についても同様の方向性が示されている。高等教育に関して引き続き公的支援の充実が必要であることは明記されているが，民間からの投資や社会からの寄付等の支援が拡充することも期待されている。そのためにもこれまで求められていなかった教育・研究のコストの可視化や高等教育全体の社会的・経済的効果を社会へ提示することが求められている。

　またコストだけでなく，学修成果の可視化や情報の公表も同時に求められている。先の質的転換答申でもこの方向性は示されたものの，あくまで測定しやすい学修時間に注目したものであった。今回のグランドデザイン答申はさらに踏み込み，「学修者本位の教育の転換」を掲げ，「何を学び，身につけることができたのか」という教育成果（アウトカムズ）に注目する必要を強調している。個人的にはこの方向性は望ましい改善であると考えている。しかしながら多様な学生，教員，到達目標，学習形態から構成される大学での学修成果を測定するということは簡単なものではない。先に触れた大学教育をコストという観点から評価しようとする方向性と教育成果に注目して評価しようとする試みは，本当に同時並行で整備可能なものなのだろうか。そもそも新しい教育方法にあった新しい評価項目の定義，測定方法の開発，評価の妥当性の検証など，課題は山積している。全体のコスト削減と新しい方法の

開発を進めることが両立できるという確証は，いかなる情報や事実に立脚し提案されたものなのだろうか。

このようなちぐはぐさを象徴する，この答申に関連する文書を一つ紹介したい。2018 年 11 月 20 日の大学分科会と将来構想部会の合同会議にて，京都大学こころの未来研究センター，日立製作所基礎研究センター日立京大ラボが協力し作成された「AI を活用した，日本社会の未来と高等教育に関するシミュレーション」と題された資料が提出された[5]。この資料は 2040 年の高等教育のあり方について，社会に関するさまざまなキーワード，たとえば高齢人口，出生率，GDP といった指標と，高等教育関連のキーワード，たとえば教育の質，学力，教育投資といった指標との間の因果関係を統合し，相関関係モデルを構築し，これらに基づいたシミュレーションの結果をまとめたものとされる。この資料によると，2 万通りのシミュレーションは大きく八つのシナリオに収斂し，大括りで区分すると，「持続可能性が高く，社会的パフォーマンスも高く，高等教育も充実している」（シナリオ 1, 2, 3），「持続可能性は中程度，社会的パフォーマンスも中程度，高等教育の充実も中程度」（シナリオ 4），「持続可能性は低く，社会的パフォーマンスも低く，高等教育の充実もしていない」（シナリオ 5, 6, 7, 8）という大きく三つのグループに分かれるという。またこれらのシナリオは，「9–10 年後（2027–2028 年）頃」と「16–17 年後（2034–2035 年）頃」に分岐するとされる。

では何がこのようなシナリオの分岐を引き起こすのか。この資料では二つのポイントが示されている。第一のポイントについては，「持続可能性は低く，社会的パフォーマンスも低く，高等教育の充実もしていない」シナリオをみてみよう。このケースの場合，社会に関しては「人口」や「地域」の指標が現状よりも低調であり，高等教育については「教育の質」「大学進学率」「地方大学の振興」が低調な状況に陥ると予測されている。このように，この資料では「教育の質」「大学進学率」「地方大学の振興」が重要な鍵を握ると強調される。第二のポイントは，どの地域の高等教育機関へより投資を行うのかという論点である。このシミュレーションでは，大都市を中心とした「都市（一極）集中型」よりも，バランスの取れた「地方分散（均等発展）型」が望ましいとされる。特に重要なのは 2020 年代後半の分岐である。

5)「大学分科会（第 145 回）・将来構想部会（第 9 期〜）（第 29 回）合同会議　配付資料 1 − 2　AI を活用した，日本社会の未来と高等教育に関するシミュレーション」〈http://www.mext.go.jp/b_menu/shingi/chukyo/chukyo4/siryo/__icsFiles/afieldfile/2018/11/20/1411277_2_1.pdf〉

この分岐時までに「大学進学率の向上，教育投資の充実，留学生の確保，研究者の確保・育成，地方大学の振興」を図ることが重要であると強調されている。そして，この資料では 2040 年の将来を見据えて，この 10 年間で「答申案で提言されている改革を着実に実行することが重要」であるとしている。

　指標の定義や分析方法などが明確ではないために分析の妥当性を議論することは難しい。しかしそこで示される将来像やその分岐の要因については，大学の現場で働く者の実感に近いものとなっている。問題なのは，このシミュレーションの描く未来と，答申や 2018 年 12 月に文部科学省が示した「国立大学改革の方向性について」との間の齟齬である。シミュレーションでは「地方大学の振興」が鍵を握るとされているにもかかわらず，答申では大学の規模縮小が議論され，「国立大学改革の方向性について」で示された運営費交付金の競争資金部分の拡大は地方大学により不利に働く可能性が高い。なぜこのような齟齬が起こるのだろうか。文部科学省の政策としては珍しくデータ分析を用いているにもかかわらず，それが活かされない理由はどこにあるのだろうか。

3　官邸主導の文教政策

　このような理解可能な危機意識と理解困難な改革の方向性という乖離はどのようにして生じるのだろうか。長らく中教審の委員を務めてきた川嶋太津夫の指摘は，この乖離を考えるための貴重なヒントになるだろう。川嶋は 2018 年末に発表した論稿にて「昨今の審議会は，論点も含めて事務局が作成してきた原案に単に各委員がそれぞれの立場からコメントを加えるだけの場になってしまっている」と述べている。さらにこの文章の注記では，具体的な事例として 2012 年 6 月 7 日の大学教育部会での出来事に触れている（川嶋 2018：143）。では，この日何があったのだろうか。佐藤郁哉によれば，「当日の議論の対象であった「大学改革実行プラン」が審議会における議論を経ずに，会合に先立つ 6 月 5 日にマスメディアに公表されていたことについて数人の委員会から疑問」が呈されたそうだ。具体的にみてみよう。委員の一人，宮崎緑は「今日に至る前に，こういう会議でほとんど具体的な議論は何も出ないうちにマスコミ等で詳しい内容が報告されているのです。それも完了形で「決まりました」「やります」「いつからです」というようなことが出ますと，大分慌てるわけですが，これから審議してくださいということですが，まだ議論の余地があるものなのかどうかというのをまず伺いたいと思います」と，事務局の運

営をやんわりと批判している。また濱名篤は「そうした議論がされていないにも関わらず出てしまうというのは極めて影響が大きくて，それが新聞1面のトップ記事になっているというのを見ても，中央教育審議会というのは一体何だろうかというような，基本的な疑念が生じるというようなことになるので少し考えていただく必要があるのではないか［…略…］我々は一体何をやっているのだろうかという，徒労感というか，そうした思いを抱かざるを得ないところがあります」（佐藤 2018：380）と率直な意見を投げかけている[6]。

このように中教審の委員の預かり知らぬところでプランが作成され，なおかつその公表を事後的に承認せざるをえなかったことはたしかに問題である。しかしさらに問題なのは，いかにして通常の審議プロセスをないがしろにしてまで拙速な意志決定が行われたのかという点であろう。この一連の流れを理解するためにも，「大学改革実行プラン」に注目してみよう。

このプランが公表された 2012 年は，4 月に「グローバル人材育成推進事業」の公募が始まり，8 月に質的転換答申が公表された年であり，現在へと続く大学改革の大きな転換点に位置づけられる。また「大学改革実行プラン」では，グローバル人材および質的転換に関連する施策が具体化されているだけでなく，平成 25 年度より開始される「地（知）の拠点整備事業」（通称 COC）のアイデアも先取りするものとなっている。また国立大学改革については，「個々の大学のミッションの再定義」の施行が提案され，この「ミッションの再定義」を踏まえ，「国立大学改革プラン」が策定されることが明記されている[7]。このように，「大学改革実行プラン」は直後に出される答申を踏まえ，新しく始まる大規模教育プログラムの内容ならびに国立大学の改革の方向性を定めた文書と評価できるだろう。このような文書が責任を負う審議会の議論を経ずに公開され，実行力をもってしまったのはどのような力学が働いたためだろうか。

鍵を握るのは 2011 年 12 月に発表された一つの文書である。例年財務省は予算政府案の内容について情報を公開している。平成 24 年度予算についても例年同様に各項目ごとに予算の内訳や政策の意図が説明されている。その中の一つ「文教・

---

6) なお当該会議の議事録については，以下の URL を参照のこと。「大学教育部会（第 17 回）　議 事 録」〈http://www.mext.go.jp/b_menu/shingi/chukyo/chukyo4/015/gijiroku/1323747.htm〉

7)「資料 2　大学改革実行プラン〜社会の変革のエンジンとなる大学づくり〜」〈http://www.mext.go.jp/b_menu/shingi/chukyo/chukyo4/015/attach/1322565.htm〉

科学技術予算」の中に，異様な文書が挿入されている。「平成 24 年度国立大学法人
運営費交付金等について」と題されたこの文章では，平成 24 年度予算の総額，「国
立大学改革強化推進事業」（138 億円）の新設，そして「具体的な国立大学改革の
方針については，別紙の基本的な考え方に基づき，文部科学省内に設置するタスク
フォースにおいて検討を行い，協議の上，速やかに改革に着手する」という三つの
基本方針に沿って「扱うものとする」とされる[8]。

　また引用箇所にある「別紙」とは，この文書の次ページに添えられた「今後の国立
大学の改革について（基本的考え方）」という文書を指す。そこでは，「欧米の主要
大学に伍して教育研究活動を展開」「特化した分野・地域での卓越した人材育成」と
いったその後の機能別分化を先取りするアイデアや「一法人複数大学方式（アンブ
レラ方式）」「国立大学運営費交付金の配分基準などについての更なる整理」といっ
た，現在国立大学が直面している改革の素案が示されている。そしてこの別紙の最
後は「文部科学省内に設けられるタスクフォースにおいて，これまでの関係者の議
論も参考にしながら，所要の整理を行い，すみやかに改革に着手したい」という文
章で締めくくられている。先に挙げた「平成 24 年度国立大学法人運営費交付金等
について」は国立大学予算を「扱う」立場，財務省側が作成した文書であろう。そし
て別紙の方は「着手する」側が作成したものであり，おそらくこちらの文書の作成
主体は文科省ということになる。つまり財務省が公表している政策文書の中に何の
断りもなく，文科省が作成した文書が挿入されているということになる。おそらく
その意図は，財務省と文科省との間での取り決めを公表することで，何らかの拘束
力をもたせたいというものだろう。しかしここでいうところの着手とは一体どのよ
うな行為を指すのだろうか。もちろんタスクフォースを設置し，そこで関係者が議
論することで改革案をでっち上げることは可能であろう。しかしながら実際に改革
を実行するのは省庁でもなく，タスクフォースでもなく，個々の大学である。そこ
で働く教職員，学ぶ学生，そして高校や企業や地方社会などの多様なステークホル
ダーを巻き込みながら，また，現状の問題点を確認しながら，課題を一つ一つ改善
していくことを抜きに改革は進まないはずである。しかしながらこのような地道な
プロセスをすっ飛ばして政策が立案されている。この二つの文書は，現場での日々

8）　神田主計官「平成 24 年度国立大学法人運営費交付金等について」『平成 24 年度文教・科学
　　技術予算のポイント』2011 年 12 月，49 頁〈https://warp.ndl.go.jp/info:ndljp/pid/11400594/
　　www.mof.go.jp/budget/budger_workflow/budget/fy2012/seifuan24/yosan011.pdf〉

の改善に向けた努力を無視した，現在の政策立案のあり方を物語っている。

またこのテキストに先立つこと一年，平成23年度予算政府案「文教・科学技術予算」にも同様に不思議な文書が挿入されている。「大学改革について」と題されたこの文書では，冒頭に「大学改革について文部科学省と以下の合意がされた」と明記されている。では何が合意されたのか。短いものなので全文引用しよう。

> 時代の要請に応える人材育成及び限られた資源を効率的に活用し，全体として質の高い教育を実施するため，大学における機能別分化・連携の推進，教育の質保証，組織の見直しを含めた大学改革を強力に進めることとし，そのための方策を1年以内を目途として検討し，打ち出すこと。[9]

この文章は財務省の，財務省と文部科学省との間での高等教育政策立案をめぐる主導権争いに対する勝利宣言なのであろう。2010年末の段階で，大学改革に関する手綱は財務省が握っていることが確認され，その方向性は，大学の機能別分化，連携の推進，質保証，組織の見直しということになる。そしてその期限はわずか「1年以内」とされていた。

ただ2010年末の展望は順調には進むことはなかった。その理由は文科省のサボタージュでも大学からの反発でもなく，天災であった。この文書の発表から約3か月後に東日本大震災が起こったためである。震災によって生じた混乱の収拾に対応する政府，大学には大学改革に割く余力は残されていなかった。しかしながら復興の青写真も定かではない平成24年度予算策定の中で，財務省は大学改革のさらなる具体化を文部科学省に求めたのである。

さらに2012年末に自民党が政権に返り咲くことで，事態は混迷の度を増した。2013年1月，安倍政権は教育の立て直しを目的に私的諮問機関として教育再生実行会議を立ち上げた。この教育再生実行会議は矢継ぎ早に初等教育から社会教育，成人教育に関連する多岐にわたる提言をまとめ公表していった。たとえば「これからの大学教育等の在り方について」と題された第三次提言（2013年5月）では，グローバル化，イノベーション創出，社会人の学び直し機能強化，大学のガバナンス

---

9) 神田主計官「大学改革について」『平成23年度文教・科学技術予算のポイント』2010年12月，37頁〈https://warp.ndl.go.jp/info:ndljp/pid/11400594/www.mof.go.jp/budget/budger_workflow/budget/fy2011/seifuan23/yosan009.pdf〉

改革が提言されている[10]。また同年 10 月に出された「高等学校教育と大学教育との接続・大学入学者選抜の在り方について」では，センター試験に代わる新しい共通テストの導入が提言された[11]。これらの提言は，教育再生実行会議のメンバーである文部科学大臣兼教育再生担当大臣を通じて，文部科学省あるいは中教審にて審議され，法令や競争的なプログラムとして立案され実行されていった。両者の関係については，2015 年 5 月に実施された「中央教育審議会と教育再生実行会議との意見交換会」の議事録や資料を参照することで，理解が深まるだろう。教育再生実行会議座長で当時の早稲田大学総長の鎌田薫が会議の冒頭で，教育再生実行会議の提言を中教審が「スピード感をもって」取りまとめ，また文部科学省が「法改正，制度改正，予算措置」を実現したことについて感謝していることは象徴的である[12]。つまり，2015 年の時点において，教育政策立案の主導権は首相の私的諮問機関である教育再生実行会議に握られている。文部科学大臣はその一メンバーにすぎず，中教審や文部科学省はその下請けとして，政策の具体化のために働くという構図になってしまっている。

　この構図が端的に表れた事例として「国立大学改革プラン」の制定過程が挙げられる。2013 年 6 月 14 日，いわゆるアベノミクスの「第三の矢」となる経済振興計画として「日本再興戦略」が閣議決定された。この計画は三つのアクションプランからなる。一つ目は構造改革，人材活用，イノベーション，IT 化を軸にした日本産業再興プラン，二つ目が健康，環境，安全などをキーワードとする戦略市場創造プラン，三つ目が国際展開戦略とされ，いずれのアクションプランにおいても大学での教育研究が重要視されている。特に日本産業再興プランでは大学改革に言及している。具体的には「大学の潜在力を最大限に引き出す」ことが産業の再興に必要であり，その成果目標として「今後 10 年間で世界大学ランキングトップ 100 に 10 校以上を入れる」というものが掲げられている。そしてそのために，速やかに「国立大学改革プラン」の策定が求められる，とされる。もちろん，どのようなロジック

10）教育再生実行会議『これからの大学教育等の在り方について（第三次提言）』平成 25 年 5 月〈https://www.mext.go.jp/b_menu/shingi/chukyo/chukyo4/004/gijiroku/attach/1338229.htm〉

11）教育再生実行会議『高等学校教育と大学教育との接続・大学入学者選抜の在り方について（第四次提言）』2013 年 10 月〈https://www.mext.go.jp/b_menu/shingi/chukyo/chukyo12/shiryo/__icsFiles/afieldfile/2014/04/01/1346082_8.pdf〉

12）「中央教育審議会と教育再生実行会議との意見交換会　議事録」〈http://www.mext.go.jp/b_menu/shingi/chukyo/chukyo0/gaiyou/attach/1362468.htm〉

で産業振興と大学ランキングと改革プランがつながるのかは説明されていない。しかし遅々として進まない大学改革が日本の産業発展の足枷として位置づけられ，それを変えることが社会の発展へと結びつくという認識だけが表出されている[13]。

　財務省，そして首相官邸の要望に応える形で，約半年後の2013年11月に「国立大学改革プラン」が発表された[14]。このプランでは各大学が自ら定めた役割に応じて，「世界最高の教育研究の展開拠点」「全国的な教育研究拠点」「地域活性化の中核的拠点」それぞれの機能分化を進めることを求めている。そしてその機能分化に向けて「自主的・自律的な改善」が求められ，各大学はそれぞれの取組を通じて競争に挑み，より評価される取組は重点支援が約束されている。自主性が求められている時点で，それを自主性と呼べるものなのかどうかは疑わしいが，重点支援という名の予算を「人質」にされた国立大学は否応なしに，「自主的」に改革の道へと邁進することになった。また2016年からスタートする第三期中期目標・中期計画期間には国立大学法人運営費交付金や評価のあり方が抜本的に見直されるとも予告された。

　このように「国立大学改革プラン」は前節までにみてきた現在の国立大学の状況を決定づけた。これまでもこのプランについてはさまざまな批判が行われてきた。またこの文書の速やかな実施を求めるために2015年6月に出された文書「国立大学法人等の組織及び業務全般の見直しについて」は，ミッションの再定義を通じて感情的になっていた各大学を刺激し，国が国立大学の人文社会科学系学部の廃止を検討しているという風に誤解を生み，問題となったことも記憶に新しいかもしれない[15]。

　これらの文書それぞれがどのような意味をもつのかについてここではくわしく検討しないが，これらがどのような政治的力学を通じて生み出されたのかを今一度確認しておこう。少なくとも2011年末の時点において，高等教育に関する政策立案に関して文部科学省は予算編成をコントロールする財務省の軍門に降っている。財務省からの予算削減要求に抗うためには，財務省の要求する改革案を飲まざるを得ない状況にあった。したがってこの時期以降の高等教育政策については，財務省の

---

13) 『日本再興戦略』2013年6月〈https://www.kantei.go.jp/jp/singi/keizaisaisei/pdf/saikou_jpn.pdf〉。「大学改革」に関しては36-37頁に記述がある。

14) 文部科学省「国立大学改革プラン」〈http://www.mext.go.jp/a_menu/koutou/houjin/1418116.htm〉

15) 「国立大学法人等の組織及び業務全般の見直しについて（通知）」〈http://www.mext.go.jp/b_menu/shingi/chousa/koutou/062/gijiroku/__icsFiles/afieldfile/2015/06/16/1358924_3_1.pdf〉

意向は無視することはできない。また 2012 年末に自民党が政権に返り咲き，第二
次安倍政権の樹立以降は，財務省からの予算削減要求だけではなく，教育改革を通
じた経済発展を掲げる政権からの圧力も高等教育に大きな影響を与えるようになっ
た。特に首相の私設諮問機関である教育再生実行会議は中教審や文部科学省よりも
上位の組織として，矢継ぎ早に教育政策の提案を行い，それらの多くが答申や競争
的プログラムとして整備されていった。

　ただこのようなやり方は 2010 年代半ば以降だけに特徴的な光景ではない。歴史
的にみれば，たとえば国立大学の独法化が検討されていた 2000 年には小渕首相の下
に私設諮問機関として教育改革国民会議が設立され，「教育改革国民会議報告——
教育を変える 17 の提案」といった提言が公表されている [16)]。この提言のいくつか
はその後中教審の審議を経て答申等に反映されていった。完全な形で具体化される
ことはなかったものの，いくつかの国立大学の合併を生み出した「遠山プラン」も
ちょうどこのプロセスから生まれたものである [17)]。

　古くは大学での教養教育のあり方を変化させた「大綱化」や共通一次テストから
大学入試センター試験への移行を決定づけた 1980 年代の臨時教育審議会も，この
流れの源流として位置づけられるかもしれない。今回紙幅の関係で検討していない
が，現在進行中の高等教育改革のもう一つの柱は，センター試験の廃止と新共通テ
ストの導入であり，この時代の改革の方向性といくつかの点で共通項，たとえばあ
る事象を旧来的なやり方の象徴とみなし，それを変えることでその対象だけではな
く，それを内包するシステム全体へと波及していくという発想といったものが見出
せるかもしれない。しかも各施策の立案から実施に至る期間はどんどん短くなって
いる。現在においては，それがいかに突拍子もなく，非現実的であろうとも，ひと
たび決められてしまえば，結論ありきで議論は進み，即時的に意志決定が行われて
しまう。そして事後的にすら改革の妥当性が検証されることはなく，統一感のない，
半ば思いつきのような改革案が次々に提案され，政策として導入されてきた。

　1980 年代から始まる日本の新自由主義的な構造改革の文脈において，大学を中
核とする高等教育は，社会変革のトリガーの一つとして認知されてきた。この部分
を変えることで社会全般に変化が波及する要石と目されており，さまざまな改革の

---

16)「教育改革国民会議報告——教育を変える 17 の提案」2000 年 12 月〈https://warp.ndl.
　go.jp/info:ndljp/pid/284573/www.kantei.go.jp/jp/kyoiku/houkoku/1222report.html〉
17)「大学（国立大学）の構造改革の方針」2001 年 6 月〈http://www.mext.go.jp/b_menu/
　shingi/gijyutu/gijyutu8/toushin/attach/1331038.htm〉

提案が繰り返されてきた。その結果大学教育のあり方はこの 40 年の間で様変わりしてしまった。もちろん変わるべくして変わった事柄も多く，すべての改革がマイナスの効果しかもたらさなかったわけではない。しかしながらそのプロセスの中で，失われてしまったものも数多くある。変化は必ずしも提案する側が望んだ方向性のものとは限らなかったし，明らかに失敗したものも多い。このような状況で，大学はこれからどのような方向へ進むべきなのだろうか。

4 グランドデザインを越えて

　これまで概観してきたように，現在進行形の大学に対する改革の圧力はここ数年に限ったものではなく，長らく継続してきたものである。しかもその意志決定のプロセスには，大学と監督省庁である文科省だけではなく，財務省，そして内閣まで加わることで，さまざまな思惑が入り込み混乱をきたしている。何を目的とする改革なのかはっきりしないまま，変化だけが進んでいく。たとえ学問や教育に関する専門的な知見をもってそれを批判したとしても，複雑に入り組んだ変化の一部を批判しているにすぎず，結果として改革の歩みを止めるには至らない。

　さらに問題なのは，改革の及ぼす影響の非対称性である。現状では，学問や教育に主体的に関わっていない人たちが意志決定の主導権を握っている。彼らはいったい，その改革を遂行するうえでどのような負担や責任を負っているのだろうか。教育研究の現場で右往左往する教職員や混乱した状況の中で教育を受ける学生たちと比して，彼らの負担や責任は相対的に軽すぎる。少なくともフェアな関係や立場とは言いがたく，改革を進めていくうえで必要とされる信頼感を醸成することが難しい。

　ここで文科省と財務省の主導権争いについて，一つ事例を紹介したい。2021 年 3 月 4 日，文部科学省は「令和 3 年度の大学等における授業の実施と新型コロナウイルス感染症への対策などに係る留意事項について（周知）」（以下，「3 月通知」）という文書を発表した[18]。これはコロナ禍における日本の大学の現状を説明した文書であるというだけでなく，現在の日本の大学の置かれた奇妙な状況を説明する文書となっている。

　この「3 月通知」では，冒頭の黒枠内において，二点の留意点が「お願い」され

---

18) https://www.mext.go.jp/content/20210305-mxt_kouhou01-000004520-02.pdf

ている。一つが「学生の学修機会の確保と新型コロナウイルス感染症対策の徹底の両立」、もう一つが、「今年度の卒業式及び来年度の入学式等の行事」の実施についてであった。この文書は、各大学法人の長等を対象に文部科学省高等教育局長から出された文書である。続いて冒頭では、これまでの関連する文書、たとえば「9月通知」「12月通知」「1月通知」との関係性が整理され、本題へと入る展開であり、ここまではごくごく普通の文書の体裁を維持している。

　これが続く2頁目から、変化が生じてくる。公的な文書としては珍しい、やや感性的な表現が用いられる。たとえば「寄り添い」という表現がこのような傾向を象徴している。各大学等が「学生に寄り添い」、「学生が安心し、また十分納得した形で学修できるよう」というお願いが続く。裏返すと文科省的には、各大学は学生に寄り添えていないし、学生は納得していないと主張しているように読める。もちろん言わんとすることはわからなくはない。しかしどこまでやれば大学は「寄り添う」ことができたとみなされるのだろうか。その判断主体は誰なのだろうか。なぜ明確な基準を設定することなく、「寄り添う」という感性的な表現が用いられているのだろうか。この文書は一体誰に向けられたものなのか。

　読み進めていくと直下で「寄り添い」方の具体例が示されている。「十分な感染対策を講じた上での面接授業」、これが文科省の考える「寄り添い」の意味内容であり、それが足りないために学生が「納得」していないということなのだろう。そしてダメ押しのように「学修者本位の教育活動」という表現を用い、面接授業の重要性を強調している。さらに、「令和3年度における各大学等の授業の実施方針や、今春の卒業式及び入学式の実施状況等については、別途、調査を実施する予定」といった文言が続く。表現は穏やかであるが、これは高等教育局長から各大学法人の長等に宛てられた通知文、政策文書である。つまり、学生が納得するような対策を実施しているかどうか、文科省が調査を行うので、覚悟しておけという通達なのだ。

　文科省はこれだけ学生に「寄り添う」スタンスを示しながらも、なぜ大学には寄り添ってはくれないのだろうか。感染症予防対策には人員も設備も必要である。また近年、文科省が推奨してきた「学修者本位の教育活動」が本来目指していたものを実現するためにも、単なる面接授業の重要性を確認するだけではなく、学習管理システム（LMS：Learning Management System）や遠隔授業のさらなる利活用を推進する必要があるはずである。しかし、この文書で示される態度はそれらとは真逆である。なぜこのような捻れが生じているのだろうか。

　おそらくこの捻れの要因は、本章でこれまで説明してきたような財務省からの改

革圧力である。たとえば2020年11月25日に財政制度等審議会が発表した「令和3年度予算の編成等に関する建議」をみてみよう。ここでは「ウィズコロナ・ポストコロナ時代の大学教育について」と題された項目で，オンライン授業と大学間の単位相互認定を進展させ，大学間のみならず，授業単位で競争原理を働かせていくこと，さらに対面授業を前提とした現在の大学設置基準を根本から見直し，国立大学の再編の検討の契機としていくべきだということが主張される[19]。そしてその根拠として，国立情報学研究所が主催してきたサイバーシンポジウムでの成果が横領されている。田浦健次郎によるアンケート調査の一部が恣意的に援用され，立論の根拠とされている[20]。ちなみに田浦氏が行った調査は2020年前期終了時に，東京大学の学生を対象として行ったアンケート調査である。この調査を通じて田浦の結論は，「夏学期にほとんどの大学は「教育を止めない」ことに懸命の努力・貢献をした」，「今後は夏学期の繰り返し（ほぼ100％オンライン）をしても同じ評価にはならない」，「もとより大学がそれを目指すわけはないので「対面とオンラインの混合」が必然」というものであり，これは多くの大学教員が同意するものであろう[21]。しかしこの結論を導いた調査のデータを用いて財務省は，授業間での競争と最終的な国立大学の統合を主張するのである。要はこれまで繰り返し行われてきた財務省と文科省との綱引きがここでも再演されているのである。コロナ禍という緊急事態の最中に，現場では大学での学びを止めないために何ができるのか，限られたリソースで努力が積み重ねられ，多くの学生に負担を強いている中でも，結局は省庁間の権力闘争が優先されている。しかも論拠とされているデータの扱いはこれまで以上に杜撰である。いったい何のための大学改革なのか。

　このような状況で大学ができることはなんだろうか。それは単に昔に戻ることを夢想することではないだろう。おそらく，現在本当に求められていることを認識し，その役割を担うことから始めるべきだろう。現在，要求されていることのすべてがピント外れというわけではない。大学が本来行うべきであったにもかかわらず，うまくそれに応えきることができなかったことも含まれている。たとえば，グランドデザイン答申で求められている「学修者本位の教育の転換」はその最たるものだろ

19)「令和3年度予算の編成等に関する建議」p.66〈https://www.mof.go.jp/about_mof/councils/fiscal_system_council/sub-of_fiscal_system/report/zaiseia20201125/01.pdf〉

20) 資料II-3-16 参照〈https://www.mof.go.jp/about_mof/councils/fiscal_system_council/sub-of_fiscal_system/report/zaiseia20201125/03.pdf〉

21）https://www.nii.ac.jp/event/upload/20200904-06_Taura.pdf

う。学生は何を求めて大学に進学するのか。大学は何を提供できるのか。そしてそれは誰が担うべきなのか。そのコストはどのように分担すべきなのか。本書はこのような問題関心を前提に，現状把握と課題の抽出，そして草の根で進められている教育改善の試みを集め，その意義と成果を広く共有するために編まれたものである。そしてこれを契機に，議論がさらに深まることを期待している。

【引用・参考文献】

川嶋太津夫（2018）．「日本の大学は，なぜ変わらないのか？　変われないのか？　4半世紀にわたる個人的体験を通して」佐藤郁哉［編］『50年目の「大学解体」20年後の大学再生――高等教育政策をめぐる知の貧困を越えて』京都大学学術出版会, pp.103–157.

神田眞人（2012）．『強い文教，強い化学技術に向けて――客観的視座からの土俵設定』学校経理研究会

佐藤郁哉［編］（2018）．『50年目の「大学解体」20年後の大学再生――高等教育政策をめぐる知の貧困を越えて』京都大学学術出版会

日比嘉高（2015）．『いま，大学で何が起こっているのか』ひつじ書房

吉見俊哉（2016）．『「文系学部廃止」の衝撃』集英社

第 1 章

大学「国際化」の二面性

留学生移動と教育における言語に注目して

嶋内佐絵

1 はじめに

　世界の高等教育における学生の留学は増え続け，1999 年には 200 万人だった学生たちの国境を越える移動は 500 万人を超え，留学生移動がもたらす影響も拡大・多様化している。日本の「留学生 10 万人計画」（1983 年）は，留学生の量的拡大にともなうさまざまな問題が噴出しつつも 2003 年に達成し，その後の「留学生 30 万人計画」（2008 年）も数値目標に到達した。JASSO によれば，2019 年度の日本における留学生総数は 312,214 人であり，そのうち大学院での留学生が 53,089 人，大学学部で 89,602 人，また全体の半数以上である 169,523 人は日本語学校・専門学校などの教育機関で学ぶ学生である。

　留学生の内訳についても，今から 10 年ほど前までは，中国・韓国・台湾からの学生が全体の約 8 割を占めていたが，最近では，ベトナム，ネパール，スリランカ，ミャンマー，バングラディッシュなどからの学生増加が著しく，留学生国籍の多様化が進んでいる。かつての留学生は，発展途上国から先進国へ移動し，知識や技術を学び，文化交流や知識獲得を担う人材であり，主に送り出し国側にとって意味のある存在であったが，現在では日本を含め，人口の減少する多くの先進国にとって，優秀な人材・労働力獲得や国際交流の拠点形成のための重要な人的資源とみなされている。特に英語圏の大学にとって留学生獲得は直接的に大学の収入増につながっており，イギリスでは外国人学生が自動車や金融サービスより多くの収入を生み出し，カナダでは外国人学生による支出額が木材と石炭の輸出額を超えたと指摘されている（シュレングスキー 2014）。その中で，2020 年初頭から世界中に広がった COVID-19 は，学びの形の変容や教育の機会へのアクセスといった学生に関する問題だけでなく，留学生の授業料に多くを依存していた大学の経営にも大きな打撃を与えている（INSIDE HIGHER ED 2020）。

　本章では，日本における大学の国際化に関し，特に留学生の受け入れと教育における言語の論点に注目しながら，「国際化」の下に行われている多様な実践や現実の両義的な側面とその問題について論じていきたい。無論，大学の国際化に関連する議論はきわめて多岐にわたり，国境を越える留学生移動や教育・研究における言語の問題はその一部にすぎない。各国・各高等教育機関の事例についても多様なケースがあり，この章ですべてを網羅するのは不可能である。

　そのなかで，本章において留学と言語に注目する理由は以下の2点である。一つ目は，留学生が，日本の国益的な観点からみれば，不足する労働力を補完する「人材」として重要視される存在であり，また本質的には，日本の大学のみならず社会全体に多様性をもたらす重要な存在であることに依拠する。一方，少子化による定員割れに悩む一部の教育機関による利益主導の無謀な受け入れや，その結果としての教育内容・学習環境の質の低下，社会生活の厳しさや相対的貧困など，留学生をめぐる国・高等教育機関の体制や社会環境の未熟さも問題となってきた。このような問題を抱えつつも，日本は全世界における留学生市場の占有率5％を維持しており，“日本の経済に貢献する”留学生の受け入れ[1]は国際化政策の中でも最も重要な課題の一つである。

　次に，大学教育における教授媒介言語に注目するのは，世界的に英語による学術的成果の発信が強化され，留学生獲得における英語圏大学の圧倒的優位性が確立しているなかで，これまで日本語で教育・研究活動の多くを行い，日本語による長年の学術的蓄積がある日本の大学および学術にとって，言語，特に教授媒介言語の選択は，「国際化」の方向性を決定づける重要な分岐弁と考えるからである。大学における教授媒介言語は，国内学生だけでなく，留学生とその選抜，国内外の学生に対する教育内容，日本の大学の魅力，さらには日本の学術研究のあり方を左右し，ときに一定の方向性に将来を決定づける要素である。

　本章では，まず高等教育の国際化がどのような側面をもっているのかをこれまでの議論を元に振り返るが，「国際化」そのものの捉え方は，各社会の文脈やその高等教育機関の置かれたコンテクストによって異なった解釈があり（De Wit et al. 2017)，

---

1) COVID-19流行にともなう留学生への現金給付の文書のなかで，留学生への給付金を成績上位3割と限定する理由として，文科省は「いずれ母国に帰る留学生が多い中，日本に将来貢献するような有為な人材に限る要件を定めた」と明示し，改めてこのような発想が注目を浴びることになった〈https://www.nikkei.com/article/DGXMZO59435580S0A520C2CE0000/（最終閲覧日：2021年8月16日)〉。

そこに大学の国際化研究のダイナミズムがある。そこで本章では，これまで議論されてきた国際化の定義を踏まえつつ，日本の大学において「国際化」の名目下で起きている留学生受け入れと言語に関連する実態や実践を分析し，その「国際」化や「国際」性が一体どのような意味をもっているのかについて議論をしていきたい。

2 「国際化」とは，何を意味するのか

　高等教育分野において，「グローバル化」がその世界的展開や国境を超えた競争的市場の形成などに対して使われるのに対し，「国際化」は学生・教員の物理的な移動や大学間の連携など，国家的枠組みを前提とした高等教育における活動とその変容を指す。まず，高等教育においてグローバル化の側面が大きく注目されるようになったのは，1995 年に世界貿易機関（WTO）が発足し，サービス貿易に関する一般協定（GATS）において高等教育がサービスとみなされ，その貿易自由化が促進されたことがきっかけとしてあげられるだろう。これ以降，学生や教員など人の移動にくわえ，国を越えた教育プログラム（トランスナショナル教育）が広がり，高等教育はグローバルに貿易可能な商品とみなされるようになった（江原 2018）。

　一方，高等教育の国際化とは，「すべての学生とスタッフの教育と研究の質を高め，社会に有意義な貢献をするために，国際的，異文化的，またはグローバルな次元を中等教育の目的，機能，および提供に統合する意図的なプロセス」（De Wit et al. 2015）であり，そのプロセスの主体は，国際化政策を策定する国の政府や，各社会に存在する大学などの高等教育機関である。その国際化の活動は，大きく分類して Internationalization Abroad（国外における国際化）と Internationalization at Home（「内なる国際化」）の二つで論じられてきた[2]。前者は留学生移動にくわえ，研究者やプログラムなどの国境を越える移動とその活動を指すが，これがエリート主義的であることは長く批判もされている。留学は少数にのみ許された特権であり，世界の 95％の学生は移動することはない。政策目標とも絡んで留学という物理的な移動ばかりが注目され，移動した先の大学や社会における統合に失敗しているこ

2）このほかにも，「高等教育における教育・研究社会貢献のすべての分野に国際的な視点を浸透させる大学の公約」（Hudzik 2011：6）である包括的な国際化（Comprehensive Internationalization）や，COVID-19 の拡大とそれにともなうオンライン教育やバーチャル留学を促進する大学国際化の三つ目のカテゴリーとして Internationalization at a Distance（Mittelmeier et al. 2020）などがある。

とも指摘されている（Leask & Green 2020）。

　COVID-19 の世界的流行によって物理的な移動をともなう留学の多くが事実上停止している（2021 年 8 月時点）状況のなか，これまでも注目されつつ難しい課題とされてきた「内なる国際化」の重要性が改めて脚光を浴びている。たとえば欧州においては，以前から学生の流動化促進を目指した欧州連合（EU）のエラスムス計画などを通して欧州域内の学生移動が活発化している反面，留学をしない（できない）学生たちに対し，国内の大学でどのような国際的な教育の場を提供できるのかという課題が長く議論されてきた。「内なる国際化」は，留学生・国内学生の区別なしに，その大学で教育を受けるすべての学生に国際的な経験を与えるもの（Beelen & Jones 2015）であり，特に教育カリキュラムの内容自体だけでなく，学習目標や評価・教授法，学習プログラムの支援などに関しても，国際的で異文化間的かつ／またはグローバルな側面を統合することを指す（Leask 2015）。

　たとえばオランダでは，他の欧州諸国と比較して，留学をする学生の割合が相対的に少ない。そのため，オランダ国内ですべての学生を対象に国際的な教育の機会を提供する必要があるとして，「内なる国際化」を推進する国際化政策を行なっている。具体的には，外国語によるプログラムやカリキュラムにおける国際的な課題の融合，国際的プロジェクトへの参加などであり，一つめは事実上，教育課程の「英語化」（英語を教授媒介言語として教育・研究活動を行うこと）となっている。オランダは，欧州の中でも最も積極的な英語化の推進国で，大学における修士課程の69％，学士課程の 20％は英語で行われ，特にリベラルアーツや学際分野での特徴となっている。そのオランダで，9 大学 10 校（2022 年 4 月時点）までに広がり，他国の学士課程教育のあり方にも影響を与えつつあるのが「ユニバーシティカレッジ（University College，以下 UC）」である。

　ユニバーシティカレッジ（UC）の特徴は，オランダの研究大学を母体とした日本でいう「学部」に相当する学士課程で（たとえばユトレヒト大学の University College Utrecht および University College Roosevelt，アムステルダム大学とアムステルダム自由大学が設立した Amsterdam University College など），英語による教育，留学生を含めた多様な学生が学ぶという「国際性」と，リベラルアーツ＆サイエンシズやそれらを含んだ学際領域をコアとしたカリキュラムの「学際性」が特徴である。その発展の背景には，オランダの大学で伝統的に行われてきた早期専門教育とそれに付随する高い留年・退学率の問題，またトップ層の育成に弱いと言われてきたこれまでの平等主義的な大学システムに卓越性をもたらし，大学入学に選

抜と競争の原理を取り入れる必要に迫られたオランダ独自の社会的要因がある。く
わえて，ボローニャ・プロセス，エラスムス計画など欧州高等教育圏における学位
認定の標準化や学術・学生交流の促進のための欧州の地域政策と，それに対する積
極的な対応があり，さらにはグローバル社会で必要なスキル・コンピテンスの獲得
やグローバル市民性の醸成，グローバルリーダー育成などを掲げ世界的なレベルで
復興しつつあるリベラルアーツ教育（Altbach 2016）など，ナショナル・リージョ
ナル・グローバルな要因が複層的に絡み合い，発展・拡大していった。

　筆者が2018年に複数のUCにて行った訪問調査によれば，UCの卒業生は，大
学院へ進学する学生が大多数で，オランダ人学生はイギリスなど海外の修士課程へ，
逆に海外からの留学生は卒業後もオランダ国内に残り，オランダの大学の修士課程
へと進む傾向にあることがわかった。この点でUCは，海外の学生にとってはオラ
ンダへのゲートウェイになっていると同時に，国内学生にとっては将来的な海外留
学へのステッピングストーンにもなっている。このように「内なる国際化」は，本
質的・将来的に国内・海外学生の国境を越える移動をともない，促すものでもある。

　国際化は多義的で，その目的やプロセス，イデオロギーは，それぞれの国や高等
教育機関などの文脈に大きく依存している（Pitts & Brooks 2017）うえに，欧米的
かつ新自由主義的な事業であり，社会全体の改善のために再構築される必要がある
ことも指摘されている（Whitsed et al. 2021）。その意味で，「国際化」がそれぞれ
の社会のコンテクストで何を志向し何を意味しているのかを批判的に捉え直す必要
がある。江原（2018：150）は，こと日本においては，「国際化」が自動詞として理
解されていると指摘し，もともとの英語の意味である他動詞としての「国際化」（＝
他の人びとや他国を国際化する）と対比して，「国際的なものに（日本や日本の人々
が）なること」（強調は筆者）というように，日本人自身が変わっていくという意味
で使うことが多い，と指摘している。この意味での「国際化」に関連して具体例を
みていくと，たとえば英語による教育や，グローバルな研究課題を扱うカリキュラ
ムでの学習を通して，日本人学生がコミュニケーション能力や異文化適応能力など
の国際的資質を身につけること，秋入学やクォーター制の導入，教員組織の多様化，
世界大学ランキングを見据えた戦略など，日本の大学がグローバルな規範に合わせ
て変容・適応することなどを指し，ここでは「自己変革の国際化」と呼ぶ。

　一方，その流れと同時並行で起きているのが，「日本」を国際的に広めていくと
いうタイプの「国際化」である。ここで想定されているのは，日本の社会や文化や
人びと，そして大学などを含む「日本」が，輪郭をもった固有の価値として存在す

るという前提である。たとえば外国人留学生などを対象にして，大学で日本語教育や日本研究・日本学などを提供する，日本の大学における教育活動を通していわゆる「知日派」を育成する，また日本人学生に対しても自国について学ぶ授業の履修を通し，「日本」を客観的・国際的な視点から捉え，海外に日本のことを発信できる知識やスキルを養成することなどが含まれる。先述の「自己変革の国際化」と異なるのは，「日本」性自体が大きく問われないなかで，または岩渕の言葉を借りれば「均質な文化的有機体としての〝日本〟という考えを社会において再生産しつづける」（岩渕 2007：13）なかで，「日本」が国内外の学生を対象に教育可能なものとして発信されている点である。日本政府の提示する「グローバル人材」像や，その概念で彼らがもつべきとされている「日本人としてのアイデンティティ」も，これらの「日本」性が輪郭をもって非「日本」（海外の人や社会）に対峙することが前提とされている。

　以上のような国際化の二面性を念頭に，以下では日本における留学生の獲得と受け入れに関して，日本語と英語という異なる教授媒介言語による受け入れが何を意味しているのか，それぞれの様相と課題について述べていきたい。

3 英語化がもたらすもの

　世界の多くの国において高等教育の国際化の下に行われる政府の重点的支援は，各国で名声高いエリート大学に集中している。たとえば日本において，Global 30 やその後のスーパーグローバル大学創成支援事業（SGU）で，全学的な国際化を推進するタイプ A に採択され財政的支援を受けたのは，東大・京大をはじめとする旧帝国大学にくわえ，早稲田大・慶応大など有名私立大学である。世界的にみても，国際化のための資源は最も豊かな大学に集中し，エリートとより大衆に開かれた大学の間の溝が広がり，国際化した大学はさらに国際化するという「マタイ効果」がますます顕著になっている（ライト 2016）。

　各国における大学の名声は，日本であれば予備校や出版社等の発表する偏差値やランキング，韓国であれば中央日報の発表する大学評価など，各国独自のランキングシステムによって形成されているが，よりよい教育や学位を求めて移動する留学生は，The Times Higher Education や QS 等の発表する世界ランキングを重視する。ワールドクラスの大学をもつことは，その国の競争優位を確立する上できわめて重要な役割を果たしており，国際的な連携や共同研究などにおいてもランキングは常

に重要な指標として活用されている。エリート大学への投資はワールドクラスの大学を確立するために必要であり，政府は「選択と集中」の戦略を採用するようになる（Shin & Kehm 2013：11）。

　日本における国際化政策も，一面ではこのようにエリート大学とそれ以外の大学の溝をより広げるような性格をもっているといえるが，財政的支援だけでなく，優秀な教員や学生の分配にも影響を与えている。そのなかで，分岐弁としての役割を果たしているのが教授媒介言語としての英語である。

　大学教育の英語化への対応とその副作用は，同じ非英語圏であっても各国社会の状況によって異なっている。オランダでは，国民の平均的な英語力が非英語圏の中でもきわめて高い一方，加速化する大学教育の英語化に関するバックラッシュ（教員・学生からの反発など）も時折報道され，白熱した議論が行われているが，教育レベルでの深刻な問題は報告されていない（Wilkinson 2013）。一方で，日本や韓国では，英語化にともなう教育・研究の質の低下などをはじめとするさまざまな問題が報告されている（たとえばShimauchi 2018 など）。

　K. P. リースマンは，「知的エリート」が「必ずしも独自性や創造性によってではなく，なかんずく英語の使用という外的な指標によって他から際立っている」（リースマン 2017：132）と指摘したが，非英語圏の大学では学生選抜の段階において英語力が学生の知性を測る重要な指標として使われている。たとえば，韓国のエリート大学で増加している国際大学院や国際学部といった英語による学際的な教育課程では，中国からの入学希望者間できわめて熾烈な競争が起きている。インタビュー調査では，特に中国人学生を中心とする留学生の選抜において，「英語の能力と，学生の学力およびその他のスペックは，正の相関にある」ということが報告されている。英語力の高さは，その学生の総合的な学力の高さに比例しているだけでなく，その学生の家庭状況が英語教育を十分に受けられるほど経済的に安定しており学業に専念できること，留学中の問題行動も少ないことなど，他の資質や背景とも深く関連しているということであった。オランダの UC での調査でも，オランダ出身学生の多くが国際バカロレア認定校の出身であること，両親が国際的な環境で学ぶことを奨励し，それを可能にする財力のある家庭で育ってきたことなど，大学入学以前の教育・家庭環境が大きな影響を及ぼしていることがわかっている。これらは社会階層や文化的再生産の文脈で理解すべき現実でもあり，国際化とそれにともなう英語化は，選抜される学生の様相に大きな影響を与えている。

　英語による教育課程は，日本の大学においても，SGU をはじめ多くのエリート大

学を中心に開設されているが，たとえば東京大学教養学部英語コース（PEAK）では2014年度合格者の7割近くが海外の大学に進学したことが報告されている（日比 2015：42）。教育の英語化は，日本に関心のある非日本語話者の学生に門戸を広げるという点でたしかに一定の効果をもつが，日本であえて英語による教育プログラムを提供することにどのような魅力があるのか，またそれがどれほどの国際的競争力をもっているかに関して楽観視するのは難しい。実際に提供する教育内容に魅力がない限り，英語化が即，留学生の受け入れ増や大学の国際化，国際競争力の向上に結びつくわけではなく，英語による大学カリキュラムが留学生にとってどれだけ留学先としての魅力や他国と比較した相対的優位性をもつのかも定かではない。先行研究においては，留学生の留学動機として，留学先の国の言語（英語以外）を学ぶことができることが挙げられている（嶋内 2016）。言語能力は学生の資本でもあり，卒業後のキャリアにつながる重要なスペックでもある。その意味でも，日本の大学がいかに独自の魅力を担保するかという点において，日本語を含めた「日本」というコンテンツをどのように扱うかが重要になってくる。

4 日本語による留学生の受け入れの現実と課題

　これまでみてきたように，日本の国際化重点支援は旧帝国大学を中心とする国立大学や一部のエリート私立大学に集中し，優秀な留学生（「高度人材」）の獲得という視点から英語による教育プログラムの拡大が図られてきた。大学の国際化に関連する議論では，エリート大学での留学生受け入れが注目されがちだが，COVID-19の流行以前，2019年度の留学生数から計算すると，日本の大学学部・大学院で学ぶ約14万人の留学生のうち，約3割がSGUで学び，それ以外の約7割はSGU以外の大学・大学院で学んでいる。スーパーグローバル大学創成事業など国際化のための財政的支援を受けず，入学難易度が相対的に低いこれらの大学は，日本における留学生受け入れのボリュームゾーンとなっている。このような大衆的な大学で学ぶ留学生のほとんどは，日本語による教育を受けている。

　日本語による留学生受け入れが量的に拡大するなか，さまざまな課題も表面化している。大学に入学した学生が，アルバイトで学費や生活費を稼ぐため大学に通学しなくなり，行方がわからなくなったり，不法就労などの問題がさまざまな大学で報告され，社会問題にもなった。2019年6月には，留学生受け入れ数で国内2位の私立大学において，多数の留学生の安易かつ不適切な受け入れや不十分な教育体

制・在籍管理が大量の所在不明者・不法残留者等の発生を招き，2016–18 年度に約
1 万 2 千人の留学生を受け入れたが，うち 1,610 人が所在不明，700 人が退学，178
人が除籍となっていたことが報道されている[3]。

　これまで日本の多くの大学は，学外機関（主に国内外の日本語学校や海外の学
校・大学の日本語専攻，日本語選択など）で日本語教育を修了した留学生を受け入
れることが一般的であり，大学内に「日本語別科」などと呼ばれる日本語教育専門
のプログラムをもつ大学は，全大学の 1 割以下（60 校程度）であった。語学を含め，
日本の大学での学びにおける彼らの適応は当然視され，学習における留学生への支
援は高等教育機関ごとに異なり，その多くで十分とはいえなかった。しかし，90 年
代まで留学生全体の 8-9 割を占めていた漢字圏の学生の割合が減少し，日本語と言
語的近似性の低い言語圏（たとえばベトナムなどの東南アジア地域や，ネパールや
スリランカなどの南アジア地域）からの留学生が増加しているほか，留学生の出身
国・地域の多様化が進んでいる。また海外においても，英語教育や日本語以外の外
国語学習機会が拡大していく中，相対的に日本語学習の重要性が低下し，さらなる
留学生の日本語レディネスの多様化が進んでいる。

　JASSO による留学生の受け入れ人数の多い大学や朝日新聞出版の発表する大学
の留学生数・留学生比率ランキングに入っている SGU 以外の大衆的な大学の多く
は，全学生規模が 2,500 人以下の私立大学である。特に少子化・都市集中化の進む
日本で，定員の未充足という問題を抱える地方の私立大学にとって，実質的に留学
生の受け入れが生存戦略の一つとなっていることは否定できない。また留学生の学
ぶ分野も，SGU とそれ以外で大きな違いがある。日本の大学・大学院における留
学生を全体でみると，7 割が人文・社会科学などの文系分野，3 割が工学・理学など
の理系分野で学んでいるが，国立大学が理系分野で多くの学生を受け入れているの
に対し，私立大学は文系分野での受け入れが多い。文系分野では社会や文化，歴史，
価値観などを扱うため，日本語という言語の理解が教育・研究において重要な役割
を果たすことを考えても，日本語の学術的なサポートは教育の質にも直結する。

　このような大衆的な大学における，日本語による主に文系分野での留学生の受
け入れは，近年の留学生の量と質双方の変容によってさまざまな挑戦と課題を抱え
ている。たとえば私立 A 大学では，全学生の 8 割強が留学生であり，特にベトナ

3) 日本経済新聞「留学生 1600 人不明，東京福祉大学に受け入れ停止指導」（2019 年 6 月 11
　日）〈https://www.nikkei.com/article/DGXMZO45931730R10C19A6MM0000/（最終閲
　覧日：2021 年 10 月 1 日）〉

ム，中国，ネパールからの学生が大多数を占める。2019 年に行った A 大学教員へ
のインタビュー調査によれば，卒業生の多くは日本で不動産やコンビニ，ドラッグ
ストアなどの日本企業に就職するか，母国で日本に関連した仕事につくことなどを
目指して勉強しているという。日本語の習得度にも個人差が大きいため，入学後も
継続してレベル別の日本語指導を行い，専門科目を学ぶための日本語によるアカデ
ミックライティングなどの授業も用意している。世界各国からくる留学生に対して
は，授業や生活における注意や指導の仕方についても彼らの文化的・社会的背景を
配慮して行うため，教員の異文化リテラシーも必要とされるという。また，学費や
生活費のためにアルバイトをしながら学ぶ勤労学生も多いことから，ホームルーム
単位で学生の出席を管理し，クラス担任制，国際的な事務スタッフの配置，大学院
生によるチューター制度などをつくり，学生との連絡窓口を複数設定するなどの取
り組みを行っている。

　また留学生へのインタビューの中では「日本人学生は留学生に関心がない」，「日
本人学生と打ち解けることが難しい」ことにも触れられており，このような教育環
境のもつもう一つの課題を示唆している。筆者はこのような大学における一般的な
日本語での留学生の受け入れを「同化型」という言葉で表現したが（嶋内 2016），こ
こで「融合」や「統合」ではなく「同化」という表現を使ったのは，たとえば「融
合」が「東西文化の融合」のように二つの異質な性質をもったものが混じりあうイ
メージなのに対し，ここで変化や適応を求められているのはあくまでも留学生側で
あることに起因する。このような留学は，留学生が日本を理解し，日本社会への適
応を志向することを前提に成り立っており，前節で述べた国際化の意味に照らし合
わせると，「日本」の海外展開としての国際化の側面をもっている。留学生へ必要な
対応や支援をする過程では，日本の大学側の体制の変化が必要とされてくるのは当
然であり，上記のような私立大学の取り組みも，留学生を多く受け入れる中で必然
的に生まれた制度的対応の例である。一方，留学生の存在を通して日本の大学のあ
り方や学生側の変容を促すという面で，特に日本語による課程で学ぶ圧倒的多数か
つ多様な留学生に対するサポートや取り組みが十分になされているとは言いがたい。

　同じ非英語圏において，たとえば韓国では，大学校内に韓国語言語院（語学堂）
があり，0 レベルの 1 級から最上級の 6 級までを 1 年半から 2 年ほどで修了できる
仕組みになっている。語学堂の学習者には，近年の韓国文化の世界的な流行の影響
もあり，語学留学目的の学生や在韓外国人も多く，韓国の大学への進学希望者の割
合は語学堂によって大きく異なるが，5 級卒業が韓国の大学（学士課程）入学の目安

で，特に名門大学の語学堂を修了した学生は，同レベルの名門大学の正規学士課程に入学するのが一般的なルートになっている。これらの語学堂は，延世や高麗，成均館，梨花女子，漢陽，慶熙といった韓国でも名声の高い私学の名門校を始め，多くの国立大学に存在しており，他の大学生と同じキャンパスで学び，大学によってはキャンパス内外にある学生寮にも住むことが可能である。

　一方，韓国の大学も日本と同様，韓国語能力の不足のため学業に問題を抱える留学生も少なくない。たとえば，留学生を多く受け入れる大学の一つである延世大学校は，アンダーウッドインターナショナルカレッジ（国際学部）という英語で教育を行う国際学部が前述したように卓越した英語力をもった優秀な外国人留学生を集めている一方，他の学部で韓国語で学ぶ留学生は，学修に困難を抱えたり，ドロップアウトしたりするという問題を抱えていた。2018 年の訪問調査によれば，特に2000 年代から韓流ブームによりアジア地域からの留学生が増加し，受け入れにおける現場レベルでの問題がより表面化してきたという。そのような状況を受けて延世大学校では，2015 年にグローバル人材学部を設立し，韓国語・韓国学，国際通商，2018 年度からは創造デジタルメディアの専門領域を用意し，これまで語学堂に任せていた韓国語教育をカリキュラムの中に取り込みつつ，特に非韓国語話者が苦戦するアカデミックライティングや大学での学修への支援を行っている。留学生の受け入れにおいても，国際学部とグローバル人材学部ではその役割や位置づけが大きく異なっている。

　今後，日本の大学における留学生受け入れにおいて，一部をのぞき英語による教育が主流になるとは考えにくく，受け入れのボリュームゾーンは日本語によるものであろう。大学で学ぶための準備教育としての日本語教育だけでなく，大学入学後のアカデミックな日本語でのサポートに関しても，留学生の教育的背景や習得度などに応じて考え，日本の大学側が変化し，対応していくべき点は多い。

5 国際化と言語

　ここまでは大学の国際化と留学生の受け入れにおける言語にまつわる問題を，大学の教育に焦点を当ててみてきたが，学術においては，英語が世界的な共通語としてその地位を確固としたものにしている。一方，英語が共通語化する中で母語による概念規定のための術語が不足し，自国の言葉を用いてコミュニケーションを取る能力が失われ，学術的蓄積が失われてしまうという危機が「ドメインロス（domain loss）」として問題視されてきた（Wilkinson 2013）。かつて帝国主義時代に植民地化された経験のある国が，その国の言葉で学術的な用語をもたず，英語やフランス語などの旧宗主国の言語でしか学術活動ができないというポストコロニアル的問題も存在し，言語は植民地主義の最も永続性のある遺産でもある（フィリプソン2000）。現在進展する学術における英語支配は，かつて植民地化された経験のない国にも同様に，ドメインロスの危機をもたらしているともいえるだろう。

　大学教育における英語の使用（以降，「英語化」）に関して，日本では，STEM（Science, Technology, Engineering, and Mathematics）分野において英語化がより進んでおり，人文・社会科学分野での教育・研究の英語化はさまざまな困難や反発を抱えている。いわゆる文系分野の中でも，英語化への適応にはグラデーションがあり，法学，文学，歴史学など，日本社会における固有の文化や歴史，価値等との結びつきが強い領域においては，英語化への抵抗がより強い。日本の大学では，近代的国民国家を形成するための国民教育を通した日本語の普及を背景に，明治期に西洋の先進的な知識や概念を日本語に翻訳することで先進諸国にキャッチアップしてきた歴史を経て，大学・研究機関の構築・発展が行われてきており，日本語による高等教育の提供と学術研究の蓄積は，日本の大学のアイデンティティとも強く結びついている（米澤ほか 2019）。

　研究においても，英語によって書かれた議論や理論的枠組が日本語の学術世界で参照されることが，その逆（日本語による文献が海外の研究者に参照されること）よりも多い，という事実は否定し難い。特に人文・社会科学分野においては，日本語による膨大な学術的蓄積がある一方，日本語という壁がその読者を限定している。STEM をはじめ，自然科学分野の研究者たちが研究論文の多くを国外の学術雑誌に投稿するという研究者行動としての「国際性」をもつのに対し，人文・社会科学系は，適度な質と規模をもつ日本語話者の存在を前提とし，国内市場を対象として日本語で発信するという「自立性」をもっており，石川（2016）はこれを日本における学術論文発信の「二極分化」と指摘している。この背景には，日本の人文・社会科学分野における図書市場の充実があり，デジタルメディアの発達により出版業界が過渡期を迎えているといわれるなかでも，高い識字率と50％を超える高等教育進学率に裏付けされた，文系書籍の圧倒的な読者人口がある。大学教員の採用や昇進人事においても，韓国や中国，マレーシアなどの非英語圏の大学が国際ジャーナル等への収録論文数をはじめとする英語による論文（のみ）を重視するのに対し，日本の文系分野においては，書籍（単著）や日本語による論文，日本国内の学会誌に

発表した査読論文などが人事評価の重要な指標になっている。

　世界の知が英語で集約され，世界大学ランキングや論文引用件数などグローバルスタンダードとされる指標によって管理されるなか，日本語によって確立された日本の人文・社会科学分野の学術界は，今後どのようにして学術における受容と発信の不均衡を是正し，世界とのつながりを広げていくことができるのだろうか。その一つの方策が，日本語による留学生受け入れと，彼らに対する教育の拡充である。多様な社会的背景と異なった言語へのアクセスをもち，学術レベルで日本語を使うことのできる留学生を日本で研究者として育成することは，日本語による学術研究の蓄積のより国際的な展開や，新しい知の創出と発信につながる。さまざまな国からの留学生が，英語ではなく日本語を共通言語として学び，交流し協働する教育環境を作ることはまた，日本の大学にしか提供できない，独自の魅力でもある。世界の留学生獲得市場において，日本の大学の独自性や競争力を考えるとき，留学生が来たいと思える教育プログラムとして，学術言語としての日本語教育や，日本語による教育課程で学ぶ留学生に対するこれまで以上の学術的・日常生活上のサポート，日本語や日本文化といった日本に関連するコンテンツを英語で提供することは，日本の大学が世界に開けた魅力的な学びと学術研究の場となる一つのステップになるだろう。

　近年，さまざまな大学で開講されている「国際日本学」や「Global Japan Studies」とよばれる専攻の学位プログラムは，まさに上記のような流れを踏まえ，英語化と並行してさまざまな大学で展開されつつある。しかし，日本研究が留学生を対象に広く開かれた教育プログラムとして提供されるとき，それは日本で生まれ，日本語を母語とする学生たちを対象としたものとは異なった機能をもつ。たとえば，日本語で文献を読むようになるための言語教育や日本の文化，社会，歴史的な背景に関する教育がその例であり，それらの学習には日本への継続する高い関心と学びへのモチベーションが必要とされている。特に「ナショナリズムとも親和性の高い領域である日本文学（あるいはその隣接領域）」（藤巻 2017：21）などの分野において，たとえば日本政府が推進するクールジャパンや日本のソフトパワーを拡大するという意味での「日本（研究）の国際化」に対し，大学や教員研究者がどのような立場をとっていくのかについて，常に批判的に問い続けることが必要であると考えられる。

　また，近年の大学における英語化や過熱する英語教育熱は，そのカウンターとしての日本語重視論も生み出してきた。英語帝国主義とそれへの批判は，四半世紀

前から指摘されてきたが（たとえば Phillipson 2009；三浦・糟谷 2000 など），英語に対する抵抗は，排他的な日本語中心主義や言語ナショナリズムに容易に結びつきやすい。日本は多くの留学生を旧支配地域であるアジア諸国から受け入れているが，日本語という言語がアジアの国々の歴史のなかでどのような覇権性をもってきたか，そして日本の植民地政策下で日本語教育がどのように機能し，どのような影響を与えたのかを踏まえておくことは，留学生に対して日本文化や社会への統合への期待を一方的にもつことの暴力性に気づくきっかけにもなるだろう。圧倒的大多数の日本語ネイティブ話者の存在のなかにあって，日本語という言語が日本で暮らしていく留学生の言語資本となるような視点から，日本の大学の「国際化」を考えていくことが重要であろう。

6 むすびに

　本章では国際化の二面性を留学生受け入れと言語という二つの視点から論じたが，「国際化」について問うことは，日本社会の構造や特徴，そして課題を浮き上がらせ，その研究はより平等で民主的な社会を創造するための指針を提示しうるものである。たとえば，日本の国際的な教育課程や海外留学における男女数のインバランスがなぜ生まれるのか，日本の社会的コンテクストのなかでジェンダーの視点から批判的に検証し直すこと，ナショナリズムとグローバリズムの間で，国際的な学術研究や留学生市場における日本のプレゼンスをどのように持続可能なものにしていくのかを検討することなどもその一例である。

　国際化された高等教育の拡大は，世界大学ランキングなどを通してグローバルな高等教育システムの階層化を生み出し（Leask & de Gayardon 2021），国は各高等教育機関の国際的競争力を上げるため，その階層システムを強化させる媒体となってきた。同時に，2020 年に世界的に流行した COVID-19 は，「国際化」そのもののあり方に変化を促している。また，ポピュリズムやナショナリズム，ゼノフォビアなどの政治に起因する社会的結束力の低下や，欧米中心のカリキュラムの普及，グローバルノースを中心とした知識生産，南北間の不平等など（Whitsed et al. 2021：361）に対し，国際化やそこで行われる教育・研究がどのような対抗言説を提示でき，国際化を通じてどのような社会的貢献ができるのか。高等教育の国際化は，人材育成や獲得，大学の競争力の強化のためだけではなく，大学と社会そのものやその関係を問い直し，変容を促すのみならず，グローバルなレベルで社会に有意義な貢献

をするための意図的なプロセスであると捉え直す必要がある。

【謝　辞】
本研究は，科研費（18K13196・若手研究「国際的で学際的な学士課程教育に関する国際比
較研究，代表嶋内佐絵）および住友生命「未来を強くする子育てプロジェクト」（2017 年度
～ 2018 年度）の助成を受けたものである。

【引用・参考文献】
石川真由美（2016）.「大学ランキングと知の序列化――国際競争のなかの日本の大学」石川真由
　　美 [編]『世界大学ランキングと知の序列化――大学評価と国際競争を問う』京都大学学術
　　出版会, pp.1-33.
岩渕功一（2007）.『文化の対話力――ソフト・パワーとブランド・ナショナリズムを越えて』日
　　本経済新聞出版社
江原武一（2018）.『教育と比較の眼』東信堂
嶋内佐絵（2016）.『東アジアにおける留学生移動のパラダイム転換――大学国際化と「英語プロ
　　グラム」の日韓比較』東信堂
シュレングスキー, D.（2014）.「グローバル化時代における高等教育の再編成――他律的モデルに
　　向かうのか」アーノブ, R. F.・トーレス, C. A.・フランツ, S. [編著] ／大塚豊 [訳]『21 世紀
　　の比較教育学――グローバルとローカルの弁証法』福村出版, pp.437-466.
日比嘉高（2015）.『いま，大学で何が起こっているのか』ひつじ書房
フィリプソン, R. ／白井裕之 [訳]（2000）.「英語帝国主義の過去と現在」三浦信孝・糟谷啓介
　　[編]『言語帝国主義とは何か』藤原書店, pp.95-110.
藤巻和宏（2017）.「これからの学問と科研費」Report Kasama（リポート笠間）, *63*, 17-21.
三浦信孝・糟谷啓介 [編]（2000）.『言語帝国主義とは何か』藤原書店
米澤彰純・嶋内佐絵・劉靖（2019）.「東アジアにおける「大学」概念の形成と変容――機能とし
　　てのトランスレーションに注目して」『教育学研究』*86*(2), 225-236.
ライト, S. ／石川真由美 [監訳]（2016）.「誰のために，何のために？――大学ランキングと国家
　　間競争」石川真由美 [編]『世界大学ランキングと知の序列化――大学評価と国際競争を問う』
　　京都大学学術出版会, pp.39-68.
リースマン, K. P. ／斎藤成夫・齋藤直樹 [訳]（2017）.『反教養の理論――大学改革の錯誤』法政
　　大学出版局
Altbach, P. G.（2016）. The many traditions of liberal arts—and their global relevance.
　　International Higher Education, 84, 21-23.
Beelen, J., & Jones, E.（2015）. Redefining internationalization at home. In Curaj, A., Matei L.,
　　Pricopie R., Salmi J., & Scott P.（eds.）, *The European higher education area: Between
　　critical reflections and future policies.* Cham: Springer, pp.52-72.
De Wit, H., Gacel-Avila, J., Jones, E. & Jooste, N.（eds.）（2017）. *The globalization of
　　internationalization: Emerging voices and perspectives.* New York: Routledge.
De Wit, H., Hunter, F., Howard, L., & Egron-Polak, E.（2015）. *Internationalisation of higher
　　education.* European Parliament.
Hudzik, J. K.（2011）. *Comprehensive internationalization: From concept to action.* Washington,
　　DC: NAFSA, The Association of International Educators.
Hudzik, J. K.（2015）. *Comprehensive internationalization: Institutional pathways to success.*
　　London & New York: Routledge.

INSIDE HIGHER ED（2020）. *Coronavirus coverage.* 〈https://www.insidehighered.com/coronavirus（最終閲覧日：2020 年 8 月 12 日）〉

Leask, B.（2015）. *Internationalizing the curriculum.* London & New York: Routledge.

Leask, B., & de Gayardon, A.（2021）. Reimagining internationalization for society. *Journal of Studies in International Education, 25*(4), 323–329.

Leask, B., & Green, W.（2020）. Is the pandemic a watershed for internationalization? *University World News*（May 2, 2020）〈https://www.universityworldnews.com/post.php?story=20200501141641136（最終閲覧日：2020 年 8 月 12 日）〉

Mittelmeier, J., Rienties, B., Gunter, A., & Raghuram, P.（2020）. Conceptualizing internationalization at a distance: A "Third Category" of university internationalization. *Journal of Studies in International Education, 25*(3), 266–282. 〈https://doi.org/10.1177/1028315320906176〉

Phillipson, R.（2009）. *Linguistic imperialism continued.* New York & London: Routledge.

Pitts, M. J., & Brooks, C. F.（2017）. Critical pedagogy, internationalisation, and a third space: Cultural tensions revealed in students' discourse. *Journal of Multilingual and Multicultural Development, 38*(3), 251–267.

Shimauchi, S.（2018）. English-medium instruction in the internationalization of higher education in Japan: Rationales and issues. *Educational Studies in Japan, 12,* 77–90.

Shin, J. C., & Kehm, B. M.（eds.）(2013）. *Institutionalization of world-class university in global competition.* Dordrecht: Springer. pp.1–13.

Whitsed, C., Burgess, M., & Ledger, S.（2021）. Editorial advisory board members on reimagining higher education internationalization and internationalization of the curriculum. *Journal of Studies in International Education, 25*(4), 348–368.

Wilkinson, R.（2013）. English-medium instruction at a Dutch university: Challenges and pitfalls. In A. Doiz, & D. Lasagabaster（eds.）, *English-medium instruction at universities: Global Challenges.* Clevedon: Channel View Publications, pp.3–24.

第2章

教育測定学からみた大学入試制度改革

「再改革」に向けた予備的考察

光永悠彦

1 大学入試制度改革への期待と現実

1 テストの「信頼性」と「妥当性」：大学入試制度改革で必要だった論点

2020年度の導入を目指して進められていた大学入試のための新たな共通テストの制度は，その目玉として「記述式の導入」と「英語4技能（読む，書く，聴く，話す）を測るテストの導入と民間英語テストの活用」という点が謳われていたが，どちらも導入が頓挫したことは記憶に新しい。また新しい入試制度の導入においては，学校教育法第30条2項で示されているいわゆる「学力の3要素」を測ることを目指し，これらを「新しい学力」として位置づけた制度設計となっていたが，今後の大学入試制度においてどのように「新しい学力」を測るのかについては，依然不透明なままである。

実際，これらの新機軸が実効性をもって有効に機能するかどうか，疑問視する声が多数上がっていたのも事実である。たった一回のテストが本当に「学力の3要素」といった新しい概念を的確に測れるのか，といった疑問である。入試に社会的な機能として最大の性能を発揮させるには，テストで何を，どのように測るかについて，綿密な検討が欠かせない。

大学入試は，受験者の「何らかの能力」を測った結果に基づき，誰に対して入学を許可するかを決める社会的仕組みである。入試で測ろうとしている「能力」や「学力」は，どの受験者にとっても同じ意味をもつような，普遍性をもっていなければならない。測られる学力の意味が受験者によって異なるとなれば，テストの意義を損なうだけではなく，テストの公平性を脅かす問題にもなりうる。大学入試制度を設計する者は，テストで測る学力が具体的にどのようなものかについて，普遍性をもった形で提示する必要がある。

また，受験者の「学力」の大小を十分反映していないスコアによって入試が行わ

れたなら，制度への信頼が低下することになりかねない。テストを実施する者のみ
ならず，スコアを利用する側（個別の大学）も，テストで測ろうとしている「学力」
と，実際にテストの結果として合否の判断材料となるスコアが意味するものとの間
に乖離があることに，敏感でなければならないだろう。

　同時に，入試で測る「方法」についても，綿密に検討されなければならない。こ
れまで，新しい入試で測るべき「学力の3要素」が，英語民間テストや記述式とい
う測定方法で適切に測れるかに関する議論はほとんどみられなかった。昨今の大学
入試改革の議論では「英語民間テスト」や「記述式」といったキーワードだけがク
ローズアップされがちであるが，大学入試のように社会的に大きな影響力をもつテ
スト制度のあり方を検討する際には，テストで何を測ろうとするのかを，具体的な
測定方法と関連させながら検討することが必要であるといえる。特に筆者の専門で
ある教育測定学や心理統計学といった分野において重要視される，スコア尺度の信
頼性と妥当性を検討することは必須であるといえるが，大学入試制度改革の議論に
おいては，そのような視点からの検討はあまり重視されていなかったようにみえる。

　これらの検討を，定量的な指標を用いて行うことは，部分的に可能である。ある
テストを行った結果，実際の受験者から得られたスコアがあるばらつきをもって散
らばったとする。仮にこのばらつきの大きさ（分散）が，受験者の「真のスコア」の
ばらつきで100パーセント説明できるのであれば，そのテストは真のスコアを言い
当てられる，最も性能の良いテストであるということができる。逆に，真のスコア
に基づかず，受験者の偶然によってスコアが100パーセントばらつくとしたら（そ
のような事態はまずありえないが），そのテストは測定対象の構成概念ではなく，受
験者の「偶然誤差」によってスコアがばらつくという意味で，最も性能の悪いテス
トであるということができる。このような性能の良し悪しの指標として「信頼性係
数」が用いられている[1]。

　また，測定の道具としてのテスト問題それぞれについて，その出来が良いかど
うかを議論するためには，測定の道具を実際にテストで用いる前に，そもそもテス
トで測られるものが何で，それがどのように位置づけられるかを明文化しなければ
ならない。そのうえで，作成されたテストが測りたいことがらを正しく測れている
かを，多角的に検証しなければならない。これらは「スコア尺度の妥当性」を検証
する過程であり，テストの性能が良いかどうかを検討するうえで避けては通れない。

---

1) 信頼性係数の詳細については光永（2017：87-92）等を参照。

テストの妥当性を検討するためには，測りたいことがらを測れているかについて，問題項目レベルで検討を重ねたり，そのテストのスコアが他の類似概念を測定しているテストのスコアと相関をもっていることを示したり，あるいは問題項目単位でみたときに正解・不正解が項目間で連関をもっていることを示したりといったように，多くの観点から検討を重ねなければならない[2]。

2　何が測れ，何が測れないのか？

　測定の例として，まず物理的な量を測る場合を考えてみよう。たとえば物の重さを測りたいのであれば，重さを測るための「はかり」を用いる必要がある。身長計で体重を測ることは妥当ではない。身長計は長さを測るためのものだからである。より良い測定のためには，より妥当性の高い尺度を構成するための道具を用いることが必要である。このように，量を比較するための尺度を作成する手続きを「尺度化」の手続きと呼ぶ。

　しかし，現在の大学入試改革に関する議論において「測るべきことがら」は，「学力」といったような抽象的な概念である。抽象的概念を測定する一つの方法として，たとえば英語のテストであれば，大多数の専門家間で「この問題に正解できれば，その人は英語の読解能力が高いであろう」という合意のとれた問題を多数用意し，それらをさまざまな英語能力をもった受験者に解答させるというものがある。そのうえで，受験者間で正解・不正解の違いがみられた背景として，潜在的に一つの「因子」を仮定することが妥当であるなら，それらの問題は英語の能力を測定するための問題であるといえ，尺度化のための手がかりとすることができる。

　「問題への正解・不正解が分かれた原因は，潜在的に仮定される単一の因子である」という「モデル」を仮定し，データすなわち正解・不正解の反応パタンがどれだけ適合するかを分析することで，テストで測ろうとしている内容についてほんの限られたその一断面を――全部を厳密に測定することは不可能であるにせよ――尺度化することは可能である。そのためには，多くのテスト問題を多くの受験者に提示し，共通因子を仮定した分析をすることが必要である。このような分析を「因子分析」と呼ぶ[3]。因子分析の結果，構成概念（「英語力」「知能」など）を一義的に定義できなさそうであれば，構成概念で表される以外の要素で正誤が分かれるという可能性を意味する。すなわち，当初に仮定した構成概念を，その問題項目群で測

2）たとえば，英語のテストにおける妥当性の検証については小泉（2018）を参照。

ることが妥当ではない，という結論となり，構成概念の内容や測定方法，テスト形式等の再考が求められる。

　心理学においては，測定するための道具で測られた内容がすなわち構成概念の定義である，という「操作的定義」という考え方がある。たとえば「知能」とは「これらの知能検査の問題にどれだけ正答できるか」である，というやりかたで構成概念を定義する。もちろん，知能検査の問題の正解・不正解の背景には，いくつかの知能を左右する因子構造が仮定されている。この考え方で，たとえば国家試験において，「テストに合格したのは，国家試験が要求する知識・技能に関する問題に正解できたからだ」という理由づけをすることができる。しかし，運転免許のテストは，道路交通法などの関連法規を理解しているかどうかを確認するためのテストであり，背後に何らかの単一の因子を仮定しているわけではない。よって，この方法で何らかの抽象的な能力を測れるかのように考えることは早計である。

　操作的定義の考え方に基づき，具体的なコミュニケーション場面を考え，受験者に適切な質問をし，その反応を的確に評価すれば，コミュニケーション能力の測定は可能なように思えるかもしれない。しかし，運転免許のテストのように定型化された知識を詰め込む形の，学習者にとって学習法の裁量がない場合とは異なり，コミュニケーション能力の学習には学習者自身による学習の自発性が重要になってくる。操作的定義によって測れるのは，学習するうえである程度決まった形式，型が存在する構成概念に限られる。入試や採用試験においては，測定されたコミュニケーション能力が自発的な学習の工夫や本人の努力——アクティブ・ラーニングの目指す内容の一部——によって引き出されたのか，定型化されたカリキュラムに基づき「調教」されたものなのかを区別したいであろうが，この目的を達成するためには構成概念の検討のみならず測定手法の広範囲な検討も合わせて行う必要がある。

　以上より，私たちが入試を行う前提として求められていることは，外から与えられた基準に基づいて測定すべき構成概念を見出し，因子としてまとまることを確認し，それを測定する方法を適切に設ける，ということであろう。抽象的な概念を測定しようとするテストは，信頼性や妥当性の高い測定方法を用いているということではじめて，スコアの値がもっともらしいと解釈されるのである。

3）因子分析に関する詳細は光永（2017：99-108）等を参照。テスト問題に対する正解・不正解のデータを因子分析した結果，潜在的に仮定される因子の数が一つであると仮定できれば，その因子が正誤を左右した主要な要因であると考える。また一因子である度合いについても，指標として推定される。

　テストで抽象的な概念を測定しようとするなら，テストで何を測っているのかを明確にするために，その背景に一因子の因子構造を仮定し，データ（受験者の正誤）がそれに適合していることを示す必要がある。多くの概念群をまとめて測定したいなら，一因子の因子構造を多数仮定する必要がある。この検証のためには多数の項目を提示する必要があり，受験者に一度に解答させることが困難となっていく。このことから，テストによって複雑かつ抽象的な構成概念の全体を厳密に測定することが，非現実的であることがみてとれる。そのことは，大学入試においても例外ではない。

3　何を測るべきではなく，何を測るべきか？

　入試においては，測れることと測れないこと，という以外に，測るべきではないことと測るべきこと，という対立軸も，考慮されなければならない。たとえば，倫理的に許されない事項は，たとえ測れたとしても測るべきではない。

　また，入試は公平でなければならない。たとえば，特定の文化，ジェンダー，地域といった属性の受験者にとってのみ，難易度が低下あるいは上昇するような問題は不適切であろう。教育測定学においては「特異項目機能（Differential Item Functioning, DIF）」とよばれる考え方（野口 2015：55–62）である。入試の中で，テストはその機能として公平な尺度を提供することが社会的に期待されている。一般性，普遍性の高い構成概念であれば，公平な測定が可能となるであろう[4]。

　その議論の延長線上でいえば，これまでの大学入試改革で議論されてきた，新しい能力観に基づく測定は，現状，どれも行われるべきではないといえる。なぜなら，公平さをもった適切な測定方法が確立されているとはいいがたく，それらの概念について一定の合意が得られていないためである。

　公平な入試の仕組みが保たれるのであれば，入学者としてふさわしいと大学が考える者を選別することで，大学入試は社会的な機能を果たすこととなる。そのための基準は大学が主体となって設定すべきものであり，かつ，受験者がどのように努力すれば大学が考える「ふさわしい学生」になれるのかが明確である必要があろう。大学入試で測るべき点は，大学が考えてきた「ふさわしい学生像」による能力であり，本来，一朝一夕に決められるようなものではない。さらにそこには，教育カリキュラムという制約があるだろう。

---

4) 公平なテストを目指すための具体的方策については割愛する。

4 カリキュラムと入試の関係

　入試においては，テストが測っている構成概念，すなわち学力が，どのようにすれば伸びるのか，その道筋をあらかじめ明らかにしておかなければならない，このことは，すなわちカリキュラムを社会全体に明示し共有すべき，ということにほかならない。教育のカリキュラムは「テストの測定方法」と「テストで測定される構成概念」を介して一体であり，それらが相互に関連性をもつことで教育上の意味をもつのである。

　カリキュラムに準拠したテストを開発する際，採点基準が重要な意味をもつ。しばしばそれは「ルーブリック」とよばれ，カリキュラムにおける達成度を反映したものとなっていることが求められる。大切なのは，ルーブリックとカリキュラムの連携である。これらは一つの共通した文脈に沿って語られ，教育の当事者に共有されることが望まれる。

　入試においては，出題範囲が高校までの学習指導要領の範囲に限定される。これは，入試制度の目的の一つに，学習指導要領という一種のカリキュラムに基づいて受験者の達成度を測るという点があることからくる制約である。だからこそ，今回の入試改革ではカリキュラムも一体的に改訂しようとした。しかし，構成概念の意味する範囲を拡大し，あれもこれも測れるなどと考えようとすると，カリキュラムと測定内容の乖離が顕著となる。そのような乖離を防ぐためにも，入試制度の議論をするうえで，測定すべき構成概念の拡大解釈は慎まなければならないのである。

2 メリトクラシーの再帰性と大学入試

1 入試改革の過程で表れたメリトクラシーの再帰性

　しかしそもそも，なぜ新しいテストを導入しようとするのであろうか。中村（2018）は，能力主義（メリトクラシー）の要素を多分に含む現在の社会において，教育のマス化段階を迎えた今となっては，テストのスコアによって個人の能力の大小が表され，社会の成員のうち誰が権力を行使できるかが決定されることを指摘した。そのうえで，テストが一生を左右する「一大イベント」と位置づけられ，テストの仕組みに関する議論や新しい能力観を追い求める欲望それ自体が，社会の中で反省的に，再帰的に追い求められる傾向を「メリトクラシーの再帰性」とよんだ。「能力の実在性・絶対性を過度に強調した［…略…］能力論が，社会的影響力を持つことによって現代に生きる私たちをいかに不必要に圧迫し続けている」（中村 2018：

218-219）か，というこの傾向は，社会が無自覚に陥りがちな，好ましからざる傾向という意味で，一種の「ワナ」であるといえよう。

　入試制度改革における議論は，高大接続システム改革会議で行われていた。その「最終報告」（文部科学省 2016a）やその議事録には，測定すべき抽象的な概念について多くが述べられているが，具体的な測定方法に関する言及がほとんどない。たとえば最終報告では，改革が達成された後の入試制度には「学力の3要素を多面的・総合的に評価する入学者選抜への改善」が必要（文部科学省 2016a：41-43）と述べられている。しかし，その前提となるべき，測定される概念を具体化するプロセスについては，ほとんど触れられておらず，「生きる力」や「思考力・判断力・表現力」といった，テストで直接測るには抽象度の高い概念がそのまま提示されている（文部科学省 2016a：3-4）。テスト制度の実現可能性に関する議論についても先送りされ，何を，どのようにして測るかに関する本質的な議論がなされていないのだ。これでは教育測定学の考え方に基づいて今回の入試制度改革を評価することができず，最終報告として重要な部分が欠けているといわざるを得ない。

　しかし実はこの最終報告が，新しい能力を測りたいという渇望を反映した決意表明であるとすれば，具体的な測定手段を提示しなくても平気である理由に説明がつくだろう。新しい能力観を提示することが達成されれば，それが測定可能かにかかわらず，能力観を問い直すという会議の目的は達成されるからである。実際，高大接続システム改革会議の第7回の議事録（文部科学省 2016b）で，大学や高校，PTA 等，高大接続に関連する9団体からのヒアリング結果が述べられているが，多くの関係団体の関係者が性急な改革に対する不安を述べているにもかかわらず，新しい学力を測定することそのものに対する反対意見を述べる関係者は皆無であった。ここからも，現在の教育界がメリトクラシーの再帰性のワナに陥っている様相が垣間見えるのである。

2　民間英語4技能テスト導入にみるメリトクラシーの再帰性

　では，民間英語4技能テストの導入についてはどうであったのだろうか。英語4技能の能力を民間英語テストで測定し，そのスコアを6段階からなる CEFR（ヨーロッパ言語共通参照枠）の対照表に照らして換算し，どの段階に相当するかの情報が入試に用いられようとしていた。大学はこれらの CEFR 段階に関する情報を出願の資格要件もしくは加点対象とする，という制度設計であった。

　入試の公平性を考えると，このような入試の仕組みは，各民間テストが測定する

構成概念上の尺度と CEFR 上でのレベル分けとの関係が科学的に再現可能な形で検証されることが前提となるが，そこには数多くの批判があった。

　教育測定学においては，複数の類似概念のスコアを比較可能とするため，複数の尺度のスコアを一つの尺度上で表示する方法が提案されている（「等化」や「リンキング」，「対応づけ」などとよばれる。日本テスト学会 2007：220, 224 を参照）。しかし，そもそも CEFR は「参照枠」にすぎず，測ろうとする能力の軸を一次元の尺度に乗せることはその目的にそぐわない「目的外使用」であり「科学的正当性はない」（羽藤 2018：44–45）という指摘もあった。教育測定学の専門家による批判（野口 2017 など）も根強かった。

　結果的に民間英語 4 技能テストの制度は導入されずに終わったが，多くの批判的意見にもかかわらず，少なくない大学で民間英語 4 技能テストを受験生に課すことを前向きに検討していた。能力観の問い直しが優先されるこの傾向は，メリトクラシーの再帰性のワナによっても説明できるであろう。また，全国普通科高等学校長会の大学入試委員会による調査で，約 6 割の校長が，文部科学省が新たな検定試験を開発して実施してほしいと回答している（宮本 2018：40）。一方で「大学入試においても英語 4 技能を評価していくという方向性についても，否定的な声はほとんど聞かれない」（宮本 2018：27）との回答であった。測られる内容が新しければよい，でも測定方法は他で考えてほしい，という校長らの意見からも，やはりメリトクラシーの再帰性のワナに陥っていた教育界の一端がうかがえよう。

3　メリトクラシーの再帰性の議論に欠けている視点

　ところで，これらのメリトクラシーの再帰性に関する議論が，長年，テストで何らかの構成概念を測定しようと試みてきた筆者からみると，一点だけ，どうしても受け容れ難い前提をもっていることを指摘しておきたい。それは，「いかなる抽象的能力も，厳密には測定することはできない」という前提（中村 2018：48）である。

　現実に日本には多くのテストがあり，それらは社会的に機能している。たとえば自動車や電車，船舶，航空機の運転・操縦免許の試験や，危険物取扱責任者，医療従事者のための資格試験は，年をまたいで同じ枠組みによって行われている。すなわち，テストの制度的内容や測るべき能力観について，大学入試ほど反省的に問い直されるような性格をもっていない。また，より抽象的な「知能」を測るための知能検査は，知能の発達に関する診断基準を与えるが，反省的思考に基づいて新規開発／改訂されるわけではない。

　理由として，これらのテストは受験者に一定の能力を有するか否かの「診断（diagnostic）」を行う目的をもっており，そこには「基準（criterion）」が定義されているという前提が挙げられる。免許制度に関連した技術的要件や背景知識が改まった場合に，免許制度は変わりうる。知能検査の改版の理由は，社会が知能検査に期待する役割が変わったからというよりも，精神医学・心理学上での新たな研究知見を反映させた結果，ということが多いであろう。これらのテストで測られる構成概念の抽象度は学力の3要素より低いが，それでもある程度の抽象性を許容している。そしてそのようなテストにより免許制度や資格制度が維持されたり，精神疾患の診断が可能となったりするのである。私たちはある程度の抽象性をもった概念を測ることを，社会システムの一部として現に行っているのである。

4　「二分法選好傾向」というもうひとつのワナ

　中村（2018：71）では，「採点基準を自由にした」形で大学生に算数の記述式問題を採点させ，結果が大きくぶれることを示している。しかし，現実のテストでは採点基準が厳しく統制され，採点者もそれを厳守するようにトレーニングを積むことが求められる。ここには，採点基準の自由度，というグラデーションがある。また，現実のテストは合格・不合格を選抜する機能が期待されているが，受験者の能力はグラデーションがあり，明確に合否を分け隔てるのは難しい。

　このように，実際にはグラデーションがあるようなことがらにおいても，「採点が自由であるか否か」や「合否」のような二分法に基づく議論を行い，その中間の「程度問題である」という議論に至らないことが，テスト制度の議論のうえで大きな障壁になっていると筆者は考える。本章ではこれを「二分法のワナ」と呼ぶことにする。

　二分法のワナは，科学における「線引き問題」と密接な関連がある。伊勢田（2003：257-260）は，あることがらが科学的か非科学的かの検討を行ううえで，多くの「線引きの基準」が提案されており，学問分野の違いによって有効性・実効性が変わってくることを指摘している。そのような複雑な線引き基準を統一的に捉えるため，科学的かどうかの程度にグラデーションがあることを認め，「線を引かずに線引き問題を解決する」（伊勢田 2003：257）アプローチを提案した。先に羽藤が指摘したCEFRによる対応づけの科学的正当性については，グラデーションでいえば「科学的ではない」方に近いところに位置するのであろうが，個別の民間英語テストについては，測定の質の高さをさまざまな教育測定学上の理論にのっとって多角的にチェックしているため，「ある程度科学的な測定」に近いテストといえるであ

ろう。このように，一見すると二分法のように捉えられる命題に関しても，それら
の間に程度のグラデーションを考えることで，より実態に即したきめ細かな議論を
することができる。

　このようにして考えると，「いかなる抽象的能力も，厳密には測定することはで
きない」という前提についても，それ自体が二分法のワナに陥っているといえよう。
しかしながら，依然として現代社会で測定されることが熱望されている抽象度が高
い構成概念については，厳密に測定することができない点は，認めなければならな
いであろう。したがってこの前提は，

　　　現代社会において測定されるべき「能力」の抽象度は，教育測定学で見出され
　　　た知見に基づいて実際に測定可能とされる「能力」の抽象度よりも高くなって
　　　おり，それゆえ厳密に測定することができない。

という文言が，より適切であるように筆者は考える。またこのような書き換えを
行っても，メリトクラシーの再帰性の議論を根底から揺さぶるものではないことに
注意が必要である。

3　今後の「再改革」に向けて

1　「より質の高い測定とは何か」という視点から

　以上の議論から，大学入試のあり方を「再改革」する流れとして，まず「より質
の高い測定とは何か」という観点から，教育関係者全体が議論することが必要であ
ろう。テストで何でも測れそうだというこれまでの態度を改め，メリトクラシーの
再帰性による能力主義の暴走を防ぐためには，測定の限界に関する幅広い知見と経
験を有する，教育測定学の専門家の参画が重要になってくる。

　実は，先述の高大接続システム改革会議の最終盤で，メンバーのうち一人だけ，
今回の改革について明確に「立ち止まって考えるべき」との意見を述べている者が
いる。そのメンバー（南風原朝和氏）は，改革後のテストのあり方と現実との乖離
が大きいことを複数の観点から指摘し，そのうえで改革について，

　　　ともかくやるんだということでもって，その上で検討するのではなくて，今申
　　　し上げたような乖離が十分に埋まって，大丈夫だとなったらやるんだというと

　ころを確認して進めていただきたい（文部科学省 2016c）

と述べている。

　ここで重要な点は，南風原氏の専門が教育測定学であるということだ。教育測定学者は，テストによる測定の限界がどのようなものであるかを知っている。そのうえでの上記発言は重い。

　この議事録を読むと，それぞれの立場の者が，立場を代表して理想のテストのあり方を語る雰囲気すら感じられる。しかし入試は属人的な，あるいは利害関係の中での立場を反映した価値観のみで語られるべきではない。より質の高い測定による入試制度のあり方を見出すためには，教育や行政，測定法などの専門性をもった者が，それぞれのディシプリンの制約の中で，何が測れるのかを明示し，集団としての意思決定を経ることが重要であろう。専門家としての立場を前提とした議論のベースには，専門領域の研究を通じて培われた議論の蓄積がある。先に述べた，自発性をともなったコミュニケーション能力の測定が難しい理由の一つは，コミュニケーション能力の本質的議論を専門家の間で長年続けてきているわけではなく，議論の蓄積もほとんどないため，であろう。そこには多くの専門的立場からの多面的な考察が必要なのである[5]。

2　二分法のワナを避けたスコアの表示と解釈

　受験者の実態をより明確に反映した結果を表示するためには，合格・不合格という二分法ではなく，「合格に値する実力をもつ確率が○○％」という考え方をすれば，合否という事象の背後にグラデーションがあるさまを表現できる。そのようなもっともらしさの指標に基づく考え方を「ベイズ主義」（伊勢田 2003：231-248）と呼ぶ。

　ベイズ主義を導入すると，テストスコアにも測定誤差を含んだ「信頼区間」[6]を考えることが許されるであろう。100点満点のテストで50点だったとしても，50点という「真の能力の点推定値」が，信頼性の低いテストであったがゆえに，実はプラスマイナス20点程度の広い区間に含まれる確率が高い，という場合もあろう。

---

5) 採用試験や人事試験の分野においては，そのような議論の蓄積が，採用主体（企業や国，地方公共団体等）ごとに行われている。そこでは採用主体がどのようなポリシーに基づき合格者を選抜するかに関して，一定の合意がなされていることがほとんどである。
6) ベイズ統計学においては「信用区間」と呼ばれる，類似の概念に基づいて誤差が評価される。

他方，信頼性の高いテストの場合は，50点という点推定値が，プラスマイナス5点という狭い範囲に入る確率が高い，というように，スコアのもっともらしさを受験者一人ひとりについて表現することができよう。

　信頼区間の考え方を導入することで，テストスコアに新たな意味をもたせることが期待される。たとえば受験者が合格基準点を完全に超えていた場合にのみ合格とみなしたいのであれば，テストスコアの点推定値だけでみるのではなく，スコアの信頼区間が完全に合格点を超えている受験者だけを合格とする，というテストの運用が可能である。また受験者ごとのスコアの信頼区間については，項目反応理論（item response theory）というテスト理論により，綿密な評価が可能である。

3　入試制度の「再改革」とその困難さ

　新しい入試制度の導入に失敗した現在，入試制度改革の議論は停滞したようにみえる。しかしメリトクラシーの再帰性の傾向を考えると，近いうちに議論が再燃することが予想される。テストで測れることの限界を考慮に入れたとき，どのような入試制度が望ましいといえるだろうか。

　大学入試制度改革の一連の動きが失敗に終わりそうだという流れに収斂し，制度全体の再設計を強いられた場合を考えてみよう。大学入試は，改革の流れとは別に，毎年確実に繰り返されるイベントであり，その実施に万全の体制をもってあたらなければならない。そのため，妥当性や信頼性が検証され，十分な経験の蓄積もあるテストの実施に向けて，ひとまず改革以前の大学入試制度に戻さなければならないだろう。そのうえで，改めて改革の方向性を熟慮する必要があろう。

　これまでみてきたように，競争的性格をもつ入試で広い能力観をもったテストを実施すると，能力観の拡大解釈を引き起こし，社会がメリトクラシーの再帰性のワナに陥る。これを避けるには，測るべき構成概念の探索・精緻化を通じて，テストが測れる，測るべきことの範囲内で入試制度を再構築すると同時に，関連するカリキュラム，ルーブリックおよび教授法を組み立てていくという考え方が重要であろう。この流れから外れると，テストで測れそうにないことを測ろうとしたり，構成概念の拡大解釈が起こったりして，メリトクラシーの再帰性のワナに陥ることが繰り返される。

　すなわち，入学試験から競争的要素を薄め，達成度を測定するテストを主に用いて入学者を選ぶようにすればよいのだ。入試スコアも授業を受けるに必要な最低限の基準に達するかを見極めるための道具にのみ使えばよい。大学は自分たちが設定

した最低限の適性・資質があると認めた受験者全員に対して合格通知を送ればよい
のである。同時に，最低限の適性・資質について，社会のニーズに沿った形で科目
や学校種を増やす[7]。このことは，測定される構成概念のバリエーション（科目）
を増やすという観点からも必須であろう。高等教育機関にとっても，自分たちの入
学ポリシーに合致した人だけが合格することとなるばかりでなく，測定される構成
概念が多様になることで，学びの場としての大学の多様性も保障されることとなる。
そしてこれらの資格要件を，カリキュラムの妥当性という観点から絶えず批判的に
捉えなおすことで——実態をともなうか不明確な能力観そのものへの再帰的捉えな
おしではないことに注意——，より多くの学問体系に対応した学校教育が可能とな
る。

　また，大学で教えられるほど高度ではない内容は，別の教育課程——戦前の高等
専門学校をイメージすればよい——において教授するようにすれば，学習進度ごと
にカリキュラムを柔軟に設定でき，より学習者の実態に沿った教育課程が実現でき
るだろう。運転免許試験でも普通免許と大型免許や二種免許で課程の難易度が異な
るように，それぞれに対応する教育課程を用意し，学習者の必要に応じて提供すれば
よいのである。各々の教育課程では入試のスコアが信頼区間をもった形で参照され，
仮にスコアが上位段階の学校の合格基準に達しなかったとしても，信頼区間が合格
基準に少しでも達していれば，学内のリメディアル課程を受講することを条件に合
格とする，といった形で，より受験者に寄り添った入試とすることも可能である。

　しかし，測定の手法が洗練化されても，教育の中の入試制度としてみたとき，さ
らなる課題がある。それは学校において達成度テストで測れる内容だけを教え，そ
れ以外の要素はないがしろにされる傾向が進む，という点である。教育の市場化，
新自由主義的教育改革に代表される，鈴木（2016）で述べられているようなアメリ
カの公教育と同様の状況に流れていくおそれがある[8]。そうならないためにも，長
い議論の蓄積に基づいた，人間のパフォーマンスの評価に関する知見の応用が求め
られるであろう。学校で教えられたことで大切なことであっても，紙と鉛筆でのテ

7）高校の専門学科の多様化でも対応可能であろう。
8）新自由主義的な教育システムの改変を改革と呼称して断行し，さらなる改変が繰り返さ
　　れる，という流れは，能力の測定に関わる教育制度の改変を反省的に行っているという
　　点で，メリトクラシーの再帰性のワナに陥った状態の一種であるとみることもできよう。
　　これに対処するためには，教育の果たす社会的役割が，数値的評価によらない部分にも
　　存在するという社会的合意が必要であるといえる。

ストで妥当に測ることが困難な構成概念や，そもそも単一の構成概念として括ることができないことがらも多い。受験者の良いところをうまく発見するためには，画一化された一斉形式の入試で測定できない要素を選抜に取り入れることもまた重要である。必要なのは能力観の拡大解釈ではなく，入試に特化した能力観を多様化させることである。

　しかしこのことは，多様な能力観をどう弁別し，ある程度の妥当性をもった形で測るかという，きわめて難しい問いを私たちに投げかける。妥当性の検証のみならず，その過程も明らかにする必要があるうえに，公平性に考慮しながら測定方法を開発しなければならない。このような慎重さは，メリトクラシーの再帰性による能力主義の暴走を防ぐうえでも重要である。反省的な問い直しを不要とするほど普遍的で質が高く，かつ公平な測定をする方法を求めることは苦しい過程であり，測れていないことを測れているということにするよりもはるかに難しいが，能力主義の暴走を防ぐための必要不可欠な苦しみである。

4 理想と現実とのギャップを乗り越えて

　日本では近年，学校種を多様化する方向で学校制度が変わってきている。にもかかわらず，ここで述べた理想の改革のプランをそのまま実行できる確率は，現在のところ低いといわざるを得ない。主な理由は二つある。

　一つ目の理由は，教育制度のもつ保守性，連続性である。かつて共通第一次学力試験から大学入試センター試験に移行する際，私立大学のセンター試験利用入試など多くの制度変更があり，多くの受験生，大学や高校が翻弄された（倉元 2014）。社会全体からみれば，受験制度の変更は多数の社会問題の一つにすぎず，小修整にすぎないかもしれない。しかし教育制度全体の中で入試制度の改善を考えるならば，テストとカリキュラムの関係性の問い直し，ひいてはカリキュラム自体の見直しをせざるを得ず，既存の学校制度全体に影響が及ぶ大改革をともなわざるを得ない。そのような大改革はしばしば教育の連続性を妨げるものであり，さらに大きな混乱を社会全体に招くことは必定である。

　高大接続システム改革会議で議論された入試制度改革は，議事録で明らかなように，入試制度の小修整に比べてはるかに大きな社会的労力を必要とするような大改革志向であった。メリトクラシーの再帰性のワナに陥った社会は，無限に社会的リソースを消費する。これ以上の無意味な消尽を防ぐには，このような大改革が頻繁

に起こらないような，より洗練された新制度とすべきである。だが，それだけの改革を受け容れ，制度変更がもたらす疲弊に耐えるほど，現在の日本社会に経済的な余力がないのも事実である。そもそも，この国は教育にお金をほとんどかけていない。これが二つ目の理由である。

　来るべき入試制度の再考に向け，私たち自身もより賢くならなければならない。私たちが何気なく「＊＊力」という語彙を使うとき，その語のもつ意味を深く捉え，測定可能かどうかを批判的に考え，測定可能なのであればどの程度厳密に，スコアの信頼区間を狭くできるかを見極める「くせ」をつけることから，まず始めよう。いわばそれは人間の能力に関するあいまいさ，多様性とうまくつきあっていくための第一歩である。その一歩の後，教育制度を充実させていく一環として，新たな入試制度が導入されるのだ。

【引用・参考文献】

伊勢田哲治（2003）．『疑似科学と科学の哲学』名古屋大学出版会

倉元直樹（2014）．「大学入試制度の変更は何をもたらしたのか？——昭和 62 年度改革の事例」『大学入試研究ジャーナル』24, 81–89.

小泉利恵（2018）．『英語 4 技能テストの選び方と使い方——妥当性の観点から』アルク

鈴木大裕（2016）．『崩壊するアメリカの公教育——日本への警告』岩波書店

中村高康（2018）．『暴走する能力主義——教育と現代社会の病理』筑摩書房

日本テスト学会［編］（2007）．『テスト・スタンダード——日本のテストの将来に向けて』金子書房

野口裕之（2015）．「項目反応理論の概要」野口裕之・渡辺直登［編著］『組織・心理テスティングの科学——項目反応理論による組織行動の探究』白桃書房, pp.23–82.

野口裕之（2017）．「大学入試に英語民間試験——合否判定には適さず，各試験間の比較困難，新テスト開発を」『日本経済新聞』2017 年 10 月 9 日朝刊, 18.

羽藤由美（2018）．「民間試験の何が問題なのか——CEFR 対照表と試験選定の検証より」南風原朝和［編］『検証 迷走する英語入試——スピーキング導入と民間委託』岩波書店, pp.41–68.

光永悠彦（2017）．『テストは何を測るのか——項目反応理論の考え方』ナカニシヤ出版

宮本久也（2018）．「高校から見た英語入試改革の問題点」南風原朝和［編］『検証 迷走する英語入試——スピーキング導入と民間委託』岩波書店, pp.26–40.

文部科学省（2016a）．「高大接続システム改革会議「最終報告」」〈http://www.mext.go.jp/component/b_menu/shingi/toushin/__icsFiles/afieldfile/2016/06/02/1369232_01_2.pdf（最終閲覧日：2020 年 5 月 25 日）〉

文部科学省（2016b）．「高大接続システム改革会議（第 7 回）議事録」〈http://www.mext.go.jp/b_menu/shingi/chousa/shougai/033/gijiroku/1365926.htm（最終閲覧日：2020 年 5 月 25 日）〉

文部科学省（2016c）．「高大接続システム改革会議（第 14 回）議事録」〈http://www.mext.go.jp/b_menu/shingi/chousa/koutou/064/gijiroku/1371775.htm（最終閲覧日：2020 年 5 月 25 日）〉

第 3 章

これからの人文・社会科学の 研究評価を考えるために

変化する研究環境と学術の幅広いインパクトの視点

標葉隆馬

　本章では，人文・社会科学分野の研究評価を議論する際に最低限押さえておくべき基本的事項の整理を行い，今後の議論の土台を提供することを目指す。ここで取り上げる事柄の多くは，人文・社会科学分野に留まる話題ではない。しかしながら，どのような議論を今後展開していくにせよ，これまでの科学技術・学術政策あるいは研究評価をめぐる状況や関連する知見の要諦を把握せずに議論することは不毛な結果となる。このような議論の把握は，何も政治家や行政担当者だけの問題ではなく，もちろん研究者側にとっても問われる事柄である。

　そのため，以下では，これからの人文・社会科学の研究評価を考えるにあたり，安易な研究評価反対論を避けるためにも押さえておかなければならない背景を俯瞰する。第 1 節では日本における政策枠組みの状況，第 2 節では研究評価システムの変化，そして第 3 節では研究評価をめぐるこれまでの議論をみていく。その後，人文・社会科学系分野における研究評価をめぐる最近の議論を概括する（第 4 節）。そして最後に，人文・社会科学系分野をめぐる評価の議論を次のステージに発展させるために，学術研究がもつ幅広い「インパクト」の洞察とそのための新しい評価視点の必要性について論じる（第 5 節）[1]。

---

1) 本章は，標葉（2017a）を基に大幅に編集と加筆修正を加えたものである。なお，本書編集中に生じた政策的状況の変化については，校閲時に加筆する形で議論を追加した。背景となる科学技術政策や研究評価をめぐる議論については，標葉（2020）を参照のこと。また，人文・社会科学分野の研究評価をめぐるより最近のレビューとしては林ほか（2021），および日本学術会議（2021）がある。併せて参照されたい。

1 研究を取り巻く状況の変化

先進諸国における研究ならびに高等教育に関連する政策（科学技術政策，学術政策，高等教育政策など）は，緊縮財政を背景とした公的セクターに対するニューパブリックマネジメントの導入，グローバル化の圧力，研究機関への資金配分の効率化要求，そして説明責任の増大などの文脈の中で変化してきた[2]。そのような中，日本の研究基盤は，運営費交付金などの基盤経費を中心としたファンディングシステムから，科学研究費補助金（科研費）や政策的動向を意識したプロジェクト／プログラム型の競争的研究資金を併用するマルチファンディング構造へと変化してきた。

このファンディング構造の変化は，大学改革と表裏一体の形で展開され，近年ますます加速している。基盤的経費（特に運営費交付金）と競争的資金の適切なバランスを求める議論もあるものの（科学技術・学術審議会学術分科会 2014；2015），そのバランスが改善しているとは言いがたい。現状，既にして問題を抱えるファンディングシステムの中で，特定大学に資金配分が集中し，地方大学などにおける研究基盤・能力の低下，人件費の不足による若手研究者の雇用不安定化などの大きな弊害が生じている（小林 2015）。

このような状況の中で，日本では，「より効率的で迅速な研究開発成果の国民・社会への還元」，「有望な研究開発課題の発掘と持続」，「政策・施策形成への貢献」などのイノベーション的側面あるいは経済・社会的側面への言及が近年強調され，科学技術イノベーション政策という言葉も使用されるようになっている。しかしながら，小林信一が指摘するように，日本の科学技術イノベーション政策は，科学技術・研究開発に関わるイノベーションだけが対象となっている，産業競争力会議が主導の成長戦略の下位戦略と位置づけられている，成長戦略実現の手段としてイノベーション・ナショナルシステムの構築が考えられている，またイノベーションという言葉がかなり限定的な意味で使用される傾向にある，などといった特異な文脈をもつ（小林 2017）。

そもそも1995年の「科学技術基本法」[3]では，その第1条において「この法律は，科学技術（人文科学のみに係るものを除く。以下同じ。）の振興に関する施策の基本

---

2) その中で，日本の科学技術政策，学術政策，高等教育政策は互いに関連する内容をもちながらも必ずしも整合的に進んできたわけではない（標葉・林 2013）。

3) https://www.shugiin.go.jp/internet/itdb_housei.nsf/html/houritsu/13419951115130.htm（最終閲覧日：2021年8月10日）

となる事項を定め」と規定されており，（少なくとも一部の）人文・社会科学系領域は関係がないかのように映るかもしれない。しかしながら，実際には上述のような科学技術政策の変容は，競争的資金をめぐる変化やそれにともなう大学改革，そしてその結果として立ち現れてくる研究環境・基盤の変容を通じて，これまでにも人文・社会科学領域に大きく影響を与えてきた。

そして科学技術基本法の当該記述を含む抜本的改正についての議論が2020年の国会で行われ，科学技術基本法は「科学技術・イノベーション基本法」[4]へと改正された。その結果，前段で触れた人文科学にかかわる除外文が削除されることとなった。この変化によって，人文科学分野もまた2018年12月の「科学技術・イノベーション創出の活性化に関する法律」(改正研究開発力強化法) などの既存の科学技術政策の影響をより強く受けることになる。

また科学技術・イノベーション基本法において，イノベーションの創出は「科学的な発見又は発明，新商品又は新役務の開発その他の創造的活動を通じて新たな価値を生み出し，これを普及することにより，経済社会の大きな変化を創出すること」とされている。そのうえで，科学技術・イノベーション創出の方針として，研究開発の成果の実用化によるイノベーションの創出，国民への還元，社会的課題対応（少子高齢化，人口減少，国境を越えた社会経済活動，食料問題，エネルギー利用の制約，地球温暖化など）という要素が具体的なイメージとして付与されている[5]。このような中で，経済・社会的インパクトへの視点が必然的に強化されていくことになる。

科学技術・イノベーション基本法を受け，「第6期科学技術・イノベーション基本計画」(以降，第6期基本計画) が策定され，2021年3月26日に閣議決定された。この第6期基本計画において人文・社会科学分野に期待される役割として強調されるものが，「総合知」への貢献である。「総合知」は，人文・社会科学と自然科学の「知」を融合したものであり，人間や社会の総合的理解と課題解決に資する「知」であると表現されている（内閣府 2021：10）。このような「総合知」の生成は，その書かれ方にあるように必然的に文理融合的なプロジェクト型／プログラム型研究を通じた活動が前提となってくる。そのため，「総合知」が強調されるほど，今後の人文・社会科学分野へのファンディングでは，文理融合的かつ社会的・政策的課題を

---

4) https://elaws.e-gov.go.jp/document?lawid=407AC1000000130_20210401_502AC0000000
　063（最終閲覧日：2021年8月10日）
5) 付帯決議においてイノベーション創出に偏重しないことへの留意が謳われるものの，どのような展開が今後生じてくるかは注視が必要であろう。

意識したプロジェクト型／プログラム型としての性格がますます強化されていくことが考えられる。

　また第 6 期基本計画におけるもう一つの大きな論点が，人文・社会科学分野ならびに「総合知」をめぐる指標を用いた評価の問題である。第 6 期基本計画，また 2021 年 1 月に公表された第 6 期基本計画の答申素案において，人文・社会科学分野ならびに「総合知」の指標によるモニタリングに関する文言が登場する。そして 2022 年度中に指標の検討を行い，2023 年度中には指標によるモニタリングを開始するとしている（内閣府 2021：43）。

　ここで指摘しておかなければならないが，この人文・社会科学分野ならびに「総合知」の指標によるモニタリングに関する議論は，2020 年 8 月 28 日に公表された『科学技術・イノベーション基本計画の検討の方向性（案）』（以下，第 6 期検討方向性案）⁶⁾には全く登場していない（内閣府 2020a）。すなわち 2020 年 8 月の第 6 期検討方向性案から 2021 年 1 月の第 6 期基本計画答申素案までの間に，閣議決定級の文書に文言として差し込まれてきた内容である。

　この議論はいつ登場する事柄なのだろうか。関連する審議会の資料を見るならば，たとえば 2020 年 10 月 22 日の「科学技術政策担当大臣等政務三役と総合科学技術・イノベーション会議有識者議員との会合」（通称：木曜会合）の資料に，人文・社会科学分野ならびに「総合知」の指標によるモニタリングへの言及が登場する（内閣府 2020b）。

　また翌 11 月 18 日の総合科学技術・イノベーション会議第 10 回基本計画専門調査会における配布資料では，文部科学省科学技術・学術政策研究所（NISTEP）が実施している『科学技術の状況に係る総合的意識調査（NISTEP 定点調査）』における「科学技術の社会実装に際しての人文・社会科学及び自然科学の連携」指標がモニタリング指標の例として言及されている（内閣府 2020c）。具体的には NISTEP 定点調査では，「科学技術の社会実装に際しての倫理的・法制度的・社会的課題を解決するための，人文・社会科学及び自然科学の連携による取組が十分に行われていると思いますか？」（Q602）などの質問が行われており，この回答割合の変化を指標として活用しようというアイディアと考えられる（科学技術・学術政策研究所 2021）。むろん，ここで問われるべきは，このような質問への回答結果が，人文・社

6）なお，第 6 期検討方針案の時点では，「総合知」というキーワードは登場するものの，そこまで登場頻度は大きくない。しかしながら，2021 年 1 月の第 6 期基本計画答申素案の時点において，頻出することになる。

会科学分野や「総合知」の創出にかかわる研究の評価に際して適切な指標かどうか
という点である。

　いずれにせよ，このような変化の中で，イノベーション志向，プロジェクト型／
プログラム型のファンディング，経済・社会的インパクトへの関心が分野を問わず
ますます強化されていくことが予想される。そして，今後の人文・社会科学分野を
めぐる環境変化を理解するうえで，このような状況を把握しておくことは必要不可
欠であろう。この状況を踏まえたうえで，以降では，研究評価をめぐる課題につい
て，さらに論じていくことにしたい。

2　研究評価をめぐるアプローチの変化

　従来，研究評価の目的は，「研究開発活動における研究費の効果的・効率的配分」，
「研究開発活動の振興・促進」，「説明責任」の三つが挙げられることが多い。日本に
おける研究評価の政策枠組み文書である「国の研究開発評価に関する大綱的指針」
においても同様の趣旨が謳われてきた。

　ここで研究評価を論じる際の大前提として，以下の事柄を理解しておく必要があ
る。

　・評価の適切な方法や基準は，その分野や研究の目的によって異なる
　・評価の対象と階層によって適切な評価のあり方は異なる
　・適切な評価方法は事前・中間・事後・追跡というタイミングによって異な
　　る

　一点目の「評価の適切な方法や基準は，その分野や研究の目的によって異なる」
については，次節以降で詳細に扱うことにする。しかし，ここでは少なくとも，評
価対象をめぐる階層には「個別の研究」内容や「論文」という評価単位にくわえて，
行政府を中心として政策的課題を基礎にした「施策」，施策のもとで資金配分機関が
資金配分制度と複数のプロジェクト実施計画から構築する「プログラム」，プログ
ラムの枠組み内で提案・採択された研究課題「プロジェクト」といった階層構造が
あり，階層に応じて求められる評価システムは異なること，そして，どのような階
層を評価対象とするのか，そしてどのタイミングで実施するのかによって求められ
る評価のあり方は違ってくることを理解しておく必要がある（標葉・林 2013；林

54

2014）。

　ここで挙げたような事柄は，研究評価をめぐる議論では当然の前提となる。そのうえで，前節でみたような政策とファンディング構造の変容の中で，より「効果的」な評価とは何かという問いへの回答が模索され，世界的に試行錯誤が重ねられてきた。その中で生じてきた大きな変化として，研究内容・成果を同分野の研究者らが評価するシステム（ピアレビュー）から，研究のプロセスやマネジメント，さらにはその社会的・経済的・文化的なインパクトまでをも評価の視野に入れるような評価システムへとその内実が変化し，関与するアクターの種類も同時に増えてきたことが挙げられる（江間 2013）。ヘムリンとラスムッセンは，このような評価システムの全体的な変化を「質の管理」（quality control）から「質のモニタリング」（quality monitoring）への変化と表現している（Hemlin & Rasmussen 2006）。

　それでは，日本における研究評価をめぐる課題にはどのような事柄が指摘されているのだろうか。標葉・林（2013）は，日本の研究評価をめぐる制度を俯瞰し，その課題として以下の事柄などを指摘している。

・非効果的・過剰な評価の負担（評価疲れ）からの脱却
・プロジェクトレベル，プログラムレベルの評価の重要性増大と実質化
・資金配分機関などの「境界組織」（Guston 2000）の責任明確化と評価の実質化
・「評価の評価」（メタ評価）の脆弱性

　本章執筆時点で最新となる 2016 年 12 月 21 日発表の「研究評価大綱」では，「実効性のある『研究開発プログラムの評価』のさらなる推進」，「アイデアの斬新さと経済・社会インパクトを重視した研究開発の促進」，「研究開発評価に係る負担の軽減」が研究開発評価改善の方向性として提示されている（内閣府 2016）。このような近年の研究評価大綱にみられる文言の変化を肯定的にみるならば，評価疲れからの脱却，プログラム評価の実質化（これは必然的に資金配分機関など境界組織に関する評価システムの実質化をともなわなければ空疎である）といった課題に対する議論の進展としてみることもできる。

　しかしながら，文言の変化（あるいは充実があったとしても）は，このこと自体がそのまま問題の解決を保障するものではもちろんない。研究者自身もまた，ここまでに挙げたような状況を把握したうえで[7]，多様なレベルにわたる評価システムの

議論とその実質化に対しての不断のモニタリングと問題提起，そして各分野に即したより良い研究評価のあり方や今後のビジョンを繰り返し提示することが求められる。そのような省察をともなう議論の機会を，研究者コミュニティと資金配分機関，そして関係する多様なアクター間でどれだけ作っていけるのかが今後の課題となる。

3 安易な研究評価論を避けるために

　より良い研究評価とは何か，また研究がもつ幅広い価値はどのようにして評価されうるのかという議論は，研究活動の社会の中での位置づけを再考し，その可能性を広げる機会となる。しかしながら，研究評価をめぐるこれまでの知見を無視しては，研究評価をめぐる議論もその改革もいずれも空疎なものとなることは避けられない。

　ここにおいて，研究評価に関するサンフランシスコ宣言（San Francisco Declaration on Research Assessment：DORA）やライデン声明（The Leiden Manifesto）などに代表される研究評価実践ならびにそこにおける計量書誌学的データの活用に関するこれまでの知見と経験を踏まえた国際的な議論の趨勢を押さえておくことが肝要であろう。たとえばライデン声明の内容は以下のようになっている（Hicks et al. 2015；小野寺・伊神 2016）。

　①定量的評価は，専門家による定性的評価の支援に用いるべきである
　②機関，グループまたは研究者の研究目的に照らして業績を測定せよ
　③優れた地域的研究を保護せよ
　④データ収集と分析のプロセスをオープン，透明，かつ単純に保て
　⑤被評価者がデータと分析過程を確認できるようにすべきである
　⑥分野により発表と引用の慣行は異なることに留意せよ
　⑦個々の研究者の評定は，そのポートフォリオの定性的判断に基づくべきである
　⑧不適切な具体性や誤った精緻性を避けよ
　⑨評定と指標のシステム全体への効果を認識せよ
　⑩指標を定期的に吟味し，改善せよ

7）現在までの状況の俯瞰については，標葉（2020），林ほか（2021），日本学術会議（2021）などを参照のこと。

　このライデン声明の項目を見てわかるとおり，計量書誌学的なデータを活用する分析や研究評価実践の標準的な議論において，研究評価は，むしろ各分野の目的・歴史・文脈を十分に把握した定性的評価が重要であり，定量的評価はその目的に照らした形で援用することが想定されている。少なくとも，論文数や，引用数，h-index や競争的資金獲得額といった量的指標を数えてランキングすれば良いというような表面的なものは想定されていない[8]。

　このような評価指標をめぐる議論を前提としつつ，さらに研究評価そのものがもちうる構造的課題についての指摘をみておくことにしたい。ウィットレイは，研究評価が研究者に与える影響として，研究活動に対する公的な評判（reputation）の重要性の認知，分野ごとの標準的な評価基準の定型化，高インパクトジャーナルへの論文掲載とファンド獲得をめぐる競争の激化，ランキングによるエリート研究者を中心とした階層構造の強化などの課題を指摘している（Whitley 2007）。つまり，その時々の研究評価システムあるいはランキングの採点方法の枠組み下における勝ち方が決まってくることで研究活動・内容が一様化しかねないリスク，あるいは「勝ち馬」に乗ることが最適解化しやすくなることへの警鐘でもある。

　また「統合イノベーション戦略2019」（内閣府 2019）を契機として話題となった研究機関の評価と運営費交付金をめぐる傾斜配分の連動に関する問題についても，イギリスやオーストラリアの事例などで，パフォーマンス評価ベースのファンディングに関する批判的検討は数多く行われている。予算配分を気にすることなどを背景とした短期的成果の希求や論文の粗製乱造の問題などをはじめとして，数多くの議論や分析が積み重ねられている（Geuna 2001；Geuna & Martin 2003；Butler 2003；小林 2012）[9]。

　今後の研究評価をめぐる議論では，ここまでに整理してきたような前提的議論を飛び越えた粗雑な量的指標にのみ依拠するような議論，あるいは各分野の多様な目的・文脈・特性を捨象するような表面的議論は乗り越えられたものでなくてはなら

---

8) あえていうならば，科学計量学（Scientometrics）あるいは計量書誌学（Bibliometrics）の専門家であれば，この程度の事柄は大前提として議論している。本章においても，研究評価という際にはこれらの事柄は最低限の前提としている。

9) このようなファンディングシステムの変化による研究者側のコスト増加の状況は「赤の女王効果」（Red Queen Effect）と表現されている。同等の状況を得るためには今まで以上のコストやエフォートが要求される状況を指摘するものである（Geuna & Martin 2003）。

ない[10]。そうでないならば，そのような議論は研究評価や科学計量学分野におけるこれまでの知見を踏まえていない不十分な議論・実践であるとの謗りは免れない。仮にパフォーマンス評価に基づくファンディングの傾斜配分の議論を行うにしてもそれは変わらず，これは研究者側にしても，政策担当者側にしても，研究評価を論じるのであれば議論の最低限の前提として共有が必要な事柄である。

4 人文・社会科学分野の研究評価をめぐる議論

　ここで，とりわけ人文・社会科学諸分野をめぐる研究評価に絞ってさらに考えていきたい。なお筆者は，人文・社会科学分野の研究評価を考えるうえで，自然科学分野との違いを強調する形でその議論自体を避ける態度に対しては批判的な立場である。その前提のうえで，これまでに行われてきた人文・社会科学分野をめぐる研究評価の議論から，少なくとも以下のような論点に注意が必要であることを指摘したい（たとえば標葉 2017a）[11]。

- 人文・社会科学へのファンディングは，「先端的な知」あるいは「先端的な研究」への投資という形で行われるようになりつつある
- 人文・社会科学の分野によって研究目的や生産物が異なる
- 分野間における成果発表の仕方と重みづけ，業績体系，引用の文化・慣行の多様性
  - 論文や著作における時間的サイクルの差異
  - 出版経路の多様性（本や論文の評価，媒体における知識伝達の役割が人文学・社会科学の分野間で異なる）
- 対象読者の多様性，出版言語の問題
- 研究パフォーマンスの可視化と多様性支援のための評価のあり方
- 各種データベース（Web of Science や SCOPUS など）の人文・社会科学諸

---

10) 研究分野ごとの特性，研究活動の行われ方，研究に必要となる必要人数や工数・資金，研究や出版にかかる時間スケールとペース，引用数の標準化，引用経路の違い（データベースの限界にも関わる）などについて検討し，また研究分野ごとの標準化などについての議論が最低限に必要不可欠となる。
11) これらの論点について，標葉（2017a）において関連する先行研究を概観している。また Ochsner et al.（2016）なども併せて参照されたい。

分野の書誌情報に関するカバー率・範囲の脆弱性 [12]

　前節でみたライデン声明でも指摘されていた事柄とも重なるが，分野ごとの文化・成果発表形態，そして価値体系の相違を十分に考慮したうえでの評価が必要となる。そして研究評価をめぐる量的指標の活用には慎重さが要求される。指標の特性や限界を理解したうえで，各分野の特性に応じた工夫が求められ，また評価のタイミング（事前，中間，事後）でも評価すべき事柄は異なる。

　このような限界を踏まえつつ，ここでは人文・社会科学系分野に関する研究評価の量的指標のあり方を考えるうえで興味深い事例として，ノルウェーにおける試行的議論をみておきたい（ここではノルウェーモデルと呼ぶ）。ノルウェーモデルでは，三つの要素がその基盤として論じられている（Sivertsen 2016）。

①（人文・社会科学分野を含めた）全分野のピアレビュー学術文献に関する適
　切かつ構造化されたデータベースの構築
②機関レベルで比較可能で分野ごとの出版文化に応じた重みづけがなされた
　「出版ポイント」の規定（各分野のアカデミーなどがそのポイント対象など
　を検討する）
③出版ポイントによるパフォーマンスベースのファンディングモデル

　ここで，ノルウェーモデルの大きな特徴となる②「出版ポイント」について，もう少し詳らかにしておきたい。この「出版ポイント」では，各分野の事情を考慮し

表 3-1　ノルウェーモデル・出版ポイントの重みづけ
（Sivertsen 2016 から筆者訳出・作成）

	レベル 1 出版物	レベル 2 出版物 （ハイインパクト出版物）
ISSN 番号のある学術雑誌掲載論文	1	3
ISBN 番号のある学術編著掲載論文	0.7	1
ISBN 番号のある学術書	5	8

12) Web of Science や SCOPUS などにおけるデータの問題については，人文・社会科学分野により適したデータベースの構築あるいは今後のデータベース収録誌の拡大などの努力も各国でなされている。

たうえで出版物のポイントを設定していくことが検討される。そのうえで，表3-1のような形で，論文，ブックチャプター，専門書等の各出版物にポイント重みづけを行うという考え方である。たとえば，ハイインパクトジャーナルに掲載された論文は3ポイント，著名出版社から出版された研究書のブックチャプターなら1ポイント，著名出版社から出版された専門書であれば8ポイントといった形でポイントを計算する。

　この出版ポイントの各カテゴリに当てはまるジャーナルや書籍版元の判断は各分野の判断に委ねられることが想定されている（ただし，この判断を各分野で集約することもまた課題となる）。人文・社会科学分野の引用文献のカバーに限界のある既存のデータベースに依拠した機械的な計量書誌的評価と比較して，各分野の専門性や出版文化などに相対的に適応した指標評価のプロセスであるとはいえそうである。

　このノルウェーモデルの今後の展開や成否，そして日本における今後の導入可能性，あるいは実装をめぐる可否や課題などは今後の議論を待つ必要がある。しかしながら，ここで急いで付けくわえなければならないが，ノルウェーモデルに限らず，ここまでにみてきた知見の多くは，研究評価を無批判に称揚する議論として出てきたものではない。むしろ，研究活動を行う以上避けがたい「評価」の営みの中で，より良いデータベース構築や新しい評価手法の模索などさまざまな試行錯誤，そして評価のあり方そのものも含めた批判的な議論の蓄積の中で生み出されてきたものである。

5　人文・社会科学分野がもつインパクトの理解を広げること

　最後に，人文・社会科学分野をめぐる研究評価の問題において，議論する機会が今後増えるであろう論点について触れておくことにしたい。研究評価が「質の管理」から「質のモニタリング」へと変化する中で，研究評価の対象は，論文や特許などの直接的なアウトプットあるいはアウトカムだけでなく，社会・経済・文化などに対する中長期的かつ多面的な「インパクト」までも含むものへと拡大していった。

　たとえばイギリスの研究評価枠組みである Research Excellence Framework（REF）では，インパクトを「学術を超えて，経済，社会，文化，公共政策・サービス，健康，生活の環境と質に関する変化あるいはベネフィットをもたらす効果」としており，学術がもつ広範な知見・影響を含むような表現が採用されている。

　紙幅の関係から，このインパクトをめぐる評価の歴史や議論の詳細に立ち入ることはここではしない[13]。ただし，その議論の要諦の一つには，研究活動や学術的知見がもつ多様なインパクトを洞察することを通じて，それぞれの研究や学術分野の社会における役割と位置づけの再考と，その将来ビジョンや目的の共有が促されることがある。

　このようなインパクト評価をめぐる議論において大きなリスク要因の一つに，インパクト理解の狭さがある。そしてここでは，研究者コミュニティ側の理解の狭さが指摘されている点に注目したい（たとえば Samuel & Derrick 2015；標葉 2017a）。

　たとえば次のようなケースを考えてみよう。人文・社会科学分野におけるデータベースの構築やデータの公開という行為それ自体は，現行のアカデミアにおける研究評価システムの中でどの程度積極的に優れた「業績」として認められてきただろうか。あるいは，東日本大震災後に民俗学や歴史学などの分野の研究者が，被災地域の住民や行政と関わり合いながら果たしてきた歴史資料の回収・修復・保存[14]，無形文化財に関わる調査・保護・復興活動への貢献（e.g. 高倉・滝澤 2014）などは，現行の評価システムの中でどのように取り扱われているだろうか。

　無論，これらの活動が論文化や書籍化といったわかりやすい「業績」として形にできた場合もあるだろう。しかし，それらのデータベースや諸活動の維持・管理といった（時に論文になりづらい）重要な仕事は，これまでの研究評価システムの中で果たして十全な評価を与えられてきただろうか。これらの活動は，まさしく「それがあること」そのこと自体によって，さまざまなアクターやセクターをつなぎ，新しい知識生産や社会的関係を取り結ぶ媒介となる（このような課題はむろん人文・社会科学分野に留まる問題ではない）。このような上記活動がもつ社会的・文化的なインパクトをより積極的に評価するシステムを構築することは，人文・社会科学分野がもつ価値の理解と普及につながる。果たして，このような評価システムの再考に関わる課題に対して，人文・社会科学分野をはじめ，我々アカデミアは十分な関心と配慮，報酬を払ってきただろうか。

　この論点に関連して，研究活動のもつさまざまな社会・経済・文化的なインパ

---

13) 近年のインパクト評価への注目については，標葉（2017b），標葉（2020），あるいは Smith et al.（2020）をまずは参照されたい。

14) たとえば，東北大学災害科学国際研究所の取り組み例などがある。https://irides.tohoku.ac.jp/（最終閲覧日：2021 年 8 月 10 日）

クトの理解と評価をめぐる最近の議論例を取り上げておこう。オランダにおける
SIAMPI[15] の試みでは，インパクトを研究活動自体の質的な変化として捉え，研究
者間あるいは研究者と社会的アクター間の相互作用・コミュニケーション・共同を
「生産的な相互作用」(productive interaction) [16] として捉えて評価することが提唱
されている（Spaapen & van Drooge 2011；Spaapen 2012；Penfield et al. 2014；
ERiC 2010；de Jong et al. 2011)。ここでは，学術界に留まらない，産業界，行政，
NPO，市民などの多様なアクター間の「知識交換」のネットワークの拡大そのもの
を知識生産にいたる過程の中期的なインパクトとして位置づけて積極的に評価する。
この評価アプローチでは，評価対象が研究そのものから相互作用のプロセスにシフ
トすることで，「ネットワークの失敗」(Block & Keller 2009：459) による知識生産
やインパクト創出をめぐる機会損失の減少などの効果を期待することができる。

　この「生産的相互作用」に依拠したアプローチによる評価枠組みであれば，先述
したようなデータベース維持や無形文化財保護といった活動そのものによって生ま
れるアクター間の新たなつながりそのものがより積極的に評価されうる。また，こ
のような考察は，各分野における日々の研究活動実践の文脈に暗黙の内に埋め込ま
れた重要な活動を再評価するプロセスともなるだろう。

6　最後に

　本章では，ファンディング構造の転換にともない，研究評価の枠組みの中に成果
物の内容だけでなく，中長期的な「インパクト」まで含まれるようになってきたこ
と，「質の管理」から「質のモニタリング」へと変化してきたことを確認した。

---

15) オランダの Evaluating Research in Context (ERiC) プロジェクトの一環として実施
　　されている。正式名称は，Social Impact Assessment Methods for research and
　　funding instruments through the study of Productive Interactions between science
　　and society。
16) ①直接的相互作用（direct interactions：個人的なつながり），②間接的相互作用
　　(indirect interactions：文書やマテリアル，モデルやフィルムなどのやり取り），③経
　　済的相互作用（financial interactions：研究契約，経済的貢献，研究プログラムへの寄
　　付などの経済的関与・参加）の３区分がまず想定されている（Spaapen & van Drooge
　　2011；Spaapen 2012；Penfield et al. 2014；ERiC 2010；de Jong et al. 2011)。
17) 本章では紙幅の問題もあり論及していないが，なぜこのような状況が立ち現れてきた
　　のかについての科学史的検討がますます重要になる。

　このような中で，日本の研究評価においては多くの課題が指摘されてきた。とりわけ直近の課題として，適切なプログラムレベルの評価の充実が求められるだろう。このことは，同時に資金配分機関に求められる専門性・役割・責任，そしてその評価のあり方についての積極的な議論が必要となることと同義である。

　一方，研究者側が抱える問題も多い。とりわけ，研究がもつさまざまなインパクトと社会の中での位置づけについてさまざまな時間軸での洞察を深め，発信していくことが求められる。またそのような洞察のプロセスに関わる専門職との協働を深めていく必要がある。

　そして何よりも，研究活動の活発化にせよ，限られた資源の効果的運用にせよ，どのような制度的改革であれ，このような過去の議論と教訓を踏まえながら行わなければ，期待されるような効果は得られない。その際，研究者側にせよ，政策担当者側にせよ，政策枠組みや評価システムの課題をめぐる議論や試行錯誤を十分に把握し，積極的な参加・貢献を自覚的に行っていくことが期待される。本章で行った現状の整理と課題の分析 [17] が今後の議論の一助となれば幸いである。

【謝　　辞】
本章のテーマに関連して，日本学術振興会『課題設定による先導的人文学・社会科学研究推進事業』領域開拓プログラム「RRIの新展開のための理論的・実践的研究——教育・評価・政治性に注目して」ならびに科学研究費助成事業基盤研究（B）「インパクト評価再考——責任ある研究・イノベーションの視点から」の助成を受けている。また初期の草稿に貴重なコメントを頂いた，明治大学・坂本邦暢講師に感謝を申し上げる。

【引用・参考文献】
江間有沙（2013）.「科学知の品質管理としてのピアレビューの課題と展望——レビュー」『科学技術社会論研究』*10*, 29–40.
小野寺夏生・伊神正貫（2016）.「研究計量に関するライデン声明について」『STI Horizon』*2*(4), 35–39.
科学技術・学術審議会学術分科会（2014）.「「学術研究の推進方策に関する総合的な審議について」中間報告」〈https://www.mext.go.jp/component/b_menu/shingi/toushin/__icsFiles/afieldfile/2014/07/23/1348495_01_1.pdf（最終閲覧日：2021年5月31日）〉
科学技術・学術審議会学術分科会（2015）.「学術研究の総合的な推進方策について（最終報告）」〈https://www.mext.go.jp/component/b_menu/shingi/toushin/__icsFiles/afieldfile/2015/03/13/1355910_01.pdf（最終閲覧日：2021年5月31日）〉
科学技術・学術政策研究所（2021）.『科学技術の状況に係る総合的意識調査（NISTEP定点調査2020）　報告書』〈https://nistep.repo.nii.ac.jp/?action=repository_uri&item_id=6732&file_id=13&file_no=3（最終閲覧日：2021年5月31日）〉

小林信一（2012）.「研究開発におけるファンディングと評価──総論」『科学技術に関する調査プロジェクト調査報告書──国による研究開発の推進──大学・公的研究機関を中心に』国立国会図書館, 149–173.

小林信一（2015）.「大学改革と研究費──運営費交付金と競争的研究費の一体的改革をめぐって」『リファレンス』*775*, 1–30.

小林信一（2017）.「科学技術イノベーション政策の誕生とその背景」『科学技術社会論研究』*13*, 48–65.

標葉隆馬（2017a）.「人文・社会科学を巡る研究評価の現在と課題」『年報 科学・技術・社会』*26*, 1–39.

標葉隆馬（2017b）.「「インパクト」を評価する──科学技術政策・研究評価」『科学技術に関する調査プロジェクト調査報告書──冷戦後の科学技術政策の変容』国立国会図書館, 39–53.

標葉隆馬（2020）.『責任ある科学技術ガバナンスのために』ナカニシヤ出版

標葉隆馬・林　隆之（2013）.「研究開発評価の現在──評価の制度化・多元化・階層構造化」『科学技術社会論研究』*10*, 52–68.

高倉浩樹・滝澤克彦［編］（2014）.『無形民俗文化財が被災するということ──東日本大震災と宮城県沿岸部地域社会の民族誌』新泉社

内閣府（2016）.「国の研究開発評価に関する大綱的指針」〈https://www8.cao.go.jp/cstp/kenkyu/taikou201612.pdf（最終閲覧日：2021 年 5 月 31 日）〉

内閣府（2019）.「統合イノベーション戦略 2019」〈https://www8.cao.go.jp/cstp/togo2019_honbun.pdf（最終閲覧日：2021 年 5 月 31 日）〉

内閣府（2020a）.「科学技術・イノベーション基本計画の検討の方向性（案）」〈https://www8.cao.go.jp/cstp/tyousakai/kihon6/chukan/honbun.pdf（最終閲覧日：2021 年 5 月 31 日）〉

内閣府（2020b）.「第 6 期基本計画のロジックチャートと指標の 検討状況（案）」〈https://www8.cao.go.jp/cstp/gaiyo/yusikisha/20201022/siryo3-1.pdf（最終閲覧日：2021 年 5 月 31 日）〉

内閣府（2020c）.「知のフロンティアを開拓する多様で卓越した研究の推進について」〈https://www8.cao.go.jp/cstp/tyousakai/kihon6/10kai/siyro1-1-1.pdf（最 終 閲 覧 日：2021 年 5 月 31 日）〉

内閣府（2021）.「第 6 期科学技術・イノベーション基本計画」〈https://www8.cao.go.jp/cstp/kihonkeikaku/6honbun.pdf（最終閲覧日：2021 年 5 月 31 日）〉

日本学術会議（2021）.「提言 学術の振興に寄与する研究評価を目指して──望ましい研究評価に向けた課題と展望」〈https://www.scj.go.jp/ja/info/kohyo/pdf/kohyo-25-t312-1.pdf（最終閲覧日：2022 年 4 月 26 日）〉

林　隆之（2011）.「政策評価」『科学技術に関する調査プロジェクト調査報告書──科学技術政策の国際的な動向』国立国会図書館, 169–198.

林　隆之（2014）.「大学の機能別分化・強化と評価指標の課題」『研究・技術・計画』*29*(1), 18–30.

林　隆之・藤光智香・秦　佑輔・中渡瀬秀一・安藤二香（2021）.『研究成果指標における多様性と標準化の両立──人文・社会科学に焦点をおいて』SciREX ワーキングペーパー〈https://grips.repo.nii.ac.jp/?action=pages_view_main&active_action=repository_view_main_item_detail&item_id=1828&item_no=1&page_id=13&block_id=24（最 終 閲 覧 日 2021 年 8 月 10 日）〉

Block, F., & Keller, M. R. (2009). Where do innovations come from? Transformations in the US economy, 1970–2006. *Socio-Economic Review*, *7*(3), 459–483.

Butler, L. (2003). Modifying publication practices in response to funding formulas. *Research Evaluation*, *12*(1), 39–46.

de Jong, S. P. L., van Arensbergen, P., Daemen, F., van der Meulen, B., & van den Besselaar, P. (2011). Evaluation of research in context: An approach and two cases. *Research Evaluation*, *20*(1), 61–72.

Enserink, M.（2011）. Keeping Europe's basic research agency on track. *Science, 331*(6021), 1134–1135.

ERiC（2010）. *Evaluating the societal relevance of academic research: A guide.*〈http://www.siampi.eu/Content/ERiC%20Guide%202010.pdf（最終閲覧日：2021 年 5 月 31 日）〉

Geuna, A.（2001）. The changing rationale for European university research funding: Are there negative unintended consequences? *Journal of Economic Issues, 35*(3), 607–632.

Geuna, A., & Martin, B. R.（2003）. University research evaluation and funding: An international comparison. *Minerva, 41*(4), 277–304.

Guston, D. H.（2000）. *Between politics and science: Assuring the integrity and productivity of research.* Cambridge: Cambridge University Press.

Hemlin, S., & Rasmussen, S, B.（2006）. The shift in academic quality control. *Science, Technology & Human Values, 31*(2), 173–198.

Hicks, D., Wouters, P., Waltman, L., de Rijcke, S., & Rafols, I.（2015）. Bibliometrics: The Leiden Manifesto for research metrics. *Nature, 520*(7548), 429–431.

Ochsner, M., Hug, S. E., & Daniel, H.-D.（eds.）（2016）. *Research assessment in the humanities: Towards criteria and procedures.* Cham: Springer.

Penfield, T., Baker, M. J., Scoble, R., & Wykes, M. C.（2014）. Assessment, evaluations, and definitions of research impact: A review. *Research Evaluation, 23*(1), 21–32.

Samuel, G. N., & Derrick, G. E.（2015）. Societal Impact evaluation: Exploring evaluator perceptions of the characterization of impact under the REF2014. *Research Evaluation, 24*(3), 229–241.

Sivertsen, G.（2016）. Publication-based funding: The Norwegian model. In M. Ochsner, S. E. Hug, & H-D. Daniel（eds.）, *Research assessment in the humanities: Towards criteria and procedures.* Cham: Springer. pp.79–90.

Smith, K., Bandola-Gill, J., Meer, N., Stewart, E., & Watermeyer, R.（2020）. *The impact agenda: Controversy, consequences and challenges.* Bristol: Policy Press.

Spaapen, J.（2012）. *SIAMPI final report.*〈http://www.siampi.eu/Content/SIAMPI_Final%20report.pdf（最終閲覧日：2021 年 5 月 31 日）〉

Spaapen, J., & van Drooge, L.（2011）. Introducing 'productive interactions' in social impact assessment. *Research Evaluation, 20*(3), 211–218.

Whitley, R.（2007）. Changing governance of the public sciences: The consequences of establishing research evaluation systems for knowledge production in different countries and scientific fields. In R. Whitley & J. Gläser（eds.）, *The changing governance of the sciences: The advent of research evaluation systems（Sociology of the Science Yearbook 26）.* Dordrecht: Springer. pp.3–27.

第 4 章

若手研究者問題としての「新しい専門職」

誰がそれを担い，どのような困難に直面しているか

二宮　祐

1　大学院生の就職難と「大学改革」の奇妙な関係

1　はじめに

　最初に筆者の経歴を紹介したい。筆者が初めて大学に専任の職を得たのは 2008 年 4 月のことである。仕事内容は「大学改革」に関わることであり，ファカルティ・ディベロップメント（FD）やインスティテューショナル・リサーチ（IR），さらには，教養教育改革，学修支援，教育の国際化支援などを担当していた。いわゆるリレー式で担うものを除いて，担当していた授業は学部生を対象とする教養科目前期 1 コマ，同じく後期 1 コマのみである。二つめに得た職はキャリア支援である。理工系のポストドクター，博士課程在籍者と，若手研究者を求める民間企業とを結びつける仕事である。貸与された個人研究室での研究は土日祝日と定時以降の夜間のみ認められていて，平日日中は大部屋の事務室におけるキャリア支援業務か，東京や大阪に本社を置く大企業の採用担当者を訪問することへの専念が要求された。担当する授業はない。三つめの職は初年次教育に従事するものである。一つの教室に複数の教員とティーチング・アシスタントを配するチームティーチング方式を採用する初年次教育科目を前期週 11 コマ，後期 10 コマ，集中講義 1 コマ（週 2 コマで 1 単位の授業がほとんどである）担当した。各コマおよそ 50-350 人の学生が履修していて，学生によって毎回提出される小レポートに対して，すべて手書きのフィードバックを行う必要があった。平日の授業時間以外の日中，夜間はその仕事のみに携わっていた。四つめの職はすべての学部 3 年生を民間企業や自治体のインターンシップに参加させたうえで，地元への就職率を高めるプログラムを企画，運営するものである。ここでは個人研究室の貸与はなかったものの，申請済みの科学研究補助金に関する研究エフォート 30 パーセントの時間相当分は研究を認められたうえで，それ以外の時間は上記と同じく大部屋の事務室での執務や地元の中小・零細企

業，特にこれまでその大学からの就職実績のない企業の採用担当者を訪問すること
が必要であった。事務職員ではなく教員の肩書きをもつ者が遠方の企業に対して面
会のアポイントを取ったうえで足を運ぶことで，「大学の先生がわざわざ「営業」に
いらっしゃるなんて，昔とは変わりましたね」という評価を頂くことが重要とみな
されているのである。なお，ここでも担当する授業はなかった。そして，現在は五
つめの職に就いていて，大学教育の内部質保証に関する仕事を行っている。担当す
る授業は学部生を対象とする教養科目前期1コマのみである。なお，以上すべての
職が任期の定められた雇用であり，経験を積んだうえでなるべく早く転出すること
が暗に期待されている。そのため，研究者の求人情報を掲載している科学技術振興
機構ウェブサイト JREC-IN Portal[1] の新着情報を毎朝確認する習慣が身に付くこと
になる。なお，大学から支給される研究費があったのは一つめ，三つめの職だけで
あって，いずれの職でも研究業績を高めることが期待されているとはいいがたい。

　このような研究を期待されない，教育の役割の中の特定の一部だけを担う，ゼ
ミナールで学部生を指導するわけでもない，大学院生の指導を行わない，入学試験
業務に携わらない，大学外の企業への訪問のような仕事が重視される教員は，井上
（2018）が指摘するような「弟子をもつ教師」である伝統的な学部・講座制の担当者
ではないし，それと比較される「弟子をもてない教師」である教養教育担当の担当
者でさえもない[2]。学部・講座制における「知」と教養部における「知」との対立枠
組みでは捉えることのできない，しかしながら，だからといってまったく「知」と
は関係がないとも言い切ることのできない鵺のような存在である。採用に際して修
士号や博士号の保有，それと同等の研究経験が要求されることがほとんどだからで
ある。しかも，このような職の担い手はジョブ・ローテーションでさまざまな職を
経験する任期の定めのない事務職員とも様子が異なる。はたして，このような職を
いったいどのように理解すればよいだろうか。その手がかりが「新しい専門職」
という概念である。

---

1)「イノベーション創出を担う研究人材のためのキャリア支援ポータルサイト」ウェブサ
　イト〈https://jrecin.jst.go.jp/（最終閲覧日：2018年12月1日，以下ウェブサイトの記
　載のあるものはすべて同日が最終閲覧日である）〉
2) もちろん，教員による大学外部の諸実践への直接的な貢献は今日に特有のことというわ
　けではない。たとえば，主として初等中等教育分野の教職員が加入することがあった日
　本教職員組合に対して，教育学分野の教員が「講師団」という名称で知見を提供してい
　た（高木 2014）。

2 「新しい専門職」

1990年代に始まった大学院重点化政策によって，大学院生の数が大幅に増加することになった。しかし，大学教員職の求人はそれに即して増えたわけではなく，大学院修了者の就職難が問題として提起されるようになってから長い時間が経過している。大学教員職の公募は依然として少なく，1人の求人に対して100人以上が応募することもあるといわれる。工学系の分野で実践的な研究をしているのであれば民間企業の技術・開発職へ，教育系の分野で教員免許をもっていれば初等中等教育の教員へ進むこともある一方，そうした条件を満たす場合以外には進路を見出すことが困難であるという状況が続いてきた。

その大学院修了者の一部に対して，結果的に職を提供することになったのは「大学改革」が必要とした「新しい専門職」である。この「新しい専門職」は，Whitchurch（2013）がオーストラリア，イギリス，アメリカを対象とした複数の経験的な調査から明らかにした，新しい役割とアイデンティティをもつ専門職に相当するものであり，たとえば，学生生活に対するアドバイスやボランティアの斡旋を行う「学生の生活と福祉」，高校生やその親を対象としたオープンキャンパスを担ったり，成人の再学習の機会のためのワークショップを提供したりする「参加拡大」，学生がスタディ・スキルを身につけたりインターネットを使って学習したりすることを支援する「学習支援」，地域の雇用者のもとでのインターンシップや第三段階教育[3]としての職業訓練を担う「地域パートナーシップ」，企業への技術移転や共同研究を行う「研究・ビジネスのパートナーシップ」，大学に関するデータを分析・解釈する「機関調査」などが挙げられている。それらは伝統的な研究者，事務職員とは異なる「第三の領域」において仕事を行う専門職として考察の対象となっているのである[4]。

さて，日本における「大学改革」の特徴の一つは，文部科学省が大学に対して使途があらかじめ定められている競争的な補助金を交付することによって，政府が要望する教育政策を実現していくということであった。ただし，それは必ずしも文部科学省・政府による一方的な指示によるものというわけではなく，大学もまたそこに実利を見出して積極的にその政策に応じるという側面もあった。したがって，競

3）第三段階教育はユネスコの国際標準教育分類（2011年版）では高等教育とほぼ同義であり，どちらも中等後教育に含まれる（日本教育社会学会 2018：462）。しかし，ここでは高等教育とは異なる，より職業的な実践に近い教育を示す概念として提示されている。

争的という言葉が示すように応募した大学すべてが補助金を得られるわけではなく，定められた基準によって選抜されることになっている。そうした補助金による政策誘導という問題，大学がその誘導に対して拒否することなく応じる問題，若手研究者の就職問題，それらの三つの問題が交差するところに「新しい専門職」の必要と，その当事者である若手研究者の苦渋のキャリアが生じることになる。

3 競争的な補助金の概要

　大学教育に関係する補助金として，二宮（2017）が指摘しているように大学改革等推進補助金，国際化拠点整備事業費補助金，国立大学改革強化推進補助金，私立大学等教育研究活性化設備整備費補助金などが挙げられる[5]。また，研究・社会貢献に関係するものとして，産学官連携活動高度化促進事業，大学等産学官連携自立化促進プログラムなどとして行われてきた産学官連携に関する補助金や，URA（リサーチ・アドミニストレーター）活用・育成支援事業，研究大学強化促進事業などの補助金がある。さらに，女性研究者の支援に関する補助金として，女性研究者研究活動支援事業，ダイバーシティ研究環境実現イニシアティブといったものもある。

　以上のような競争的な補助金は交付期限が定められていることが一般的である。たとえば，「平成30年度大学改革推進等補助金取扱要領」では，人件費に関する項

4）文部科学省が外部機関に委託して実施した調査（イノベーション・デザイン＆テクノロジーズ株式会社2015）では，「高度な専門性を有する人材「専門的職員」」として，執行部判断に対する総合的な補佐，監査，インスティテューショナル・リサーチ，法務，財務，広報，人事，情報通信・IT，施設管理，入学者受入，教育課程編成・実施，ファカルティ・ディベロップメント，学修支援，研究管理，研究技術，知的財産，国際，地域連携，図書，就職・キャリア形成支援，学生の健康管理，資産運用，寄付，その他が挙げられている。その他の場合の具体的な内容は，男女共同参画・両立支援アドバイザー，危機管理・業務改善合理化，研究倫理専門員，産学連携コーディネーター・産学連携マネージャー，特別支援コーディネーター（学生を対象とする特別支援）などであった。一般のジョブ・ローテーションで事務職員が担う職務も含まれているという点で，本章よりも幅広い対象を扱っている。

5）2018年度の予算額は，大学改革等推進補助金約55億円，国際化拠点整備事業費補助金約54億円，国立大学改革強化推進補助金約40億円である。また，2017年度から国立大学法人機能強化促進補助金が計上されるようになっていて，2018年度におけるその予算額は約89億円である（平成30年度「補助金総覧」より）。GP事業については当時の小泉純一郎政権における構造改革政策の一部とみなすことができるため，高等教育論の関係者は警戒的であったとも指摘されている（絹川・小笠原2011：458）。

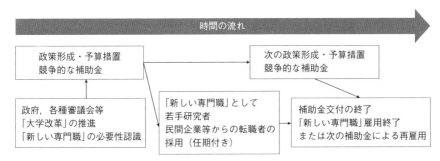

図4-1　「大学改革」政策と「新しい専門職」の採用

　目で「本補助事業を遂行するために真に必要となる者を雇用等する場合の給与等に
使用することができます」,「本補助事業が終了, 廃止又は中止した場合は, その事
実が発生した日以降の雇用に係る経費を本補助金から支払うことはできません」と
書かれている。補助期間終了に際して大学ができることは, 雇用を打ち切る, 別の
補助金を獲得して雇用を継続する, 大学独自の安定的な財源によって雇用を継続す
る, のいずれかである。もちろん,「新しい専門職」は当初から安定的な財源によっ
て雇用されている場合も少なからずあるとはいえ, 補助金による政策誘導ゆえにそ
の配置が進んだということは否定できない。

　さて, 大学が「新しい専門職」を雇用するために公募を実施しようとする場合に,
その職に就くためのトレーニングを十分に受けた適切な人物はどこにいると想定で
きるだろうか。実のところ「新しい専門職」を養成することを目的とする大学・大
学院, 公的機関は一部を除いて存在していない[6]。そこで, 二宮ら (2017) で示さ
れるように, 若手研究者が将来的には本来専門分野としている研究に戻ることを考
えながらも初職としてとりあえず自らの隣接分野とみなすことができるような「新
しい専門職」に就くことになる。ここに, 大学院重点化政策と, それとは目的の異
なる「大学改革」が奇妙にも結びつくのである (図4-1参照)。なお, それでは充
足できない場合には, 民間企業の経験をもつ人材が登用されることになる。キャリ
ア・コンサルタント／アドバイス担当者, 産官学連携コーディネーターはその例で
ある。では, はたして若手研究者にとって, このような職に就くというのは望まし
いことなのだろうか[7]。

6) キャリア・コンサルタント／アドバイス担当者に関しては, それに関連する公的資格が
　あり, またその取得を促進するための民間団体が存在する。

2 質問紙調査からわかる「新しい専門職」としての若手研究者

1 質問紙調査の概要

筆者を含む研究グループは科学研究費補助金に基づく研究プロジェクトの一環として，2017 年 12 月から 2018 年 3 月にかけて「専門的職務に関するアンケート」という調査を実施した[8]。それぞれの分野において専門職団体などが実施してきた就業実態や意識を尋ねるアンケートとは対照的に，この調査は対象者を分野横断的に選定することによって，「新しい専門職」の全体的な傾向を把握することを試みた点において新規性を有している。

対象とした専門職は，FD 担当者，キャリア・コンサルタント／アドバイス担当者，IR 担当者，URA 担当者，産官学連携コーディネーターの五つである。質問紙の送付に際して，旺文社刊『蛍雪時代 8 月臨時増刊 2018（平成 30）年入試対策用全国大学内容案内号』（2017 年 7 月発行）において学生数（実員）が 1200 人以上である 441 大学を選択したうえで，各大学のウェブサイトで先に述べた専門職に従事する者の個人名を確認・リスト化し，個人名がわからない場合はその業務を担当していると推測される部局をリストに加えた。場合によっては，科学技術振興機構ウェブサイト「産学官の道しるべ」[9] を利用して個人名を検索してリストに加えた。そのうえで，質問紙を郵送して，自筆で回答したうえで切手貼付済みの返信用封筒を利用して送り返してもらうように依頼した。合計 1847 名に調査票を送付して，有効回収数は 674，有効回収率は 36.5 パーセントであった。郵送調査法としては比較的高い回収率となったことは，「新しい専門職」の当事者の，本調査に対する関心の高さの表れであるともいえるだろう。

質問紙では「基本的なことがら（属性）」，「現在の雇用形態」，「現在の仕事の状況」，「仕事についての考え方」，「専門的職務を遂行するためのトレーニング」を尋ねている。調査の回答者には，ジョブ・ローテーションの一環として専門的職務に

---

7) 二宮ら（2019）では，聞き取り調査の結果から「新しい専門職」の多くが任期付雇用であることに由来する問題を明らかにしている。再任される可能性がある場合でも，評価基準が曖昧であったり，目標の達成度を測る方法がなかったりするために困惑するというのである。

8) 調査の単純集計については，「大学における新しい専門職に関する研究」ウェブサイト〈https://sites.google.com/view/thirdspace/〉に掲載している。

9)「産学官の道しるべ」ウェブサイト〈https://sangakukan.jst.go.jp/〉。2021 年 4 月 28 日にサービス終了。

従事している事務職員が含まれている。そこで，以下の分析では，本章の論点とし
て焦点を絞っている若手研究者とそれ以外とを識別するために，年齢にくわえて修
士課程修了（博士前期課程修了を含む）の有無を分析の観点として，修士課程修了
者を事務職員ではない「新しい専門職」とみなすことにする（修士課程，博士課程
の両方を修了している場合は，修士課程を修了している数に含める）。もちろん，修
士課程を修了していても研究者という自己認識をもっているわけではない事務職員
がいるというデータの問題は残されているものの，その場合でも「新しい専門職」
に従事しているという共通点をもっていることを理由として分析の対象とする。修
士課程を修了したとする回答は409，修士課程に進学していない，修士課程を中退
したとする回答の合計は259，無回答6であった。また，年齢については39歳以下
119，40歳以上50歳未満203，50歳以上347，無回答5であった。回答者のおよそ
半数が50歳以上である理由は，キャリア・コンサルタント／アドバイス担当者，産
官学連携コーディネーターに年配層が多いためである。企業の総務人事部門，研究
開発や知的財産部門で長年勤務した後に，そこでの経験を踏まえてこれらの職に就
くという事例が多いのである。なお，「新しい専門職」は教授，特任准教授，非常勤
講師など教員としての職位を有していたり，研究員，リサーチ・アドミニストレー
ター，キャリア・アドバイザーなどの役職名をもっていたりすることもあれば，特
に肩書きを付けることなく常勤または非常勤の事務職員（既述のジョブ・ローテー
ションの一環として従事する事務職員とは異なり，当該専門的職務のみに従事する
事務職員）として勤めていることもあり，その肩書きに関する事情は大学によって
異なっている。そこで，この分析においては肩書きの有無，内容については問わな
いことにする。

2　質問紙調査の結果：若手研究者の意識と研究環境

　表4-1は任期の定めの有無を示したものである。修士課程修了者はU字型の
データとなっていて，39歳以下と50歳以上で任期付きとなっている割合が高い。
とはいえ，40-49歳であっても約6割5分が任期付きであって，「新しい専門職」
は年齢にかかわらず任期の定めがあることが多い。その他では50歳以上で任期付
きとなっている割合がかなり高い。これは事務職員としてキャリア・コンサルタン
ト／アドバイス担当者，産官学連携コーディネーターを務める場合が相当している。
表4-2は仕事の安定性について，表4-3は昇進の見通しについて，それぞれ満足度
を示したものである。どちらも，修士課程修了者はその他に比べてどの年齢層でも

表 4-1　任期の定めの有無

年齢	修士課程修了者				その他			
	なし	あり	合計	n	なし	あり	合計	n
-39 歳	19.8%	80.2%	100.0%	(86)	65.6%	34.4%	100.0%	(32)
40-49 歳	34.6%	65.4%	100.0%	(133)	52.3%	47.7%	100.0%	(65)
50 歳 -	22.1%	77.9%	100.0%	(181)	26.1%	73.9%	100.0%	(161)
				p<.05				p<.001

表 4-2　仕事の安定性

年齢	修士課程修了者				その他			
	満足＋やや満足	やや不満＋不満	合計	n	満足＋やや満足	やや不満＋不満	合計	n
-39 歳	48.8%	51.2%	100.0%	(86)	68.8%	31.3%	100.0%	(32)
40-49 歳	53.3%	46.7%	100.0%	(135)	59.1%	40.9%	100.0%	(66)
50 歳 -	68.5%	31.5%	100.0%	(181)	69.2%	30.8%	100.0%	(159)
				p<.01				n.s.

表 4-3　昇進の見通し

年齢	修士課程修了者				その他			
	満足＋やや満足	やや不満＋不満	合計	n	満足＋やや満足	やや不満＋不満	合計	n
-39 歳	30.2%	69.8%	100.0%	(86)	62.5%	37.5%	100.0%	(32)
40-49 歳	32.6%	67.4%	100.0%	(135)	54.5%	45.5%	100.0%	(66)
50 歳 -	45.3%	54.7%	100.0%	(170)	51.0%	49.0%	100.0%	(147)
				p<.05				n.s.

表 4-4　大学の運営方針

年齢	修士課程修了者				その他			
	満足＋やや満足	やや不満＋不満	合計	n	満足＋やや満足	やや不満＋不満	合計	n
-39 歳	40.0%	60.0%	100.0%	(86)	50.0%	50.0%	100.0%	(32)
40-49 歳	44.4%	55.6%	100.0%	(135)	59.1%	40.9%	100.0%	(66)
50 歳 -	47.8%	52.2%	100.0%	(182)	55.4%	44.6%	100.0%	(157)
				n.s.				n.s.

表 4-5　現在の勤務先での専門的職務の仕事の継続希望

年齢	修士課程修了者				その他			
	はい	いいえ	合計	n	はい	いいえ	合計	n
-39 歳	60.0%	40.0%	100.0%	(85)	75.0%	25.0%	100.0%	(32)
40-49 歳	71.9%	28.1%	100.0%	(135)	83.3%	16.7%	100.0%	(66)
50 歳 -	83.4%	16.6%	100.0%	(181)	88.1%	11.9%	100.0%	(160)
				p<.001				n.s.

表 4-6　仕事を継続する希望がない場合の理由（複数回答）

	年齢	雇用不安定	低収入	同僚関係	上司関係	研究時間	n
修士課程修了者	-39 歳	17	11	4	1	12	(34)
	40-49 歳	15	11	6	5	8	(38)
	50 歳 -	6	4	2	5	5	(30)
その他	-39 歳	3	2	1	1	0	(8)
	40-49 歳	4	2	2	1	0	(11)
	50 歳 -	9	5	2	3	1	(19)

不満をもつ者の割合が高い。特に，仕事の安定性に関して，39 歳以下の修士課程修了者では過半数が「やや不満」または「不満」と回答していることは特徴的である。年配層であれば自らが担う仕事の範囲を定めたうえで，その範囲内で専門性を生かして仕事ができる一方で，若手はそのような仕事の範囲の限定を行うことができず，「大学改革」によって増えていく多様な仕事を次々にこなしていかなければならない状況がうかがえる。そもそも専任の教員が減っている中で，研究，教育，社会貢献，学内行政で多忙な専任の教員の仕事を増やすことはできず，どうしても臨機応変，柔軟に対応することができる若手の「新しい専門職」に新しく増える仕事が任されてしまうのであろう。表 4-4 は大学の運営方針について，満足度を示したものである。仕事の安定性，昇進の見通しと同様に，その他に比べて修士課程修了者は不満をもつ者の割合が高くなっている。

　表 4-5 は，現在の勤務先での専門的職務の仕事の継続希望を示したものである。修士課程修了者では若いほど継続希望がない割合が高いことが顕著である。表 4-6 は，仕事を継続する希望がない場合の理由を示したものである（複数回答）。39 歳以下の修士課程修了者では，半数が雇用の不安定を理由としている。次に，研究時間が不足していること，収入が低いことが理由となっている。同僚との関係が良くない

表4-7 学内の状況について十分な情報を得ている

年齢	修士課程修了者					その他				
	はい＋ どちらかとい えばはい	どちらかとい えばいいえ＋ いいえ	合計	n		はい＋ どちらかとい えばはい	どちらかとい えばいいえ＋ いいえ	合計	n	
-39歳	76.7%	23.3%	100.0%	(86)		59.4%	40.6%	100.0%	(32)	
40-49歳	67.7%	32.3%	100.0%	(133)		72.7%	27.3%	100.0%	(66)	
50歳-	56.7%	43.3%	100.0%	(180)		57.2%	42.8%	100.0%	(159)	
				p<.01						n.s.

表4-8 意思決定に参加している

年齢	修士課程修了者					その他				
	はい＋ どちらかとい えばはい	どちらかとい えばいいえ＋ いいえ	合計	n		はい＋ どちらかとい えばはい	どちらかとい えばいいえ＋ いいえ	合計	n	
-39歳	53.5%	46.5%	100.0%	(86)		53.1%	46.9%	100.0%	(32)	
40-49歳	51.1%	48.9%	100.0%	(133)		47.0%	53.0%	100.0%	(66)	
50歳-	37.8%	62.2%	100.0%	(180)		40.3%	59.7%	100.0%	(159)	
				p<.05						n.s.

表4-9 大学から貸与される個人研究室
（修士課程修了者のうち「個人で研究を行っている」と回答した者の中で）

年齢	なし	あり	合計	n
-39歳	50.0%	50.0%	100.0%	(40)
40-49歳	55.6%	44.4%	100.0%	(63)
50歳-	42.6%	57.4%	100.0%	(54)
				n.s.

表4-10 大学から支給される個人研究費
（修士課程修了者のうち「個人で研究を行っている」と回答した者の中で）

年齢	なし	あり	合計	n
-39歳	50.0%	50.0%	100.0%	(40)
40-49歳	41.3%	58.7%	100.0%	(63)
50歳-	49.1%	50.9%	100.0%	(55)
				n.s.

表 4-11　大学（学部）の授業の担当の有無

（修士課程修了者のうち「個人で研究を行っている」と回答した者の中で）

年齢	なし	あり	合計	n
-39 歳	42.5%	57.5%	100.0%	(40)
40-49 歳	47.6%	52.4%	100.0%	(63)
50 歳 -	40.0%	60.0%	100.0%	(55)
				n.s.

こと，上司との関係が良くないことといった人間関係の問題を理由とする割合は低い。若手の「新しい専門職」にとって，不安定な雇用は何よりも避けたいことなのであり，それゆえに，現在の仕事を辞めて安定している雇用条件の下で働きたいのである。ただし，どの年齢層においても半数以上は継続を希望しているのであって，仮に雇用条件が適切であれば働きやすい職場であると考えられる可能性も残されている。

表 4-7 は学内の情報について十分な情報を得ているかどうかについて尋ねた結果を示したものである。修士課程修了者では想定とは異なって，若手ほど情報を得ていると回答する割合が高い。学内の情報を得ることが，狭い専門性の枠の内部に閉じこもることなく，新しく増える仕事を進めるために必要なのだろう。そして，表 4-8 は意思決定に参加しているかどうかについて尋ねた結果を示したものである。学内の情報と同じように，わずかな差ではあるものの若手ほど参加していると回答する割合が高い。若手はただ単に与えられた仕事をこなしているという受け身の姿勢をとっていればよいわけではないようである。意思決定に参加することは，仕事に対するアイデンティティを強める一方で，それなりに責任を負わなければならないということでもある。

表 4-9 から表 4-12 は，修士課程修了者のうち「個人で研究を行っている」と回答した者の回答を取り出したうえで，それぞれの回答を年齢層別に示したものである。表 4-9 は大学から貸与される個人研究室の有無，表 4-10 は大学から支給される個人研究費の有無，表 4-11 は大学（学部）の授業担当の有無を示したものである。いずれの項目においても，年齢層による違いはない。どの年齢層においても概ね半数が個人研究室なし，個人研究費なし，授業担当負担なしである。そして，表 4-12 は就業時間内の研究エフォートを示したものである。39 歳以下では 0 パーセントが 3 割である。これらの個人研究についてのデータからわかることは，年齢層を問わず，「個人で研究を行っている」にもかかわらず研究のための環境が必ずしも十分には整っていない状況の存在である。たとえば，URA の求人公募では，就業時間内における

表4-12　就業時間内の研究エフォート

(修士課程修了者のうち「個人で研究を行っている」と回答した者の中で)

年齢	「0%」	「1-10%」,「11-20%」,「21%以上」の計	合計	n
-39歳	30.0%	70.0%	100.0%	(40)
40-49歳	21.1%	78.9%	100.0%	(57)
50歳-	10.9%	89.1%	100.0%	(55)
				n.s.

個人研究の遂行が禁止であることを明記している場合がある。明記されていればま
だ良いほうで,「新しい専門職」に採用されてからはじめて個人研究ができないこと
を知らされる事例もある。個人研究の禁止は特に若手にとって痛手である。「新しい
専門職」の任期終了間際に自らの専門分野での研究職を探そうとする場合に,たとえ
ば過去3年間,あるいは,過去5年間の研究業績が大幅に足りないために,他の求職
者よりも不利な立場に置かれるためである。そうした事態を避けるためには,就業
時間外に個人研究を進めなければならない。平日日中の仕事を終えた後の夜間や土
曜・日曜に自らの研究を行うことになるわけだが,そのことは仕事以外の生活の諸
事を妨げる事態を招くのである。

　以上の結果を修士課程修了者の若手に関してまとめてみよう。第一に,そもそ
も任期付きであるということが特徴的であり,次の職を探さなければならないとい
う状況に置かれている。第二に,仕事に関する満足度は概ね低く,若手ほど継続希
望者が相対的には少ない。ただし,若手であっても継続希望者は一定程度いるので
あって,それは仕事を進める環境次第であるのかもしれない。第三に,若手ほど学
内の情報に接したり意思決定に参加していたりする傾向が強く,決して後ろ向きの
姿勢で仕事をしているわけではない。第四に,個人研究に関する環境は二分されて
いて,研究することが難しい立場に取り残されている場合もある。これらのことか
ら,その低い労働条件のわりには健気に仕事を行うという若手研究者たちの像が浮
かび上がるのである。

3 「大学改革」がもたらした職の功罪

　「大学改革」によって,若手研究者の一部に対して新たな職が提供されることに
なった。ただし,それは一つの改革によって意図的にもたらされたというわけでな

い。教育のユニバーサル化，教育・研究の国際化，研究における地域連携・貢献や
産官学連携の要望への対応，若年人口の減少によって厳しさを増す大学経営の見直
し，研究者養成におけるジェンダー平等やワーク・ライフ・バランスへの対応など，
さまざまな文脈におけるさまざまな政策において，その適任者を育成するような教
育・訓練プログラムが大抵の場合において大学・大学院に存在するわけではないた
めに [10]，結果的に留学経験が国際化関連の仕事につながることや，地域研究の実績
が地域活性化の業務に活かせることになった。

　若手研究者にとっては，学位取得前後の求職の時点でこうした職に就くかどうか
の判断が求められることになる。一方で，特に人文系，社会科学系では求人数のき
わめて少ない自らの専門分野における伝統的な教育・研究職の競争的な公募へ挑戦
する必要があり，そうした職であれば相対的には安定した雇用形態，十分な研究環
境――任期の定めのない雇用，個人研究室の貸与，研究費の支給など――であるこ
とが一般的である。他方で，多少なりとも求人のある「新しい専門職」――任期の
定めのある雇用，個人研究室貸与なし，研究費なし――へ挑戦することが望ましい
かどうか，難しい判断をしなければならない。「新しい専門職」では研究時間を確保
することが容易ではなく，任期終了後に本来の専門分野の公募に挑戦するにしても
その準備が不十分になってしまうこともある。さらには，研究の業界からは研究を
やめてしまって職に就くことを優先したと低い評価を与えられてしまうということ
もあるかもしれない。若手のうちに専門分野の職に就くことができなかった，いわ
ば「二流の研究者」というラベルを貼られることさえある [11]。もちろん，「新しい
専門職」が適職であって，その職を続けたいと希望するようになることもある一方
で，任期終了後に再雇用されるかどうかはわからないという不安を抱えることにも
なる。そして，その職の継続希望の有無を問わず，もう一つの困難が生じることが
ある。それは，「大学改革」への評価に対する批判である。仮に「新しい専門職」

10）一部の研究大学院において実施されている大学院生を対象としたプレ FD はその例外
　　であろう。プレ FD において FD の重要性を知り，その内容・方法を身につけるとい
　　うこともあるだろう。

11）社会学の逸脱行動研究において研究されてきたラベリング論では，ラベルは単に他者
　　によって貼られるだけではなく，その他者と自己との相互行為の中で強化されるもの
　　であるという。すなわち，他者によって貼られた「二流の研究者」というラベルは，他
　　の研究者と様々なコミュニケーションを通じて自らのアイデンティティとして強く固
　　定されることもあるのだ。

の若手が総体としての「大学改革」に対して批判的な立場であったとしても，その「大学改革」に位置づけられてしまうような政策による補助金によって雇用されていて，かつ，その政策を推進する仕事を現場で担うことになっており，その必要性を実感していることから，「大学改革」に関連する個々のプログラムに対しては是々非々の評価を行うことになり，そのことによって，「二流の研究者」のみならず「大学改革」の尖兵であるとして批判の対象となってしまうのである。このことは若手にとってはあまりにも辛い評価であるといえる。

　さて，このような状況は今後も続くだろうか。今後も，政府による期限付きの競争的な補助金の交付を通じた政策誘導が行われる限り，若手研究者の参入は続くことが見込まれる。そうした補助金ではなく，安定的な財源による雇用が可能となれば，「新しい専門職」の意識と研究環境は大きく変わるだろう。

【謝　　辞】
本研究は JSPS 科研費 16K04619 の助成を受けたものです。調査へご協力頂いた皆さまへ感謝申し上げます。
また，本章は「大学において専門的職務を遂行するための教育・訓練経験——質問紙調査の分析から」（『大学研究』*46*, 31-43）を大幅に修正し，再録したものです。

【引用・参考文献】
井上義和（2018）．「知の変容とアカデミズム——講座制・教養部・師弟関係」日本教育社会学会［編］『教育社会学のフロンティア2——変容する社会と教育のゆくえ』岩波書店, pp.75-97.
イノベーション・デザイン＆テクノロジーズ株式会社（2015）．『大学における専門的職員の活用実態把握に関する調査報告書』（文部科学省先導的大学改革推進委託事業）
絹川正吉・小笠原正明［編］（2011）．『特色GPのすべて——大学教育改革の起動』大学基準協会
高木加奈絵（2014）．「日本教職員組合の対立軸を再考する——第一回教研大会における「研究型」教師と「組合型」教師に着目して」『東京大学大学院教育学研究科教育行政学論叢』*34*, 55-67.
二宮　祐（2017）．「大学教育と内外事項区分論——「利益の供与」による行政指導の問題」藤本夕衣・古川雄嗣・渡邉浩一［編］『反「大学改革」論——若手からの問題提起』ナカニシヤ出版, pp.41-56.
二宮　祐・小島佐恵子・児島功和・小山　治・濱嶋幸司（2017）．「高等教育機関における新しい「専門職」——政策・市場・職能の観点から」『大学教育研究ジャーナル』*14*, 1-20.
二宮　祐・小島佐恵子・児島功和・小山　治・濱嶋幸司（2019）．「大学における新しい専門職のキャリアと働き方——聞き取り調査の結果から」『大学評価・学位研究』*20*, 1-25.
日本教育社会学会［編］（2018）．『教育社会学事典』丸善出版
Whitchurch, C.（2013）. *Reconstructing identities in higher education: The rise of 'third space' professionals*. London: Routledge.

第5章

科学コミュニケーション教育のあり方を考える

多様化する大学院教育の使命

標葉靖子

1 はじめに：「科学と社会の関係深化」を目指して

　「科学と社会」をめぐる問題に対して，科学者・技術者だけでなく，一般市民を含む多様なステークホルダーが対話・協働していくことを「科学技術への市民関与」という。近年，この「科学技術への市民関与」の必要性が欧州を中心に世界各国で強く認識されている（Stilgoe et al. 2014）。日本でも同様に，「科学技術への市民関与」をはじめとする「科学技術と社会の関係深化」（総合科学技術会議 2016）の重要性が指摘されており，その推進を担う機能の一つとして注目されているのが，科学コミュニケーションである[1]。

　「科学と社会」をつなぐための科学コミュニケーションが日本で政策的に推進されるようになったのは 2000 年代初頭のことであった（藤垣・廣野 2008）。政策的な後押しの結果，科学コミュニケーションに関わる優れた教育・研修プログラムが日本各地で次々と生まれていった。また，講演会・シンポジウム・実験教室だけでなく，サイエンスアゴラやサイエンスカフェといった多様な形態での科学コミュニケーション実践数も，2000 年代以降着実にその数を伸ばしてきたといわれている（科学技術振興機構 科学コミュニケーションセンター・日本科学未来館 2015）[2]。

---

1) 科学技術・学術審議会研究計画・評価分科会の科学技術社会連携委員会「新たな科学技術の社会実装に係る研究活動における人文社会科学と自然科学の連携の推進について」平成 30 年 2 月 27 日〈http://www.mext.go.jp/b_menu/shingi/gijyutu/gijyutu2/092/houkoku/1410641.htm（最終閲覧日：2021 年 9 月 25 日）〉。
2) 科学技術振興機構 未来の共創に向けた社会との対話・協働の深化ウェブサイト，「科学と社会の関係深化」に科学コミュニケーション活動に関する調査報告がまとめられている〈https://www.jst.go.jp/sis/scienceinsociety/investigation/（最終閲覧日：2021 年 9 月 25 日）〉。

しかしながら，このように「科学と社会」をつなぐための科学コミュニケーションが政策的に推進されてきたにもかかわらず，2011 年，日本は深刻な科学への信任の危機に直面することとなった。東日本大震災と福島第一原発事故後の混乱において，日本の科学コミュニケーションはほとんど機能不全に陥ったのである（文部科学省 2011；田中 2013）。

　田中らの研究グループは，東日本大震災後の放射線に関わるソーシャルメディア上のタイムラインの中で，時がたつにつれ科学者らがどんどんと孤立していくさまを見事に描き出した。田中らは福島第一原発事故のあった 2011 年 3 月を起点に，1 年後（2012 年 3 月），2 年後（2013 年 3 月）のそれぞれ 1 か月間に Twitter に投稿されたツイートのうち，「福島」という単語を含むツイートおよそ 600 万件を抽出し，その共リツイート分析（co-RTs analysis）を行っている。その結果，2011 年 3 月の事故直後には Twitter における「福島」の議論の中心にいたはずの科学的クラスターが，1 年，2 年と経つにつれて周縁化され，政府発表や科学者の発言に懐疑的なクラスターが議論の中核となっていったことが明らかになったのである（Valaskivi et al. 2019）。周縁化していく過程で，科学的クラスターは，懐疑的クラスターに対する批判や攻撃を強めていき，ソーシャルメディア空間における「科学と社会」の分断はさらに決定的なものとなっていった（石戸 2019）[3]。

　もちろん，政府発表や研究者の発言に懐疑的な，あるいは不安を抱いている人びとにこそ向き合い，科学的な知見をもとに議論を重ね，それぞれの接点や合意点をともにさぐっていくような「対話」[4] を実現した個別のグッドプラクティスがなかった訳ではないだろう。また，ソーシャルメディアネットワークでなされている議論をそのまま社会状況を反映したものとするには注意が必要である。しかしながら，あえて総括するのであれば，福島第一原発事故後の混乱において，科学コミュニティは社会との「対話」をなすことはできなかったといえよう。

　なぜ科学コミュニティは「対話」できなかったのだろうか。それにはさまざまな

3）分断を示す論文としてほかに，福島第一原発事故後の半年間における放射線に関する Twitter の日本語ツイートの分析を行った Tsubokura et al.（2018）があるが，当該論文にはツイート内容を「事実および科学的な内容に基づいた発言」と「感情的な表現や，政府や東京電力に対する批判」とに分類した際のヒューマンコーディングの妥当性検討に関する記述がないなど，解釈に注意を要する。

4）このような科学と社会の「対話」の実現例の一つとして，欧州における遺伝子組換え論争のなかで実施された，GM Nation の試み（Horlick-Jones et al. 2007）がある。

背景が考えられるが，よく取り上げられる関連議論には大きく二つの方向性がある。一つは，市民の科学的リテラシーについての議論[5]であり，もう一つが，研究者の社会リテラシーやコミュニケーション能力についての議論である。本章では，科学技術分野の研究者・科学者養成を担う大学院教育により関連の深い問題として後者の議論に注目し，これまでの科学コミュニケーション推進政策について，科学技術政策と高等教育政策，とりわけ大学院教育改革との関係を踏まえつつその構造的な課題を検討していくこととする[6]。

2　科学コミュニケーショントレーニングの必要性

1　根強い「欠如モデル」

　福島第一原発事故後の日本の科学コミュニティは，ソーシャルメディア空間において社会と「対話」することができなかった。その背景の一つとして，日本の科学コミュニケーション政策における「欠如モデル」（Wynne 1991）の根強さがあったと考えられる。

　「欠如モデル」とは，科学と社会をめぐる分断の主たる原因を市民やメディアの科

---

5) 市民の科学的リテラシー涵養という観点での議論とその注意点については，科学技術振興機構 科学コミュニケーションセンター（2015），標葉（2019）などを参照のこと。

6) 本章の入稿後，新型コロナウィルス感染症（COVID-19）パンデミックが発生し，日本の科学コミュニケーションは再び大きな混乱のなかに立つこととなった。東日本大震災時の反省を活かそうと，2020 年 3 月末に東京大学の横山広美教授の呼びかけで「COVID-19 をめぐる社会に有用な情報を届けると同時にクライシスコミュニケーション，リスクコミュニケーション，科学コミュニケーションに関する実践支援，情報収集，意見交換，理論構築などのためのフォーラムの形成」を目指した新型肺炎サイコムフォーラムが立ち上げられた〈https://covid19sci.com/（最終閲覧日：2021 年 9 月 25 日）〉。他にも，2020 年 4 月にはコロナ専門家有志の会の Twitter アカウント（@senmonka21）が作成され，「専門家」から市民への直接の情報発信が開始されている。しかしながら，COVID-19 による災禍が長期化するなか，日本のみならず，世界各国で COVID-19 インフォデミックと呼ばれる事態となり，COVID-19 をめぐるコミュニケーションは今なお混乱を極めている。さまざまな国・地域で COVID-19 をめぐるソーシャルメディア空間における言説等の分析がなされているが，速報的な報告が多いことや今なお激しく状況が変動していること等も踏まえ，本書の編集・校正作業中に生じた COVID-19 をめぐる科学コミュニケーションについては本章では扱わないこととした。一方，科学技術・イノベーション政策の変化については，校正時に脚注を追加する形で議論を追加した。

学的リテラシーの低さにばかり求め，一方的な科学的知識の啓蒙によって問題の解決を図ろうとする考え方のことである。「欠如モデル」では，専門家としての科学者と非専門家としての市民という関係は固定的であり，問題解決に必要な知識・情報は，常に科学者から市民へと一方向に流れるという前提が置かれている。しかしながら，科学技術が高度に細分化され社会に複雑に埋め込まれている現代において，そのような固定的かつ単純な二分法に基づくモデルは機能しない。実際に1990年代後半からBSE（牛海綿状脳症）騒動や遺伝子組換え作物論争によって科学への信任の危機を経験してきた欧州を中心に，そうした「欠如モデル」批判が広がっていった[7]。

　日本においてもその影響を受けつつ，2000年代に入り，一方的な科学的知識の啓蒙を意味していた「理解増進」から双方向的な「対話」へと科学コミュニケーション政策のフレームが変化したとされている（藤垣・廣野2008；標葉2016）。しかしながら，政策的に推進・評価してきた日本の科学コミュニケーションは，実際には科学の楽しさや正しい知識の伝達を目的とした，科学者から市民への啓蒙活動に大きく偏ったままであった（Ishihara-Shineha 2017）。その結果，科学だけでは答えられないような科学が関わる社会の問題についての「対話」の経験が科学コミュニティのなかで十分には蓄積されてこず[8]，いざ「対話」が必要となった局面においても，啓蒙的な科学的知識の伝達，いわゆる「欠如モデル」的科学コミュニケーションがなされてしまったと考えられる（田中2013）。

2　専門家養成から科学者の基礎素養へ

　こうした科学コミュニケーションにおける「欠如モデル」の根強さは日本以外でも報告されている。その要因として，科学技術系人材の多くが科学コミュニティ外とのコミュニケーションに関する教育を受けていないこと，そのため啓蒙的な活動の方が実施しやすくまた評価が容易なことなどが指摘されている（Simis et al. 2016）。科学技術への市民関与を促進するためには，科学コミュニティ側もまた，慣

---

7) 科学リテラシーと科学技術への態度との関係について，単純な欠如モデルはあてはまらないことを実証した近年の論文として，Drummond & Fischhoff (2017)，Lee& Kim (2018) 等がある。
8) 東日本大震災以前にも，専門家と市民との対話の試みである遺伝子組換え農作物に関するコンセンサス会議などの取り組みはなされていた（小林2007）。しかしながら，数は少なく，また市民からの論点等が実際の政策に反映されるスキームとはなっていないなど，アリバイ作り的な側面もあった。

れ親しんだ科学的知識の啓蒙ではない「対話」への意識やそのためのスキルをもつ
ことが重要であった。にもかかわらず，そのためのトレーニング機会が科学コミュ
ニティに十分に普及していなかったことが顕在化したのが，東日本大震災後の科学
コミュニケーションの混乱であったともいえよう。

　科学コミュニティ，あるいはそれに近い立場から科学と社会をつなぐ専門人材と
して期待されたのが，まさに科学コミュニケーターであった。2000 年代前半の政策
的な後押しの結果，科学コミュニケーター養成や科学コミュニケーションに関わる
優れた教育・研修プログラムが日本各地で次々と生まれてきたことは本章の冒頭で
述べた通りである。それらプログラムは，当時と実施体制等の形を変えつつ，10 年
以上たったいまも継続され，現在では科学コミュニケーターを志す人や科学コミュ
ニケーションへの高い関心をもった層が科学コミュニケーションの理論や実践を学
ぶ重要な拠点となっている。

　しかしながら，科学コミュニケーションは科学と社会をつなぐ機能であり，限ら
れた科学コミュニケーターだけがその機能を担うものではない。東日本大震災後の
混乱をみれば明らかなように，関心が高い層だけに止まらず，すべての科学者・研
究者が身につけるべき基礎素養として科学コミュニケーションを捉える必要がある
だろう。「科学と社会の関係深化」を実現していくためには，科学者・研究者養成を
担う大学院教育のなかに科学コミュニケーショントレーニングをいかに体系的に組
み込んでいくか，そのあり方の議論が重要となるのである[9]。

3　大学院教育における科学コミュニケーショントレーニング： その政策的背景からみた課題

1　日本の大学院教育改革の流れからみた課題

　大学院教育における体系的な科学コミュニケーショントレーニングの実装のあ
り方について考えるにあたり，まず押さえておかなければならない背景の一つが，
日本の大学院教育改革の流れである。日本における大学院教育改革をめぐっては，

---

9) Ishihara-Shineha (2021) では，北海道大学・東北大学・東京大学・名古屋大学・京都大
　学・大阪大学・九州大学の各大学院における科学コミュニケーション関連科目の実装
　状況を調べ，科学コミュニケーショントレーニングの大学院教育への体系的な組み込み，
　普及は未だ発展途上であると結論づけている。

1980 年代末以降，大きく二つの政策が動いていた。一つは，国立大学の旧帝大を中心とした一部の大学を対象に，研究教育機能の強化・充実を求めて，大学院の部局化・大講座化を図る「大学院重点化政策」であり，もう一方は，すべての大学を対象に，大学院生の量的拡大，研究者養成だけでなく高度専門職業人の養成も視野に入れた制度への移行，課程制大学院としての教育の実質化という三つの実現を目指す「大学院教育機関化政策」であった（濱中 2009）。そのうち，課程制大学院としての教育の実質化はその進捗が遅れていたが，2000 年代になってキャリアパスの多様化や学際的イノベーションニーズの高まり，緊縮財政など，大学院を取り巻く環境が大きく変わったことで，大学院教育改革の動きが加速されることとなった。

平成 17（2005）年の中央教育審議会答申「新時代の大学院教育」を皮切りに，大学院教育の実質化についての積極的政策が次々と打ち出されるようになった。平成23（2011）年度には，中央教育審議会答申「グローバル化社会の大学院教育〜世界の多様な分野で大学院修了者が活躍するために〜」に基づき，文部科学省の「博士課程教育リーディングプログラム」が開始され，33 大学 62 プログラムにおいて，「専門分野の枠を超えて博士課程前期・後期一貫した世界に通用する質の保証された学位プログラムを構築・展開する大学院教育の抜本的改革」[10] が進められた。さらに2018 年からは，平成 27（2015）年に中央教育審議会大学分科会でとりまとめられた「未来を牽引する大学院改革〜社会と協働した「知のプロフェッショナル」の育成〜（審議まとめ）」に基づき，「第 4 次産業革命の推進，Society 5.0 の実現に向け，学術プレゼンスの向上，新産業の創出，イノベーションの推進等を担う様々な分野で活躍する高度な博士人材（知のプロフェッショナル）の育成」[11] を目的とした，卓越大学院プログラムも進められている。さらに 2019 年には，大学院の人材育成機能を①研究者養成，②高度専門職業人養成，③大学教員養成，④社会を多様に支える高度で知的な素養のある人材（社会的価値を創造する人材）の養成，の 4 つとした「2040 年を見据えた大学院教育のあるべき姿（審議まとめ）」（平成 31（2019）年 1月中央教育審議会大学分科会）がとりまとめられ，社会の需要に応えていくために

---

10) 文部科学省「博士課程教育リーディングプログラム」〈http://www.mext.go.jp/ a_menu/koutou/kaikaku/hakushikatei/1306945.htm（最終閲覧日：2021 年 9 月 25日）〉より抜粋。

11) 中央教育審議会大学分科会大学院部会（第 89 回）平成 30 年 11 月 5 日，参考資料 11〈http://www.mext.go.jp/kaigisiryo/2018/10/__icsFiles/afieldfile/2018/11/02/1410827 _023.pdf（最終閲覧日：2021 年 9 月 25 日）〉より引用。

も早急な「大学院教育の体質改善」が必要だとされている。

　こうした近年の日本における大学院教育改革の特徴の一つが，分野やセクターの垣根を超えた大学院教育の実践である。たとえば博士課程教育リーディングプログラムでは，学修研究に専念できる経済的支援を受けた学生が，研究室ローテーション，海外の大学等における長期的なインターンシップ，企業等とも連携したプロジェクト型授業等を含む充実したコースワークを通じて，専門分野の枠を超えた俯瞰的・汎用的な能力（トランスファラブルスキル等）を身につけることなどを目指すよう求められており，大学院教育の実質化を牽引する存在として位置づけられている。その教育プログラムのなかに多様なステークホルダーとの対話・協働のための理論・実践的トレーニングが含まれている。

　しかしながら，こうした新しい大学院教育の試みは，従来からの大学院教育，とりわけ理工系大学院の研究室を単位とする研究室教育に対して付加的に行われることがほとんどである。また，特定の大学／大学院のみに期限つきで資金配分する競争的資金によって運営されており，各種教育プログラムの持続性，総合的なカリキュラムとしての整合性のなさという問題につながっている。こうした事情から，かかわる教員や参加する学生への時間的，身体的負担の大きさは無視できない問題となっている。

　日本の大学院教育の特徴ともいえる従来型の研究室教育は，大学院教育の実質化という政策文脈のなかで，学生が研究補助者的役割を担う「徒弟制型」教育のために深く狭い知識しか獲得できないとして問題視されることも多い。しかしながら，研究室教育には学生が主体的に学ぶアクティブ・ラーニングとして優れた点も多く，研究活動を通じて獲得できるトランスファラブルスキルも少なくない。科学コミュニケーショントレーニングについても，より効果的な研究室教育とコースワークとのバランスなど，それぞれの分野特性に合わせたあり方を検討し，トータルでの負荷が増えすぎないように調整していく必要があろう。

2　科学技術政策と高等教育政策の狭間で

　科学コミュニケーショントレーニングの大学院教育への実装を考えるうえで押さえておきたいもう一つの背景が，その政策的な位置づけの問題である。科学コミュニケーション推進を含む「科学と社会との関係深化」を目指す各種取り組みは，科学技術イノベーション政策のなかで展開されてきた。しかしながら，科学者・研究者養成を担う大学院教育における科学コミュニケーショントレーニングは大学院

教育のあり方に深く関わる問題である。ところが，科学技術政策と高等教育政策は一般には別のものとして異なる文脈で推進されるため，必ずしも両者の協調と役割分担は明確になされてこなかった（塚原 2015）。そうした政策の構造的な問題もまた大学院教育における科学コミュニケーショントレーニングの普及・実装の障壁の一つとなっている可能性が考えられる。

　日本の科学技術イノベーション政策は，科学技術基本法に基づき策定される科学技術基本計画に従って，他方日本の教育政策は，2006 年に改正された新しい教育基本法に基づき策定される教育振興基本計画に従ってすすめられる。教育振興基本計画はこれまでに第三期（2018-2022 年度）まで策定されているが，いずれの基本計画においても，高等教育に関してはイノベーション人材としての高度専門人材や産業界との連携の重要性を掲げているのみであり，「社会との対話」や「コミュニケーター養成／研究者のコミュニケーション能力」についての言及は一切登場しない。また，大学院教育に関しては「大学院教育振興施策要綱」を参照すべきとされている。

　では，その参照すべきとされた大学院教育振興施策要綱には，どのようなことが書かれているのだろうか。表 5-1 は，これまでに策定された第 1 次から第 3 次までの大学院教育振興施策要綱に記載されている基本方針とその具体的指標等，ならびに対応する科学技術基本計画における「科学と社会の関係深化」に関わる内容を抜粋しまとめたものである [12]。表 5-1 で示すように，大学院教育振興施策要綱においても国際競争力のあるイノベーション人材輩出のための産学連携等が強調され，「科学と社会の関係深化」に関わるような科学コミュニケーションの専門人材や研究者の社会との対話のための教育プログラムや実践等に関わる取り組みについての

---

[12] 令和 3（2021）年 3 月 26 日に，科学技術・イノベーション基本計画（第 6 期基本計画）が閣議決定された。本来であれば同じタイミングで第 4 次大学院教育振興施策要綱が文部科学大臣決定される予定であったが，一旦保留され仕切り直しとなっている。第4 次大学院教育振興施策要綱の策定が仕切り直しとなった理由について，大学院部会（第 100 回）議事録によれば，COVID-19 パンデミックや第 6 期基本計画において「世界に伍する研究大学の成長」や「博士課程学生の支援のための 10 兆円規模の大学ファンドの創設」といった提言がなされつつも具体的な制度設計が決定していないこと等，今後大学院教育について大きな動きがあると考えられるこのタイミングで，5 ヶ年の施策要綱を文部科学省として決定するのは適当ではないと判断したためとされている〈https://www.mext.go.jp/b_menu/shingi/chukyo/chukyo4/004/gijiroku/1422799_00001.html（最終閲覧日：2021 年 9 月 25 日）〉。

表5-1　大学院教育振興施策要綱の内容と科学技術基本計画における「科学と社会」との対応

年度	大学院教育振興施策要綱		科学技術基本計画
	基本方針	具体的指標等	科学と社会関連事項［政策フレーム］
2006-2010	第1次（平成18（2006）年3月30日文部科学大臣決定）・以下3つの基本方針が掲げられている (1) 実質化／組織的展開（修学上の経済的支援の充実、若手教員の環境改善、産学連携）(2) 国際的な通用性、信頼性の向上 (3) 国際競争力のある卓越した教育研究拠点の形成（創造性、柔軟性豊かな高い質の研究者の養成が期待できる大学院への重点投資）	・キャリアパスの多様化を前提とした産業界と連携したイノベーション人材育成やインターンシップ等の取り組み、大学院における海外出身のファカルティ・学生比率の向上が具体的な指標として掲げられている。・「科学と社会」に関わる記述は一切ない	第3期（平成18（2006）年3月28日閣議決定）［社会・国民に支持され、成果を還元する科学技術］［対話］・科学コミュニケーターの理念・科学技術が及ぼす倫理的・法的・社会的課題（ELSI）への責任ある取り組み・科学技術に対する説明責任と情報発信の強化・科学技術に関する国民意識の醸成・国民の主体的な参加の促進
2011-2015	第2次（平成23（2011）年8月5日文部科学大臣決定）・第1期で掲げられた基本方針(1)がより具体的にブレイクダウンされ、学位プログラムに基づく大学院教育の確立が掲げられている。その中で、大学院教育が涵養すべき能力の一つとして、コミュニケーション能力が明記されている。	・コミュニケーション能力が必要とされる理由として想定しているのは産学連携での異分野協働であり、行うことが望ましいと明記されているものは、研究室ローテーションやインターンシッププログラム等である。・「科学と社会」に関わる記述は一切ない（大学院の説明責任として可視化が掲げられているのは、教育の充実を可視化として挙げられているのは、大学院のカリキュラムポリシー、ディプロマポリシー、成績評価、学生支援情報等の公開であり、「科学技術への市民関与」に関わる内容ではない）	第4期（平成23（2011）年8月19日閣議決定）［社会とともに創り進める政策の展開］［科学技術への国民参画］・科学技術関連政策の企画立案、推進への国民参与の促進・ELSIへの対応・社会と科学技術イノベーション政策をつなぐ人材の養成および確保（テクノロジーアセスメントの専門人材、科学コミュニケーター等）・科学コミュニケーション活動の推進
2016-2020	第3次（平成28（2016）年3月31日文部科学大臣決定）・第2期の項目に、リカレント教育に関する項目が追加	・第2次の内容がそのまま踏襲されている・「科学と社会」に関わる記述は一切ない（第2次に同じ）	第5期（平成28（2016）年1月22日閣議決定）［社会の多様なステークホルダーとの対話と協働］［共創］・科学技術イノベーションと社会との問題について研究者自身が向き合う・多様なステークホルダーが双方向で対話・協働し、政策形成や知識創造へ・初等中等教育の段階からメタ科学的理解を深める・研究者による政策形成への科学的助言の重視・ELSIへの取り組み・研究公正

言及は一切なされていないことがわかる。

　各大学は，大学全体，あるいは研究科ごとに大学院教育の現状と課題についての自己点検・評価報告書等を作成・公開することとなっているほか，大学院を置くすべての大学を対象とした大学院活動状況調査において，各大学院における「大学院教育振興施策要綱」に関する取り組み状況が調査されている[13]。このことはすなわち，各大学における大学院教育の取り組みが，大学院教育振興施策要綱で言及されている数値化しやすい項目や指標（たとえば産学連携型プロジェクト学習やインターンシップの実施件数，博士人材の企業就職割合等）に集中し，その他の取り組みが切り落とされていく危険性を示唆している。科学技術政策の文脈でいくら「科学と社会の関係深化」の旗を振ろうと，結局，誰がそれを担うのか，そのための教育や人材の活用はどうあるべきかを議論し，そのための取り組みを推し進めるインセンティブがほとんどないのが日本の大学が置かれている現状なのである。

4　米国事例からの示唆：GradSciComm プロジェクト

1　大学院教育への科学コミュニケーショントレーニング実装に向けた課題

　大学院教育システムの中に体系的な科学コミュニケーショントレーニングをいかに実装していくかは，米国においても大きな課題となっている。ここでは，COMPASS[14] が米国国立科学財団（NSF）の支援を受け，米国 STEM（Science, Technology, Engineering, and Mathematics）大学院教育への科学コミュニケーショントレーニングの体系的な実装のあり方を検討した GradSciComm プロジェクトを紹介したい。当該プロジェクトの最終報告書『Mapping the pathways to integrate science communication training into STEM graduate education』

---

13) 文部科学省（2012）「大学院教育について」〈http://www.mext.go.jp/a_menu/koutou/daigakuin/index.htm（最終閲覧日：2021 年 9 月 25 日）〉に，平成 24 年度までの調査結果が公表されている。

14) Communication Partnership for Science and the Sea。社会とコミュニケーションおよび関与できる科学者を育成することを目的とした非営利組織で，もともとは海洋科学者とコミュニケーション科学者によって 1999 年に設立された。その後海洋科学以外にもネットワークが広がり，さまざまな研究の科学コミュニケーション活動のサポートを行っている〈https://www.compassscicomm.org/（最終閲覧日：2021 年 9 月 25 日）〉。

（COMPASS 2017）で指摘されている課題は，多かれ少なかれ日本の大学院教育における科学コミュニケーショントレーニングの現場でも実感されていることであり，日本への示唆を多く含んでいると考えるからである。

　たとえば報告書では，米国においても，科学コミュニケーショントレーニングを表層的で研究時間を浪費させるだけだと捉えるファカルティの反感が根強いことが報告されている（COMPASS 2017）。いかに大学院における専門研究の品質や博士号の学位取得基準を下げず，博士号取得までの年限も伸ばさず科学コミュニケーショントレーニングを行っていくのか，その検討には部局での専門教育との連携やファカルティの協力が必要不可欠であるにもかかわらず，現状はまだまだ厳しい状況にあることが述べられている。米国の STEM 大学院における科学コミュニケーショントレーニングの好事例として取り上げられるもののほとんどが午後5時以降かあるいは週末に開講されているが，これはそうしなければ大学院生がファカルティから参加許可を得ることができないケースが多いためであるという。また，米国の STEM 大学院生はリサーチアシスタントとして雇用されているケースも多く，関心はあっても時間的拘束や金銭的事情により科学コミュニケーショントレーニングに参加できない大学院生も多い。こうした事情から，機関レベル，州レベル，連邦政府レベルでの触媒的／持続的な財政支援が必要不可欠であり，科学コミュニケーショントレーニングの組み込みを推し進めていくための予算をいかに確保していくかが大きな課題であることが指摘されている（標葉 2014）。

2　大学院教育への科学コミュニケーショントレーニング実装の意義

　いかにして大学院生やファカルティが科学コミュニケーショントレーニングの重要性や価値を認識するような科学コミュニティ文化へ変化させていくのか，またさまざまなレベルでの継続的な財政支援はいかにして得られるのかといった課題については，いずれも科学コミュニケーショントレーニングの効果やインパクトをいかに測定し対外的に示すのかという課題と密接に関わっている。しかしながら，そもそも「科学技術への市民関与」に関わる各活動そのものの成否をいかに評価するかは非常に難しい課題であり，科学コミュニケーショントレーニングの効果をアウトカムやインパクトレベルで評価することは現状ほとんどなされていない（Baram-Tsabari & Lewenstein 2016）。

　そうした評価の問題を依然として残しつつ，GradSciComm プロジェクトでは，そもそもなぜ科学コミュニケーショントレーニングを全国の STEM 大学院教育

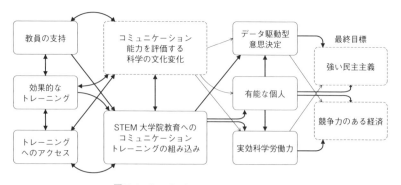

図 5-1　GradSciComm Theory of Change
（COMPASS 2017: 18）（筆者が翻訳および一部追記）

に体系的に組み込むことを目指すべきかが徹底的に議論されたという。その結果，COMPASS（2017）が科学コミュニケーショントレーニングを大学院教育に実装することのインパクトとして，「競争力のある経済（Competent Economics）」とならべて「強い民主主義（Strong Democracy）」を最終目標に掲げていることは注目すべき点であろう（図 5-1）[15]。

　現代の科学技術が関わる社会の問題に民主主義国家として向き合うには，そのシステムの不確実性や影響の大きさ・多様さなどから，科学技術の専門家だけでない，市民も含む「拡大されたピアレビュー共同体」（Ravetz 1999）での意思決定が重要となってくるだろう。これは決して，科学技術の問題のすべてを非専門家に委ねよということではない。科学的データに基づきつつ，科学的方法の性質や限界，科学以外の要素も含めた議論によって意思決定を行うべきであり，それには当該科学技術の専門家だけでない多様なステークホルダーとの「対話」が必要不可欠だということである。だからこそ，STEM 分野の大学院生にその「対話」への意識やスキルを醸成す

15）最終目標に至るまでの経路を示したマップ（図 5-1）から，「市民の科学的リテラシーの向上（increased scientific literacy）」をあえて除外していることも本報告書の特徴の一つである。除外した理由について，報告書では，公衆の科学に対する敵対心や無関心，意見の不一致は知識の欠如に起因する，あるいは単に事実を提供するだけで解決できるという思い込み（欠如モデル）に釘を刺すためであると述べられている（COMPASS 2017：17-18）。なお参考までに，日本の第 6 期基本計画では，「科学コミュニケーションの強化」は「科学技術リテラシーやリスクリテラシーの取組，共創による研究活動を促進するため」（内閣府 2021：73-73）と書かれている。

るための教育を体系的に実装することが「強い民主主義」につながるのである。

　「競争力のある経済」については，日本でも第5期科学技術基本計画（総合科学技術会議2016）で「多様なステークホルダーとの対話・協働」を「共創的科学技術イノベーションの推進」のためと位置づけており，同じ目標を掲げているといえる。一方，「強い民主主義」は，日本の科学コミュニケーション推進政策の文脈では，これまで一切言及されていなかったものである[16]。しかしながら，「科学と社会の関係深化」は，決して「共創的科学技術イノベーションの推進」によって日本を経済大国にするためだけのものではない。日本の科学技術イノベーション政策と高等教育政策との連携・協調を考えるためには，そのことを決して忘れてはならないだろう。

5 おわりに：大学院教育の使命

　大学院が将来の科学技術・学術活動を担う優れた若手研究者の育成を担っていることやその重要性は，今後も変わることはない。くわえて，現代社会では，かつての単一のディシプリンに閉じた知識生産だけではなく，広範なディシプリン，また大学研究者だけでない産業界，政府の専門家，さらには多様な市民が関わる形での知識生産の重要性がますます高まってきている。そうしたなか，知識社会を担う高度な専門的職業人の育成や「強い民主主義」につながるような「科学と社会の関係深化」のための取り組みや教育を行っていくことも，大学院が担うべき社会的役割の一つである。

　東日本大震災後の混乱の反省から再びその重要性が注目されるようになった科学と社会との「対話」も，今では「共創的科学技術イノベーション」という言葉の中に埋没しつつある。また，いま日本の大学・大学院は，緊縮財政という名の下，業績評価や目標達成状況等によって国からの運営費交付金や各種競争的資金の獲得競争に晒されて

16）第6期基本計画には，「政策立案にあたっては，社会との多層的な科学技術コミュニケーションや国民をはじめとする多様なセクターへの情報発信も重要である」（内閣府2021：80）との記述も認められる。この記述については，直後に「アカデミアと政治・行政との間で，課題認識や前提を共有した上で，科学的知見に基づく独立かつ的確な助言や提言が行われることが重要であり，例えば，これらの関係者間をつなぐ仕組みの構築を検討する」（内閣府2021：80）と書かれていることから，「強い民主主義」というよりも，「証拠に基づく政策立案（EBPM, Evidence Based Policy Making）」や「政策のための科学」といった既存の取り組みや事業を意識した記述であると解釈するのが妥当であろう。

いる。科学技術イノベーション政策と高等教育政策双方の影響を受ける大学院教育政策も，大学院教育振興施策要綱で言及されているような，産学連携型プロジェクト学習やインターンシップの実施件数，博士人材の企業就職割合等の指標でその成否を評価されてしまう状況であるといえよう。しかしながら，大学院教育に関わるファカルティや研究者自身が，そうした政策の流れにただ乗るだけになってしまってはならない。

　小林（2004）は，かつての「大学院重点化」を振り返り，大学関係者と行政が共犯関係にあったとして，以下のように述べている。

　　　大学院の整備充実のための政策的議論は，1990 年代初頭までは段階的に進んできたものの，その後は本質的議論が欠如し，政策にも一貫性を見出しにくい。このことは，ほとんどの大学関係者が了解していたと思われる。「抜け道」（天野，2001 年，196 頁）探しとしての大学院重点化だったことは，暗黙の了解だったのである。しかし，一度走り始めた大学院重点化は止めることはできなかった。（小林 2004：68–69）

　現在進行形で進む大学院教育改革についても，この 15 年以上前の指摘は有効なのではないだろうか。知識生産のモードが変わり，かつてよりもさらに多様な機能を担うこととなった大学院の組織や運営はどうあるべきか，さらにはそれらと大学の研究・教育活動とをどのように関係づけていくべきか。そうした本質的議論はこれ以上先送りにするべきではないだろう。

【引用・参考文献】
天野郁夫（2001）．『大学改革のゆくえ』玉川大学出版部
石戸　諭（2019）．「SNS が加速するタコツボ社会」『日経サイエンス』2019 年 4 月号, 44–51.
科学技術振興機構 科学コミュニケーションセンター（2015）．『科学技術リテラシーに関する課題研究報告書 改訂版』
科学技術振興機構 科学コミュニケーションセンター・日本科学未来館（2015）．『科学コミュニケーション研修及び教育に関する事例調査 報告書』（平成 27 年 3 月）
小林信一（2004）．「大学院重点化政策の功罪」江原武一・馬越　徹［編］『大学院の改革』東進堂, pp.51–78.
小林傳司（2007）．『トランス・サイエンスの時代──科学技術と社会をつなぐ』NTT 出版
標葉靖子（2014）．「米国における科学，技術，工学，数学（STEM）分野──大学院生への科学コミュニケーショントレーニングの取り組み──AAAS2014 年次大会報告事例からの日本への示唆」『科学技術コミュニケーション』16, 45–55.
標葉靖子（2019）．「科学リテラシーはどこまで必要か」東谷　護［編］『教養教育再考──これから

の教養について語る五つの講義』ナカニシヤ出版, pp.131–175.

標葉隆馬（2016）．「政策的議論の経緯から見る科学コミュニケーションのこれまでとその課題」『コミュニケーション紀要』*27*, 13–29.

総合科学技術会議（2016）．「第5期科学技術基本計画」（平成28年1月22日閣議決定）

田中幹人（2013）．「科学技術をめぐるコミュニケーションの位相と議論」中村征樹［編］『ポスト3.11の科学と政治』ナカニシヤ出版, pp.123–175.

塚原修一（2015）．「科学技術政策の変遷と高等教育政策」『高等教育研究』*18*, 89–104.

内閣府（2021）．「第6期科学技術・イノベーション基本計画」（令和3年3月26日閣議決定）

濱中淳子（2009）『大学院改革の社会学──工学系の教育機能を検証する』東洋館出版社

藤垣裕子・廣野喜幸（2008）．「日本における科学コミュニケーションの歴史」藤垣裕子・廣野喜幸［編］『科学コミュニケーション論』東京大学出版会, pp.39–61.

文部科学省（2011）．『平成二十三年版 科学技術白書──社会とともに創り進める科学技術』

Baram-Tsabari, A., & Lewenstein, B. V. (2016). Assessment. In M. C. A. van der Sanden & M. J. de Vries (eds.), *Science and technology education and communication: Seeking synergy*. Rotterdam: Sense Publishers. pp.163–185.

COMPASS (2017). GradSciComm report and recommendations: Mapping the pathways to integrate science communication training into STEM graduate education. 〈http://www.informalscience.org/sites/default/files/GradSciComm_Roadmap_Final.compressed.pdf（最終閲覧日： 2019年8月15日）〉

Drummond, C., & Fischhoff, B. (2017). Individuals with greater science literacy and education have more polarized beliefs on controversial science topics. *Proceedings of the National Academy of Sciences, 114*(36), 9587–9592.

Horlick-Jones, T., Walls, J., Rowe, G., Pidgeon, N., Poortinga, W., Murdock, G., & O'Riordan, T. (2007). *The GM debate: Risk, politics and public engagement*. London: Routledge.

Ishihara-Shineha, S. (2017). Persistence of the deficit model in Japan's science communication: Analysis of White Papers on science and technology. *East Asian Science, Technology and Society: An International Journal, 11*(3), 305–329.

Ishihara-Shineha, S. (2021). Policy inconsistency between science and technology promotion and graduate education regarding developing researchers with science communication skills in Japan. *East Asian Science, Technology and Society: An International Journal, 15*(1), 46–67.

Lee, S., & Kim, S.-H. (2018). Scientific knowledge and attitudes toward science in South Korea: Does knowledge lead to favorable attitudes? *Science Communication, 40*(2), 147–172.

Ravetz, J. R. (1999). What is post-normal science. *Futures, 31*, 647–653.

Simis, M. J., Madden, H., Cacciatore, M. A., & Yeo, S. K. (2016). The lure of rationality: Why does the deficit model persist in science communication? *Public Understanding of Science, 25*(4), 400–414.

Stilgoe, J., Lock, S. J., & Wilsdon, J. (2014). Why should we promote public engagement with science? *Public Understanding of Science, 23*(1), 4–15.

Tsubokura, M., Onoue, Y., Torii, H. A., Suda, S., Mori, K., Nishikawa, Y., Ozaki, A., & Uno, K. (2018). Twitter use in scientific communication revealed by visualization of information spreading by influencers within half a year after the Fukushima Daiichi nuclear power plant accident. *PLoS ONE, 13*(9), e0203594.

Valaskivi, K., Rantasila, A., Tanaka, M., & Kunelius, R. (2019). Social media and ambient social distance. *Traces of Fukushima: Global events, networked media and circulating emotions*. Singapore: Palgrave Pivot. pp.81–98.

Wynne, B. (1991). Knowledge in context. *Science, Technology & Human Values, 16*(1), 111–121.

羽田貴史：インタビュー

「改革」論議から高等教育研究へ

1 はじめに

　大学改革は時代の変化に応じて適宜必要であるが，それは大学が自ら，学問の府にふさわしい仕方で進めるべきものである。しかしその逆を行く「大学改革」が常態化し，結果，大学は自己自身あり方についてその名にふさわしからぬものになりつつある。そのような問題意識から 2017 年の春，本書と同じ出版社から刊行された『反「大学改革」論──若手からの問題提起』に編者の一人として参加した。

　早々と重版がかかり，著者らにも各種催しへの登壇依頼が相次いだことは，大学人による公共的な議論の呼び水となるようにという同書の企図に照らせば，まずは喜ばしいことである。とはいえ，課題も同時に浮かび上がってきた。まず「公共的な議論」といっても，「改革」業務を粛々と進めている人びとや，政策と近いところで専門的研究を積み重ねている人びとを巻き込むには至っていない。また私自身，もともとの専門と並行して十分な知識と持続性をもって大学改革・高等教育論議に関わってゆく仕方は，容易には見出しがたい。

　そうして悶々としていたところ，本書の共同編者による「唆し」があった──「だったら高等教育研究の重鎮にプロレスでもしかけてみたら？」。かくして，内在的批判も含めて長らく高等教育研究をリードされてきた羽田貴史先生（東北大学名誉教授・広島大学名誉教授）に胸をお借りする仕儀となった。編者の崎山・二宮両氏および編集者の米谷氏による強力なサポートを得ながらも，主担・渡邉の力不足により，むしろ「お悩み相談」のような格好になってしまったが，以下がそのインタビューの記録である。（渡邉記）

　　　　　（インタビュー日：2018 年 12 月 30 日／場所：於東北大学東京分室）

2 なぜ高等教育研究に向かったか

1 高校紛争から大学研究へ

渡邉：専門外の者の目には，羽田先生は高等教育研究を代表する方のお一人として映るんですが，もともとは大学史・教育史からご研究をスタートされているんですね。どういう経緯で高等教育研究の方に進まれたんですか？

羽田：僕が大学に進学したのは 1971 年で，まだ大学紛争の余韻が残ってる頃でね。69, 70 年の紛争は高校でも起きたんだけど，そのとき高校の新聞局長をやってて，当然これは政治の問題だし，「大学とは何か」とか「高校とは何か」という揉め事になる。それを引きずって大学に進学して，教育学部に進んだので大学研究——当時は「高等教育」という言葉は使わなかった——をしようと思ったんです。

講座は教育行政の講座でね。大学自治論をやりたかったんだけど，当時，大学自治論はほとんど成熟してない。それで，1 年マスターを余計にやって，大学財政史をやろうと思って大学財政史で修論を書いたんです。指導教員も先輩も「そんなんじゃ食えない」って反対したんだけどね。ただ幸いなことに当時，立教大学の寺﨑昌男先生がちょうど東大に移られたところで，東大の教育史の人が大学史をやっていれば「大学史は教育史じゃない」とは言われないだろうと（笑）。それから，各大学の年史編纂が始まってたんですよね。そうすると，今までネックだった史料がだんだん使えるようになる。というので，それこそリスクはあるけど大学史研究を始めた。

渡邉：なぜ，特に「大学」だったんでしょう？

羽田：大学っていうのはやっぱり学問の最頂点だしね。僕自身は高校の時から学校の授業が嫌いでね——定型化された知識で教科書を覚えるというのが。たとえば国語にしても，もっと素晴らしい本があるのになんでこれを勉強しなきゃいけないんだろうって思ってた。で，大学ではそれを教えてくれるだろうって期待して行ったら，大学の授業もつまらなくて。そうすると真の知識は何か，知識の凝縮体である大学がなんでできたか，理念がどうなってるかということに関心が向きますよね。

それから当時の学生にとってやっぱり，学問の自由と大学の自治はものすごく大きいイシューなんですよね。最初はそこに憲法学的な思考で接近したけど，それを解くだけの知識もないし，日本に先行研究もそんなになかったんで，歴史研究のアプローチで攻めてみよう，財政史をやってみようと思った。もちろん，財政史をやっても大学がなぜあるかってことは説明できない——それは目的論で，目的論と

存在論は違うので。でも，まず客観的・法則的に大学を研究するフレームワークを作りたいということで，財政史と，あとは教育公務員特例法も同時に研究した。これは就職のための業績稼ぎでもあったけれど，人事と財政は大学の二つの核でしょう？　だから人事については人事自主権で教特法，あとは財政自治という二つの攻め口を作ってやってきたんです。

2　「改革」との付き合い方：「運動」と「研究」

渡邉：そうすると，先生の感覚としては，高校紛争に関わりをもってからずっと「改革」的なものと付き合ってきた，ということになりますか？

羽田：それはもう，生まれながらの……じゃないけど（笑）。ただ，「改革」といっても，大学審議会や中教審答申によって示されたのが改革じゃなくて，当初のそれは「自主改革」なんですね。日教組〔＝日本教職員組合〕に大学部会があって，そのなかで「国民のための大学作り」というスローガンがあったんだけど，私が最初に就職した福島大学は大学部と密接に関わっていて，そこに行って勉強したり，報告したり，そういうことをやってたんです。

二宮：教研集会〔＝教育研究全国集会〕に出られてた……？

羽田：日教組の教研と大学部の教研と二つあって，ともに参加していました。僕は授業実践の報告とか臨教審〔＝臨時教育審議会〕路線をどうみるかとか，両方合わせて報告を全部で4回くらいしたんですかね。

二宮：先生は運動にはあまり関わらなかったということですか？

羽田：「運動」というのは何を指していうの？

二宮：教科研〔＝教育科学研究会〕ですとか……。

羽田：あれはいっぺん行ったね。僕は大学史，大学研究でずっとやってきて，教育現場の実態を知らなかったので，教育学の授業をするには知識が足りない。福島県の組合で開催する教研集会や，民間教育団体で毎年開催していた民間教育研究集会とかも行きました。教研集会は小中高の教員組合の集会で，主流派もいれば反主流派もいる。福島では合同でやってたんですよ。それから，教科研は2回くらい行ったんじゃないかな。ただ教科研のメンバーにはならなくて，いいことは言ってるけどあまりに運動論的で。まあ，いいところはもらいましょう，というスタンスで，今でもそれは変わらないですよ。

渡邉：そのへんの事情は，異分野の人間からするとなのか，私の世代からするとなのか，さっぱり何のことだかわからないのですけれど……。

羽田：わからないって，何を言えばわかったことになるのかよくわからないけど……。

　一つはね，日本の教育学というのは戦後，GHQによってできたものだったんだよね。戦前は東京帝大の文学部の中に教育学が7講座しかなかった——1学科で教員が7人くらいいたのかな。それが新制大学になるときに，教員養成を大学の学部で行うということで，教員養成学部の教員が必要になった。特に教員養成の教職教養担当のために，全国の旧制帝国大学は大阪大学を除いて教育学部を置いたわけですね。それで，最初は文部省と非常に密着して進めていた。校長や指導主事についても，基本的には免許制度だったんです。アメリカモデルで入ってきたので，教員行政職も専門職なんですね。東大の教育行政なんかは，そこでしっかりとした学問的見識のある指導主事なり校長職をつくる。ところが，逆コースのなかで，1954年に校長や教育指導者の資格制度が廃止されるんですよ。そうすると，今まで学問的見地を資格に反映して教員養成をやっていたところがはがれてしまうのが一つ。

　もう一つは，日教組の教育運動と文部省との対立が激しくなりましたね。その結果，東京大学の教育史・哲学を中心にして，宗像誠也さんを典型とするような運動論が出てくるんですね。「カウンター教育行政学」と自称して，教育行政への批判を標榜した。一方では，東京大学教育学部の教育社会学の清水義弘さんが，教育政策に役立つ教育社会学を打ち出した。

　だから，教育運動のための教育学と，教育政策のための教育社会学，この二つがある時期まで学問的に並列していた。この二つの対立は激しいもので，どう激しいかというと，お互いに相手がいないことにして学問研究をする，無視という「すばらしい」闘争の形態をとっていた。本当は教育社会学の機能主義的なアプローチは現実を見るには大事だし，教育というのはやっぱり理念であり，価値だから，教育学の教育価値論というのも大事なんだけど，お互いに無視しあうという時期があった。その流れで，教育学者が運動にどこまでコミットしたかってこと——「お前の前科は何だ」というのがあるけど（笑）——が非常に重要な意味をもつんだよね。今でもこれはあるんですよね，潜在的にではあるけど。

　二宮：「理念」と「データ実証」というこの二つは，今の高等教育改革につながる話ですね。

　羽田：全然矛盾するわけではなくてね，相手方を排除するというのは世界の半分を知らないということだから，気の毒だなと思いますね。役人のことばかりではなく運動とか組合をもっと知ればいいし，逆に運動ばかりじゃなく，官僚だって苦労

してんだからわかってやれ，と思う。

3 高等教育研究コミュニティ

1 分野外からの大学改革論議：「本業あっての余業」？

渡邉：ところで，それこそ紛争前後には改革に関わるいろんな議論が分野外の人からも出てたかと思うんですが，そうしたものとの距離感はどうだったんでしょう？

羽田：修士論文構想の最初のテーマは，「大学紛争期の大学改革案にみる大学自治の構想」とかそんなんだった。有信堂からかな，各大学の改革案とか学術会議の本とかいろいろ出てるんだけど，あれは視座の設定があまりよくなくて，それで結局学術的なものがないんですよね。100 くらい資料があって，読んだら何か抽出できるけど，みんな同じようなことしか書いてない。東大の改革案とか広島大学のとか，いくつか活字化されたのもあるけど断片的なんですよ。

福島大学に 14 年半勤めて，1994 年に広島大学に移ってからわかったんだけど，広島の大学教育研究センター〔注：現在は，高等教育研究開発センター〕は，あのときの全国の改革案を全部集めたんだよね。ただし，それがほとんどつぶれていく。1970 年代の後半にはその改革案は実現をしないでつぶれていき，1980 年代になると，それまでいろんな人が大学論をやってたのがほとんどいなくなる。青木書店の『講座 日本の大学改革』（全 5 巻）が，非高等教育研究者も含めて大学を論じた，たぶん最後の著作で，1980 年代の後半からどんどん撤退をしていく。その著書のなかでは，たとえば，山口正之さんが労働社会学の立場から書いてて〔「労働力養成と大学」〕，あれはいい仕事だし，実際，労働社会学なら学生の職業の移行と併せて大学をどう論じるかってスタンスができるでしょ？ ただ，「高等教育研究以外の人たちが参加した」という言い方もできるけど，結局，その人たちは本業あっての余業なんだよ。でも，余業感覚からだんだん飽きてきたんじゃない？ 余業でやれっていっても，研究でやる以上は，そこで出てきた生産物が本業の方に転換してくるとか，余業それ自体が再生産されながら発展するというふうになれば，研究って蓄積になる。ところが，余業感だけだとつまんなくなってくると思うんだよね。それでたぶんどんどんいなくなった，というのが一つあるね。

渡邉：私自身，まさにそれで葛藤してるところなんですけど，その点では崎山さんが先を行っておられると思うのですね。歴史学から出発されて……。

崎山：私は歴史学で，もともとナショナリズムの研究をしていたんですけど，そこから大学の改革がらみに絡まれていくなかで，徐々に「近代の大学はいかに成立するのか」ということを自分の研究テーマとして扱うようになっていって……というところは似てるような，似てないような感じではありますね。

　今のお話をお聞きしていると，やはり1980年代の臨教審のタイミングが大きいのかなという気がします。それまでは高等教育を専門としていない方も高等教育に関していろいろと論を展開するという傾向があった。一方で臨教審というのは，文部省ではなく政府，首相直轄で，教育行政についていろいろと提言をする。幅広く，学者だけでなく民間の人まで含めて，いろいろと教育行政について提案をしていくという，今の流れの出発点になっているのかなと。要は学識者——いわゆる制度化された学識をもった人たちが高等教育にもの申すというだけでなく，教育と何らかの関係のあるステークホルダーの人たちが口を出していくという点では，質は当然違いますし，量的な部分も全然違うのかもしれませんけれども，何か継続されているという見方はできるんじゃないでしょうか。

羽田：「高等教育の専門」以外っていっても，基本的に当時，高等教育の専門家っていないですからね——広島大学のセンターにいた三人か四人だけかな。もう少し前の世代では，天野〔郁夫〕先生とか潮木〔守一〕先生なんかも非常にすばらしい仕事をされているけど，結局，教育社会学のなかのパーツとしてやってるわけね。

　つまり，教育学関係だからまだうまく持続できるんですよ。ところが社会学，労働社会学の方が高等教育について何か言ったときに，その成果をもとにして，本来の社会学を組み換えて，大学の問題も組み込んでやるようには展開できなかった。教育学の場合も同じで，伝統的な教育史のなかでも，大学史には寺﨑先生のような方がいるから比較的市民権はあるんだけど，大学史をやる人間の数は非常に少ないですよね。やってても年史編纂のようなもので，トータルな大学研究のビジョンを出せるかというと，出せない。逆に言えば，教育学や教育史の方が，高等教育や大学史を取り込んで展開してきてないんです。だから，きっと両方とも失敗しちゃってるんですね。で，研究の面でいうと二つに分かれる。高等教育を領域に取り込めない教育学と，教育学以外の視点をもてない高等教育研究というね。

　それで，二つに分かれてる理由の一つは，非高等教育・非教育学研究者が高等教育について発信をしなくなったこと。あるいは発信してる場合も，さっき言ったように，ご自分の専門の中に引き込んで再生産できるところまで高まってないことだと思う。

　もう一つ象徴的なのは，広島大学の高等教育研究開発センターが当時唯一の専任教員をもっている組織で，あそこはもともと飯島宗一元学長が広大の改革のために，「広大の改革をするには全国の大学の研究を」というのでできたんだけど，1980 年代に入ると広島大学自身が改革にそこの知識を活用しようとしなくなる。言っても響かない，変わらない——逆に言えば，変わるための知識じゃなかったともいえるんだけどさ。そこで広島のセンターは，喜多村和之さんが中心になって，外国から研究者を呼んできて国際会議をやって，その力，国際的な動向によって日本は変わる，という発信を始めた。

　これは，それまでの高等教育関係者から言わせると「成層圏飛行」で問題があるという批判もあるけれども，誰がここに一番キャッチしたかというと文部省なんですよね。文部省の高等教育行政やってる人も指針がほしいわけです。教育学の方は，明治時代以来の伝統があるから役に立つ教育学者がたくさんいる。行政は高等教育関係者についても，やっぱり役に立つ学者がほしかったんだよね。そこでうまく結びついて，1980 年代にそういう「成層圏飛行」を始めると，もともとの他分野の研究者はプロパーでやってるわけじゃないから，こっちの情報についていけないんですよね。そこで乖離が起きた。これが 1980 年代に起きた現象じゃないかなと思います。

2　高等教育研究コミュニティの「敷居の高さ」

　渡邉：そうとも知らず，今さらながらに異分野から参入しつつある者からすると，すでに高等教育の専門家コミュニティみたいなものができあがっていて，比較的近い分野の人を呼ぶという形での学際的な交流をされてるのはわかるんですけど，どうも敷居が高い感じがするんですね。

　羽田：1997 年に高等教育学会ができて，一般教育学会が確か 1979 年だよね。ただ一般教育は「一般教育ってそもそも何？」って人まで担当させられるから，その学会での議論は一般教育をどうやったらいいのかとか……。

　二宮：現場レベルの悩みを仕切るという……。

　羽田：まあ，それはそれで専門職団体の一つの契機なんで。それが一般教育の区分廃止を契機に，1997 年に一般教育学会は大学教育学会になった。ここに高等教育を研究する人が加入するようになった。一応この二つと，あとは大学行政管理学会。この三つかな，関連学会は。

　それで，大学研究をやってる人は，1970-80 年代でいうと大学史の人もいるし，心理学の人も学生研究とか，いろんな人がいろんなセクターでばらばらにやってたん

だよね。ただ，高等教育学会ができたときに，教育社会学のなかの高等教育研究をやってる人が主流になった。そのなかでは，大学史や歴史研究って位置づけが十分じゃない。それから，心理学の人たちも実は社会学と肌触りが悪いのね。内面性をもとにしてどう生きるかを考える心理学と，人間は十把一絡げに同じ行動をするって考える社会学とで違うからさ。それで，ある時期にどっと大量に，心理学者が高等教育学会をやめちゃうんですよ。それで「高等教育研究者」と思われるイメージができているけど，その幅が非常にシュリンクしてしまっている。一方，大学教育学会は，比較的広くて，いろんな分野の人がいるんだけど，実務家が多い。なので，高等教育研究の敷居は高いといえば高いんだけど，それは日本の学会は全部そういうものでしょう。

渡邉：それは学会全般の話としてはわかるんですけど，高等教育という分野の特性は，ちょっと他の分野とは違うんじゃないかと……。

羽田：いや，分野の特性じゃなくて，それは高等教育研究って学会を構成した人間の出自，母体が社会学中心で，歴史系列なんかがコミットしてこないってことと，心理学関係がいないということで土台が狭くなってるんだよね。学会って簡単で，自分の発表を理解してくれる人がいればそこに行くんですよ。一番は自分の研究のよき理解者であるか。たぶん「敷居が高い」というのは，学会のメンバーの側に渡邉さんの研究を理解するセンサーが出てないんだよね。社会学の高等教育関係は教育経済学の影響が非常に強いんですよ。功利主義的に教育を捉えようとするから，人格形成とかいう議論はほとんど出ない。出たことがない。価値観についても出たことがない。僕は理事だから，一時期，あそこの課題研究委員もやってたんだけど，青年の自己成長とかやったら反発がすごかったのよ，理事の。「自己成長」って嫌いなのね。「全面発達論」はもっと嫌いなの（一同笑）。そういうのを多分，感じるんだと思うよ，教養論とか文化をテーマにやってると。

渡邉：いや，自分のテーマが理解されないとかそういう話ではなくて，むしろ高等教育研究者の方から出てきてほしいという期待っていいますか……。

羽田：他の学会に？

渡邉：それこそ，殴り込みをかけてくれるぐらいのことがあってもいいんじゃないか，と。大学のことはみんなに関わることで，大学人にとって職業性という部分でその自己認識は必要ですし，起こっている出来事への対処法も専門家から出たものを一方向的に受けとるだけでなく，学会で一緒に議論した方がいいですよね。

羽田：それはそうなんだけど，日本の学問世界でそういうことが起きたことがな

い（一同笑）。たとえばね，面白いのは，教育行政学会ってずーっと昔からあってさ。そのうち教育制度学会というのができた。これは筑波大学の人たちが中心になって作った。でも「教育制度と行政，どこがどう違うんだよ？」と思う。そしたら今度は久保義三さんとかが教育政策学会を作った。教育行政学会，教育制度学会，教育政策学会。しかも教育経営学会というのもある。というわけで，実は同じようなのが四つある。で，なんで四つあるかっていったら，お互い殴り込みをかけないで，自分たちの好きな人で集まって好きなことを言うので四つになっちゃってるともいえる。だからこれは――僕は外国の事例はわかんないけど――日本の学術分野の特質なんじゃない？　専門分化することを正しいとして疑わない。縄張りがあって疑わない。それがやっぱり最大の問題。

　そちらの三人の方〔崎山・二宮・渡邉〕がどこの学会にいるかわからないけれど，複数の学会に入ってみたら？　僕，一時期八つ入ってましたからね。そしたら大体，学会固有の文化というのがわかる。「私たちの学会は何々という名を冠しているから，これが私たちの専門性」というね。これは高等教育だけじゃない。

3　分野をまたいだ議論の場所

　崎山：多分，高等教育の方々を受け入れて一緒に議論をするような余裕がそれぞれの学会レベルで失われつつあるというのが，1990 年代以降，特に 2000 年代に入ってからの研究状況かな，とは思うんですよ。

　羽田：ないと思うよ。つまり，学会同士でお互いにやると，お互いのアイデンティティが壊れるというのがあるからね。協力を恐れるんだよ，日本の学会というのは。

　渡邉：これはもう，ないものねだりの最たるものになるのかもしれないですけど，アメリカだと AAUP（The American Association of University Professors）みたいな，学問の自由をベースにして多くの大学人が入ってるような組織がありますよね。

　羽田：あれは組合ですよね――初期は「全米大学教授連合」って訳していたけど，「組合」って訳す人も多くて。それでいうと，日本では全大教〔＝全国大学高専教職員組合〕になるんだけど，あそこは職員も対象になってるから，教職員組合だよね。実は，「全国大学教授連合」ってのを，戦後，南原繁が作ったことがあるんだよね。つまり，AAUP をモデルにして，専門職団体としての教授連合を作ろうとしたの。で，なぜかつぶれるんですよね。参加しない。

　渡邉：なぜなんですか？

羽田：やっぱりなんだろうね，大学を超えてものを考えるのが難しいからじゃないですかね。

渡邉：たしかに，それは自分の専門の哲学系の学会でも感じることはあります。それに最近は，特に若手について，研究会とか学会とかが乱立して発表機会もたくさんあるので，「一つひとつの学会へのコミットメントが薄くなっている」なんて声も聞きます。そういう意味で変わり目に来ているのかなと。その点はどうですか？

羽田：それはさっき言った，なんでも同じ者だけで群れたがる傾向なのか，そこで新しいものを作ってやっていくのかによるよね。それから，人事のときには，研究会の会報に載るよりは学会の査読論文が尊重されるということもある。利益がだんだん分散化してるから，新しいものを作ろうと思って組織を作るのはいいことだと思うんだけど，それが本当に日本の学問を変えたり高等教育研究を変える力になるかというと，まあ疑問だね。……あ，ごめん，ネガティブな話ばっかり（笑）。

渡邉：そうならざるを得ないようなテーマだとは思うんですけども。

羽田：高等教育でいうとそういうグループは科研なんか取ったりしてさ，科研のお金をもとに集まってワイワイやる人はいるんだけど，持続性がどうなのかが問題ですよね。僕自身はそういうグループにするのが嫌いだから，科研のメンバーは入れ替える。同じ人といつまでもつるまないで，その研究テーマにあわせて新しい人を，と思ってる。そういうふうにして動いてる人はあまりいないんじゃないかな。旧来の，教授を筆頭に押し立ててお金もらってやってる研究が山のようにあるから。若手の動きって何かあるんですか？

二宮：一応は（笑）。すみません，目立たないだけで，若手を集めてこっそりやってます。

羽田：こっそりとでしょ？　だからやっぱり，新しいパラダイムと方法論を主張しないとだめだよね。そういうのが何かエネルギーをもってるとするとさ。たとえば教育史では「教育の社会史」，もう二十数年前だけど一橋大学の中内敏夫さんが提唱したやつね。それから，教育哲学・思想だとフーコーだよね。つまり，フォーマルな学会における研究の，学会ならではの共通メンタリティというかハビトゥスがありますよね。ダイレクトな政策批判ってのはそんなに受けるもんじゃないとか，トレンドが大事とか。

4 政策を批判する

1 ダイレクトな政策批判の可能性の条件

渡邉：ダイレクトな政策批判が受けないというのはどうしてですか？

羽田：それは，高等教育研究自体にとって，最大の利益提供者が結局政府と各大学の執行部だからですよね。就職先で一番大きいのは大学教育センターかな。

二宮：おそらくセンターですね。

羽田：今，100 くらいあると思うんだけどね。100 の組織に二つずつポストがあるとして，200 くらいポストはあることになる。ここでも，センターはみんな特化して，FD〔＝ファカルティ・ディベロップメント〕をやるため，ということになってる。「学術的にいえば，答申の FD はおかしい」となるところが，そんなことを言ってたら FD できないし，どう実現するか，批判するよりはまず現実に役に立つことが求められる，というのが大きいからだと思いますね。

渡邉：両方というわけにはいかないですか？

羽田：いや，いきますよ。いくに決まってる。

二宮：それは当然両方で，かたや括弧つきだけど「役に立つこと」もやるし，かたや批判の視点で政策を精査するという，それは別に矛盾するわけではないです。

渡邉：であれば，高等教育の学会でセンター所属の人が政策に批判的な議論をすることもあってよさそうですが。

羽田：僕も結構批判的なことたくさん言ってるけどね。やっぱり，年取らないとなかなかやらないじゃない。若手の人，特に任期つきでいる場合には尻込みするでしょう？　だって，中教審答申を批判したって，答申を忠実に実行しようとする大学執行部がいるわけだから，そう簡単に言えない。ちょっと言いたいこと言いすぎたために任期更新されなかった人も知ってるしね。それはみんな慎重になります。

今一番，高等教育で問題なのは……，そういうふうに個別のミッションで，「あなたは IR〔＝インスティテューショナル・リサーチ〕のため」とか位置づけられてない，それなりに自由なポジションにいる人の居場所が必要なわけですよね。仮に任期がついていても，研究業績で認められていけば武器になるけれども，いくらいい研究をしても，「あいつは理屈ばかり言って全然うちの大学のために役に立ってない」とかだったら任期更新はありえない，という世界にいる限り，なかなか研究はバランスよく発展しないから。しかし特に，高等教育講座がとにかくないんです。高等教育の大学院は今，日本に四つしかない。広島大学の高等教育開発専攻と，京都大学は協力

講座だよね。名古屋大学の協力講座と，あと東大の大学経営・政策コース。ほかには「高等教育」の名前を冠して学生を集めて訓練する場所はないんじゃない？　しかし高等教育の講座があっても，その人限りのポストなの。そうすると，いくらたくさんお弟子さんを育成しようが，そこには就職させられないでしょ。だから就職市場が，研究と教育と社会貢献をバランスよくやるという従来の学科・学部じゃないというのは非常に大きい問題がある。学部がそもそもそういう状況ということは，学部教育でしっかりと高等教育の基礎をやるという環境になってないわけですよね。

　で「批判」って話に戻れば，これは難しい。あるテーゼについて「これがおかしい」というのを並べるのは簡単で，それは批判とは言わないよね。「本来この現象を説明するためには，こういうアプローチじゃなくてこっちのほうがいい」って言わなきゃいけない。「こっちのほうがダメ」って言うのは簡単だけど，「こっちのほうがいい」ってことで批判するためには凄まじく研究しないといけないでしょ。これは，実践部分でいろいろ頑張らなければならないポジションにあって，しかも学部までの教育でほとんど高等教育の知識がない人には至難の業ね。

　渡邉：大学院レベルで高等教育の講座がもうちょっとあったほうがいいというのはそうかもしれないと思うんですけど，それが教育学部の枠内で，高等教育論専攻として位置づけられるとなると，異分野からはちょっと留保をつけたい気もします。

　羽田：あって「も」いい（笑）。

　渡邉：外からみると，どうも教育学というのは内にいろんな分野があるせいで，内向きというか，閉じてる感じがしてしまう。学部間の力関係も関係してるのかもしれませんが。

　羽田：高等教育の問題は，教育学の問題の一部なんで，非常に類似してるところがあるんですね。

　教育学の一番の大きな問題は，教科内容と教育方法について十分な研究――教科教育学――をできる人がいないことなんです。授業研究についても，教育方法学というポストはあるけれども，そこでやるとジェネリックな部分しかできないのね。数学教育と物理学とか歴史学の教育とかはまた違うだろうけど，日本の教育学部の規模が小さすぎて，そこの研究者が育たない。僕が出た北海道大はわりと真面目に取り組んでいたところで，教育方法学の院生を育てるとき，最低マスターレベルまでは他分野の，工学なり数学なりをきちんと勉強しないと次やれないというので，まずそっちのほうを勉強させる。ドクターになってから教育方法学をやらせる。それができるのは広島大学くらいですよね。あそこは教科教育学のコースがあるん

です。200 人くらいの規模で，英語教育とか全部の領域をもってて。ただし高校教育が対象なんです。それを大学までやれれば，たとえば歴史教育をどう教えるかという学問だったらなんとなくみんな接点がもてるじゃないですか。そこがないので取っ付きにくいというか，入りにくい。これ難しいよね。欠陥があるとわかってるからやろうとするんだけど，教育学の人たちは，「それをやられると歴史学の人に取られちゃうんじゃないか」とかさ（一同笑）。

　でも結局は，センサーの問題よ。新しいことをやろうとしたらさ，なんでも敷居があるに決まってるんです。そこを越えるためにどれだけ新しい知識をインストールするか。OS 部分にそれがなかったらだめだけどさ。僕の OS 部分は，教育行政学から教育史に転換した人間だから，福島大学に行って教育原理の授業をやるので，心理学から何からピアジェとか諸々読んで「うう〜んっ！」って数年苦闘したんだけどさ。だいたい教育に関することはどこかにあるのよ，インストールするポッチがね。ここをもう少し膨らませて，あの学会に行ってやるんだ，とかね。だから敷居を越えようと思ったら，エネルギーをためて，それに関連する自分の知識をコアにして，数年間情報を蓄積しないと敷居は越えられない。

　渡邉：個々の研究者の問題としてそれはわかるんですが……。

2　異分野からの参入：歴史学から

　渡邉：教育系の諸学だけでなく，1980 年代に撤退したとされる異分野の参入についてはどうですか？　あるんだったらそれに越したことはない，というぐらいですか？

　羽田：かろうじて接点があるのは，科学社会学，科学史かな。ただそれは学会員の中に両方を兼ねている人——塚原修一さんとか小林信一さん——がいるので接点がある。だから，その人たちが世代交代したらますます閉鎖的になっていくんじゃない？　つまり，さっき言ったセンター中心の人たち，その次世代の人たちは三つも四つも学会に入る必然性がない。しかも教育学とか教育史とか，そういう基礎的な学問もご本人の関心が強くない限りは入らなくていいわけだし。その代わり，「IR なんとか」とかできればそっちに行くしね。なので，かろうじて高等教育学会がもってる周辺領域との接点が，世代が変われば失われていく方向に走るんじゃないか——何かがないとね。

　渡邉：崎山さんは，大学改革とか高等教育のことを始めて何年くらいになりますか？

崎山：私は大学院を出て，就職したのは2008年。で，いわゆる「大学院GP〔＝大学院教育改革プログラム〕」っていうので雇われて，最初の仕事が「GPというのに採択されて雇ったけど，GPって何やっていいかわからないから調べて，プログラムを動かして」ということを言われて，3か月くらいはひたすら文科省から出てる政策文書を読み続けるってものでしたね。歴史学をやってたので文書を読むことはできるので（笑）。

羽田：ああ，いい仕事だよ。歴史学やってれば銀行でも勤められます（笑）。

崎山：この人たちが何を意図して，何を中教審答申から引き出してこようとしてるのか。10年くらい遡って「こういうことがあって，だからこういうことが必要で」というのを見ていくなかで，「なんでこんなことやらされるんだろう？」というのが問題意識になった。だからそこからですね。それで，2011年に歴史学のほうの雑誌に若手研究者問題について書いた。なぜみんなこの問題を指摘しないんだろう，とか，なぜこの問題に取り組まないのかってことを書いて，歴史学の学会として研究者問題を扱ってくれと言ったら，その問題提起になる文章を書けって言われて，文章を書いたら査読意見が返ってきて——「こことここ，新自由主義批判が足りない」とかって（一同笑）。

羽田：それは『歴史学研究』？

崎山：そうです。それでそこから，若手研究者問題を大学行政の改革の文脈で考えよう，というところから始めていろいろと。だから，10年くらいになりますね。

渡邉：どう折り合いつけられてますか？　歴史学の研究と高等教育のことと。

崎山：単純に歴史学の文脈に落とし込むと，近代において，そもそも大学って「改革をやれ」と言われ続けて，百何十年ずっとやってきた。それによってディシプリンがどんどん発達してきたという面があって，それぞれの学問領域の人が「本来学問とはこうあるべき」という前提でものを言うけれども，それは全部，国家と大学の間の緊張関係，力学によって成立しているもので，それを「大前提」としてかかげるのは本質的に間違っているんじゃないか。それがなければほとんどの学問領域が成立していないわけです。だから改革は学問においては常態であって，そのなかで誰に向かって何をするのかということだけを現場の教師としては考えればいい。学生さんに対して何が提供できるか，よりよいものを目指すというのがある。それは，教師というレベルとしてはそれでよくて，もう一つ，大学人としてはどうするかというと，それをどうやって制度的により楽にしていくかということを前提に考えればいいだけ。で，それとは別に大学全体として，もしくはアカデミア全体とし

てどうするか。これはボトムアップで上がってきた理想を前提に対抗的な言説を吐くしかないのかな，という。そういう3段階くらいでみてます。

　だから，歴史学とどう折り合いをつけるかというのは，前提となる部分を歴史学的な部分からもってきて，自分の中で立ち位置を決めてる，それくらいです。でも，ずっと見てて安定していた時期がない，大学が。

3　「大学改革」と中教審の下請け化

　羽田：今の「改革」は，1991年，いわゆる「大綱化」以降なんだよね。これは明らかに，第二次ベビーブーマーが通り過ぎたあと，どうやってそれを計画的に調整するかというビジョンが明確じゃなかったもんだから，そういう美名のもとに大学のほうに全部ぶん投げた。その結果，規制緩和がどんどん進んでいろいろ問題がある大学が出てきたんで，もっと取り締まることにした。1998年答申〔＝大学審議会「21世紀の大学像と今後の改革方策について（答申）」〕だよね。日本の答申で「自分たちの政策は間違ってた」というのは珍しい，唯一だと思う。で，そこでやったのは機能分化で，金ばらまいて緩やかに分化させていくというのでGPをやったんだよね。ほんとはGP取ったら，取った人が「あれやれ，これやれ」って言わなきゃいけないのに，GPで雇用した人に考えさせるって破廉恥なところが問題なんだよね。で，第三段階はやっぱり民主党と安倍政権ですよね。内閣府主導で全部もの決めて，中教審も文科省も全部下請けになった。ここであらゆる主張が通らなくなる。そういう改革をするために，ガバナンス改革で学長集権型にするでしょ。だからもう我々の手の及ばないところで動いてるという，それは必然なんだよね。

　二宮：中教審が下請け化したというのは他でもよくみるんですけど，先生もそのご認識ですか？

　羽田：もちろん。だいぶ前から言ってますよ。中教審が下請けになったのは民主党政権のあたりからかな，2011年からとして，もう8年くらい。現にいろんな内閣府の官僚が，「文科省はもう考えなくていい，我々の言ったことだけやればいい」と言うのが耳に入ってくる。

　二宮：一応，中教審の高等教育関連の部会などでは高等教育研究者も何人か入られて発言もされてるようですけど，力が及ばない感じですか？

　羽田：文科省なり内閣府なりがどう言おうが，中にいる人たちが何か学問的知見で変えたという形跡がほとんどないじゃないですか。たとえば今，国立大学にとって「アンブレラ方式」ってポイントで，文科省高等教育局長裁定で検討会――今統

合を考えてる大学の関係者を呼んで話を聞く秘密会——があるんですよ。ということは，あの答申〔中教審 2018 年答申〕自体が，統合したい大学があるからそのために出した提案ってことになりますよね。でもそれは個別利益で，統合したい大学のための制度が本当に日本全体によいかは不明なわけで，個別利益をそのまま公共的な答申に書き込むってきわめて異常な時代だと思っているんですよ。

　それからガバナンス改革のときも，審議録も全部公開されてるから全部読んで，辞めた学長を二人くらい呼んで話聞いたことがあるんだけど，それも秘密会なんですよ。アメリカの大学運営なんかみてると，基本シェアド・ガバナンスだよね。日本みたいな教授会で全部権限をもってますというのは聞いてる限りないんだけど，やはり教員が——場合によっては学生も——何らかの形で運営に参加するというのはアメリカの常識，アメリカの伝統だ，って AGB〔= The Association of Governing Boards of Universities and Colleges〕という大学理事会の団体もちゃんと文書に書いてる。でも一切載せませんね，議事録にも載せないし，資料も出てこない。

　だから最近も厚労省のデータ隠しとか問題になってるけど，文科省も負けてませんよ。自分の都合のいいデータしか出さない。それを高等教育研究者は知ってるはずだけど，一言も口を開いてくれない。驚くべきことです。それは敷居が高いかもしれません。そういう人が中心メンバーなんだから，「お上を批判する学問ってのはあんまりよろしくないんじゃないの？」みたいなふうになるよね。

4　敷居を越えるには：研究テーマの選び方
　羽田：だからね，「敷居が高い」なんて言ってる場合じゃない。これはあえて意識的に作られた敷居なんだよね。我々は研究者だから，学術としてどういうふうにこの問題を分析できるのか。個々の政策ももちろん研究課題なんだけど，こういう政策意思決定の過程自体の変容も重要な研究課題だと思うんですよ。
　渡邉：今それを高等教育の専門の方たちに「お任せしてる」という状態ですよね。
　羽田：いや，それはお任せしてるってのは……誰でも書く権利があると思いますよ。
　渡邉：そこの敷居をどうやったら取っ払えるか？
　羽田：それは，お任せしない人が頑張って研究するしかない。『大学の組織とガバナンス』（東信堂，2019 年）って本の中に一章新しく書いたから——第 3 期中期目標計画に沿ってどういうふうに政策が展開していったか，特に民主党政権が始め

た内閣府・官邸主導型の政策決定が安倍内閣でも持続して，より構造的に強化されて，たとえば，人文社会科学系の改組の問題もその流れのなかで一応評価機関も全部通ってやってるんだよね──，そういうプロセスがどうなってるかというのを書いたんで，見てみてください。

　だから，結局，敷居高くしてるのは渡邉さんじゃないの？

　渡邉：いや，高等教育という分野に限らず，それぞれの分野で同じことはあると思うんですけど，大学での学問の研究成果ってのが，全然メディアとか社会にまでつながっていかない，広がっていかないという問題もありますよね。

　羽田：まあそれは，『中央公論』とか『世界』のような総合雑誌が衰退してさ。なんとか……。

　二宮：『WiLL』……『正論』とか『Wedge』。

　羽田：そんなのが平積みになってて，『中央公論』と『世界』が一冊しかないとか，そういうのもあるよね。でも，そんなのはいいんですよ。

　渡邉：いいんですか？

　羽田：いいんですよ。だって，研究者が世界変えられないもん。僕らがやるのは，きちんとした研究をして，それを人類の歴史としてちゃんと書いて，20年後に大学が全部崩壊して荒れ果てた地上で誰かが本を持って，「今のこと書いてた」とかさ，そういうのが研究者の望みであって（笑），現実を変えようなんて思うとそんな簡単じゃないですからね。研究がまず大事だと思う。

　渡邉：でも同時にもう片方の面で，研究者は教育者でもあって，バトンは渡していくわけですよね。その部分で，必ずしも研究者になるわけではない人に教育のバトンをどう渡すか，たとえば官僚になる人たちに何を伝えるか，というのも課題だと思うんですけど？

　羽田：それにはそういう研究をしなきゃいけない。現代社会をどう人間が生きるか。現にヨーロッパであれだけ高い理念をもって EU 統一しながら，「礫岩国家」という言い方もあるけど，国民国家の中でも個別利害が拡散してる。ドイツの中で地域政党的なのができて，それはナチスに近いとか，そういう現象がある。日本みたいにボケーっとして，選挙権与えられてるのに民主主義も市民としてどう生きるかも考えず，就職先だけ考えてたら国は崩壊しますよね。スマホばっかりやってたら。だから，そういう教育研究をする。政策をどうするかはそれでやったらいいけども，むしろ自分のもっている専門性，ビジョンのなかで「若い世代の再生産」という教育の，大学教員の役目から考えたときに，どういうテーマが描けるか，それに

高等教育が使えれば使えばいいし，使えなきゃ使わない。欠陥があれば，空いてるところが問題だって言えばいい。お魚が空飛ぶ必要はないし，獣が水の中を泳ぐ必要はない。僕は教育行政から始めて，広島大学に行ってガバナンス研究やって，東北大学に来たら実際マネジメントしなきゃいけなくて。その線に沿ってずっと研究やってきて，軸になるところがありながら，広げてやっていってるつもりでさ，全く違うところでいきなり飛び込もうとは考えない。まあもうちょっと若いときだったら，学生時代まで戻れれば文系じゃなくて理工系いったほうが楽しいとは思うけど（笑）。結局，研究テーマの選び方だと思う，渡邉さんの個人の悩みでいけばね。

　渡邉：お悩み相談してるつもりはないんですが……（笑）。

5　教養教育の再生と専門分化

1　前提としての教養教育：その専門家集団と "Across the Curriculum"

　渡邉：いまおっしゃった点については，『グローバル社会における高度教養教育を求めて』（東北大学出版会，2018 年）の中で具体的に提案されてましたよね。「今後，教養教育を再生していくとすれば，次のようなことが重要である」として，五つ挙げられています。

　5-1.　専門教育による能力育成を超えた視点を大学教育論として持つこと
　5-2.　教養教育の在り方を探求する専門家集団を持つこと
　5-3.　大学教育の在り方を（狭い意味での）高等教育研究者だけに任せないこと
　5-4.　育成する教養と科目とを直接対応させない Across the Curriculum を開発すること
　5-5.　正課教育・非正課教育の区分を超え，学生に豊かな経験を与えること

（同書 65–66 頁）

　さらに踏み込んでお聞きしたいところがいろいろあるんですけど，「5-2.　教養教育の在り方を探求する専門家集団」，これはどういうイメージですか？

　羽田：今はいない，というのをそういう表現で言っただけ（笑）。

　渡邉：「いなくなった」ってことでもなくて？

　羽田：いなくなった……のかなぁ。一般教育学会という名称を外して大学教育学会になって，今は「コンピテンシー」でしょう。コンピテンシーって抽象化され

たスキルだから，それだけ取り出すと，実は専門教育でもできるって主張になるん
だよね。「どんな文化・知識を身につけるのか」という視点がないところで教養教
育を論じるとそういう現象になる。問題なのは，専門教育中心の大学教育であって，
なんでも自分の専門のジャーゴンで解こうとするんだよ。解けないはずのものまで
解いちゃってさ。それがすごく恐ろしい傾向だね。やっぱり「人間とは何か」とか
「社会とは何か」とか，それについてきっちり学生が学んで，自分の中で世界観を作
るというのを教養教育の機会とするべきなんだけど，今のところは，大学教育学会
でもそういう議論にならないよね。

崎山：大学教育学会でやってるのは，スキルを入れ込んだ形で教養教育をどう作
るかという話……。

羽田：それは，僕も「STEM」って言いだした最初の一人なんだけど，アメリカ
は Science と Technology と Engineering と Mathematics で括って，それが国力に
も影響するって話をしてるけど，日本ではあまり重視されてない。アメリカの場合，
小中高からそれを強化してるから，日本でもその流れに乗ってやりたいわけだけど
さ，アーツなしに従来の理数系強化だけだと，それも問題がある。「数学ってなんで
学ぶといいの？」とか説明なしでしょ。

崎山：それに，「これらの科目が必要だ」という話をしてしまうと，「じゃあ自然
科学系何単位，社会科学系何単位」みたいな昔の，「大綱化」前の状態に戻ってし
まう。それを通じて何を学ぶのか，それを STEM 科目とどう紐づけするのかの議
論なしに全体で議論するのはあまり意味がないと思うけど，じゃあ専門科目とどう
結びつけるかって話になった瞬間に，それぞれの学部が，とか，それぞれの大学が，
とか……。

羽田：そう，分解していくでしょ。

崎山：それで，どういうスタンスで，何をどこまで一般教育でやって，どこから
が専門科目で……といった役割分担を前提に議論しなきゃいけなくなって，なかな
か全体として議論がやりづらいんだろうと思います。

羽田：他方，"Across the Curriculum" と書いたのは，たとえば citizenship って
いうのは特定の学問で citizenship を育成するんじゃなくて，政治学でも「市民性と
は何か」とか「近代の民主主義とは何か」とかあるけど，社会学でも「市民性はど
う育つか」とか可能でしょ？ "Across the Curriculum" というのは，一つのテーゼ
を一つの科目に入れ込まないということ——たとえば社会学だって，統計分析をど
うするかとか数学的能力を使うわけよ。数学だけ学んでいれば，数的処理能力が上

がるわけではないでしょ。現実には，我々はほかの知識とか能力と合わせて数学を使うわけだから，「科目を超えてどういう知識なり能力を身につけるか」という発想が "Across the Curriculum" なんですよ。

渡邉：で，そういう発想をするのが，専門家集団ですか？

羽田：専門家じゃなくてもいいんだけどね。そうやって科目横断的に話すには相当腕力が要るよね。それこそ学問の構造をよく理解したうえで。

二宮：それは今いわれてる「カリキュラムコーディネーター」ともまた違いますか？

羽田：いや，カリキュラムコーディネーターがやってくれればいいんだけど，どんな人がカリキュラムコーディネーターやるんだろうね？　職員の延長？　不可能に決まってるよね。

渡邉：そこが不可能だとしたら誰が……。

羽田：それは……あなた市民性に関心ある？

渡邉：あります。

羽田：それだったら，citizenship について，とりあえずあなたの大学の人文社会系科目のシラバスを手に入れてみよう。で，そのシラバスをもっと細かく見る。15回の授業が「市民性を育てる」という点でどうなっているのか，他の科目と結びつけたらこうやったら視野が広がるんじゃないかとか，そういう citizenship の構造的理解がまず要るよね。今問題になってるのは national な citizenship じゃなくて global な citizenship だから，世界市民，ヨーロッパ市民とかも含めて考えてみる。それで市民の上は national じゃなくて regional に，地域社会でどう生きるかとか考えて，そこから地域から汎国家，世界までつながる，そういう citizenship を措定して，どこにどういう知識と要素があるか，というのをやってみる。次に，その科目で，「先生，社会学にこれは入りませんか」とかいうふうにやっていくわけだ。

渡邉：それは切実な課題なんですよね，個人的にも。担当している初年次ゼミの学生たちが警察官志望で，そういう学生たちにも市民性の意識はもってもらわないと困るので。

羽田：だったらやっぱり，戦前の「オイコラ警察」から警察機能も変わる，その警察行政の変容みたいなのをまず研究しなきゃいかん。

渡邉：「やりたいな，やらなきゃな」という思いはあります。たしかに誰かが「ハイハイ」ってやり始めるのも必要だと思うんです。ただ，先生も専門家「集団」とあえてお書きになっているのには，個人で勝手にやるだけでなく，集団としての取

り組みが必要である，ということではないですか？

　羽田：それで，大学教育学会が「俺たちがその「集団」なんだ」と思ってやってくれればいいんだけどね。でも別に，組織とか学会とかじゃなくていいんじゃないですかね。大学の中でそういう問題関心をもった人たちが集まって議論するのでもいいんだと思うよ。

　渡邉：研究会とか科研プロジェクトとかですか？　それは持続的な力になりますかね？

　羽田：まあ，とにかく3年続けたら，次4年目があるかもしれないね。始めないのに続くかはわからない。価値があれば続く，価値がなければ続かない。高等教育研究者以外の人たちが自分たちの現場から発想して，必要なことを学会に頼むんじゃなくて，自分たちでやってみる。学者なんだからさ。そういうのが大事だと思うよ。

2　高等教育研究者⇔非高等教育研究者

　渡邉：なんかお見合い状態になっているのかな，という感じもしますね。私のような非高等教育研究者からすれば，ぜひ高等教育研究者に出てきてほしいとまず思いますし，先生のお話だと非高等教育研究者の方こそ出てこいというような……。

　羽田：それは，学会に入んなくてもいいんだよ。活字にして発信すれば学術世界では全部共有されるからさ。

　渡邉：活字にして発信すれば……あまりそんな感じはしないんですけど。それぞれの分野のものを読むのが中心で，異分野のものを読む人はそんなにいないんじゃ？

　羽田：そんなにいなくても，一人でいいんだ。やっぱり，それぞれの学会でカリスマなりアイドルなりがいるから，誰誰先生の言うことを差し置いて「誰誰先生の……」というのは言ってはいけないなと思う。でも，そう思わない人もいるじゃない。学術のよさはそこで，それを打ち破るだけの内容を出せばいいんですよ。でも，たぶん高等教育研究者，学会の多数はそうは思ってないと思う。入ってきてほしいとは思ってない。うまくいってると思ってる。うまくいってないと思う人は個人でやる。それでいいの。学会お墨付きの見解なんて有害なだけだから。自然科学とは違って，文系の学問は。

　だから「敷居がある」って言われるけど，実は高等教育も含めて，本来，社会にあるシステムは全部連携してるから，閉じていない。「閉じていない」という問題と，

「学会を名乗る以上はこれで完結してるんだ」って言いたいという，組織形態と対象のズレがあらゆる分野に存在する。これをどう乗り越えていくのか。乗り越える前には共有しなくちゃいけない。そこの共有の仕方が足りない。このなかでもなんとなく今日，共有されてないかもしれないけど。

渡邉：どういう場があればいいんですかね？

羽田：まあ，僕は書くことから始めちゃうんだけど……それぞれの関係する学会でどういうふうに方法論を問い直すかという集まりをやるとか。特に若いときに身につけないと，40歳を過ぎたらもうどうでもいいと思うんじゃない？　そういう議論をするよりは本を書いちゃったほうが早いとかさ。

二宮：そもそも高等教育研究に若手がそんなには参入しない。みなさん，特に若手が高等教育を研究しようと思います？

羽田：あれ，あなたは研究してるんじゃないの？

二宮：流れです（笑）。そもそも楽しいですかね，高等教育を研究して？

渡邉：うっすらとした関心は誰しもあると思いますけど，研究までもっていこうとは，よっぽどきっかけとかがないと思いませんよね。

羽田：『反「大学改革」論』を書いてるじゃない。

渡邉：きっかけがあったからですね（笑）。でもきっかけがあっても，それを持続してやるかというと，また別の話かなという感じがして。

羽田：でもね，みんな何かの学問——たとえば歴史学をやるじゃない。で，さっき崎山さんが言ったのはその通りで，歴史学だって本質的には，近代国家とともにできた近代歴史学だよね。やっぱり国民国家の学問に近代学問は全部——地理学なんか典型だし——すり替わってできたんだよね。そういうのを考えていくと，自分たちの学問，歴史学でも法律学でも，あるテーマをその分野でもってどんどん再生産していくものだけど，「この学問のもってる言語の論理って何だろう」って問い詰めていけば，結局，近代学問を輸入した日本の近代化，大学の形によって学問の形が決まっているというところに行きつくはず。それはその時点では，教員自治とか教授会のあり方ってことを離れて，学問の制度化として大学を研究するという，すべての大学の研究者が共通でもてる問題意識なのじゃないでしょうか。

ただし，みんながもつとは限らない。ちまちまと論文を生産するのが好きな人は，「こんなことやってたら2年にいっぺんしか書けないからやらない」ってなる。でも，その問題意識は共有できるはず。だから，自分の存在領域から照らして大学をどうみるかという形は考えられる。でも，高等教育研究者が考えたパラダイムに全

部引っ張られてるんですよね。

　渡邉：二極化してるのかな，という印象もありますね。若手のなかで，「パンの問題」と結びついて，なんとかしなきゃという意識は一方で強まってて，哲学の分野でも哲学教育なんかに今さらながらすごく関心が向いてきたのはまずはそこだと思います。で，もう一方に，ベテランの先生がリタイアした後，歴史を振り返りつつ警鐘を鳴らすというのがあって，その間がない。それは，専門の研究を濃密にやろうと思ったら，とてもじゃないけど手が回らないということだと思うんですけど。

3　専門分化の弊害／教養教育の必要性

　羽田：やっぱり育ち方が悪いよね，日本の大学人って。

　二宮：もう一声お願いします（笑）。

　羽田：早いうちから専門分化して，自分のテーマでやるんじゃなくて，先生のやってるテーマをよりよく解く——これを優秀さと見なすと。で，「なぜこうなってるの？」と疑問をもつと研究できないけど，そういう疑問がなくても一応，安定したシステム，ノーマルサイエンスだと解けるでしょ。そっちのほうが評価されていくので，結局，知識の幅は横に広がらないで，狭いところでどんどんやっていける。そういう意味では優秀は優秀だから，いろんな問題を説明しちゃう。だけど，そこから落ちる問題はほとんど視野に入らない。こういうタイプの研究者が非常に多いなと思う。

　崎山：それは「大綱化」以降の教養教育が失敗したという理解でよろしいでしょうか？　というのも，「大綱化」以降，教養部が解体されて……。

　羽田：いや，教育のせいじゃないと思う。僕は「大綱化」よりはるか前の学生だけど，僕の受けた教育なんてろくなもんじゃないですよ。一般教育の生物学の授業なんか5，6人で持ち回りでやって，延々とセルロースの化学式を説明するんだよ，生物学なのに。そりゃセルロースは生物学だけどさ，生物って個体だろう？　個体を説明しないで，植物の一要素で説明して植物の特性とかいうんだけど，こっちは植物でも「植物にも心はあるのか？」とかそういうのを聞きたい。だからもう，うんざりして授業取らなくて赤点取ったんだよ（笑）。

　二宮：そうすると，「大綱化」以降の教養教育や大学教育はよくなったと？

　羽田：いや，そう単純に言わないで。全然そういうのじゃなくて，僕が言いたいのは要するに雰囲気なんだよ。だって，僕のいた頃の北大だって「こんな教育下らんなあ」って言って教員がやってるわけ。あれが一般教育と思ってる人はごく稀

で——ただ憲法と心理学はよかったね，やっぱり社会全体を説明する原理がある——，あとの人たちは，もうただ決まったからやるみたいな話。で，それは逆に言えば，「大事なことは別にあるんだよ」というメッセージ，「大事なことを自分で勉強するのであれば出席も取らないし，出したレポートもそれなりに頑張れば優はやらんが良はやるぞ」というメッセージが大学に満ちていた。

二宮：でもそれは「大学はなんでもあり」みたいな感じになりませんか？　「人は何でも学べるんだ」と。

羽田：そうそうそう，学べる。僕は 8 年半，寮生だったんだけど，教育について関心があったから寮の中で戦後教育研究会ってのを作って，自分たちで「能力主義教育はなぜ起きたのか」とかそういう勉強をして大いに深まった。だから学部に行くときも教育行政講座に行った。

大事なのは，大学教員が発するメッセージと雰囲気だと思うんですよね。これは全部の大学に適合するとはいわないけど，少なくとも大学教員を輩出する大学院があるところではそういう知的雰囲気のもとに学生は育ってきて，「お前たちは受験勉強をしてきて頭が固くなってる，だめだ，あんな詰め込みじゃ。だけどそれを大学で変えるほど私たちは暇じゃない。学生は学生で学びなさい。だから一般教育は手抜いてもいいよ！」というメッセージが日本中の大学に満ちてたんです。僕らのいた 1970 年代くらいはね。その雰囲気のなかで学生運動やるのもいいし，バイトに行くのもいいし，自分で勉強するのもいい。で，学部に二年生の後期くらいに行けば，そこで過去の勉強のスタイルを全部捨てて，勉強して，それで知識が足りないということはない。

ところが「大綱化」あたりは，「一般教育そのものもなくていい」という，しかも「専門で頑張ればいい」というメッセージになるでしょう。専門で早いときからやると，高校時代の延長のような，ああいう刻苦勉励型の学問スタイルをそのまま維持しながらでも専門に移行できてしまう。その結果，他のことに目がなくたって教師は評価する。一般教育の意味というのは，理系であっても「本当は，お前は文系を勉強しなきゃいけないんだよ」というメッセージにあった。みんなそのメッセージを受け取っていた。それが「大綱化」以降は弱くなって，場合によっては「専門教育のなかにも教養的要素がある」という話になるでしょ？　そういう，「大学は何であるべきか，どういう人間になるべきか」という暗黙のメッセージのもとに一般教育が成り立っていて，制度としてはしっかりした教育ではないのかもしれないけれど，そのメッセージが満ち溢れてるってことが大事だった，というのが僕の言ってることです。

6　プレ FD のなかの教養教育

1　一般教育・教養教育の実践

渡邉：その点，ご所属先での経験に即してもう少し展開していただけませんか？

羽田：一番早く一般教育について書いたのはですね，なんでしょう……。総合科目もやってたんだよね，これは 1990 年。でももっと前に，福島大学に就職したときに，大学教育って何なのかわかんないから，「教員養成課程の改善方策に関する調査研究」というのをお金取ってやったのが 1983 年ですね。そのときに学生の学び方とか，今でいう学生調査を悉皆調査に近い形でやってさ。

二宮：そもそも学生調査をその時代に，すごいですね。

羽田：そうやって学生生活の調査を，福島にいるときにいくつかやって……最初はこれだ，「一般教育の履修状況に関する調査報告書」。これを 1992 年に書いてるんです。

渡邉：当時，教養部問題が大変だったと聞きますが……？

羽田：福島大学は経済学部と教育学部だけで，俗称 "EE 大学" だった。一般教育担当組織は本来は学芸学部なんですよ。学芸学部に一般教育担当教員がはりついてた。ところがそうなると，教育学部だけ数が多くなる。そうすると経済学部が嫌がって，ある時期から「経済も一般教育をやるから，教員ポストをよこせ」という話になった。そのやり取りのなかで一般教育担当ポストをはきだして経済につけたのと，一般教育主事を兼任する人を作って，そこで運営してる。だから教養部なんかないですよ。教養部があることが珍しい。

広島大学は総合科学部ができたから，あそこが教養教育をやってたけど，僕が移った当時は「大綱化」の後だったんで，「教養部組織じゃなくても教養教育をやるから，その代わり全学にポストをはきだせ」というのが広島大学の中の争いだった。

で，三つ目のところは教養部がなくなってズタズタに崩壊した東北大学高等教育開発推進センター〔注：現在は，高度教養教育・学生支援機構〕です。これは 60 人定員がいたけど，うち 40 人くらいがいわゆる学内流用定員。固有の定員は 20 人くらいしかない。流用定員だから昇進なし，講師だったら一生講師どまり。しかも語学関係は全部任期つきでね。教養教育のことを言おうにも，教授でもって日本人というのは歴史学の人と自然科学実験やってる人，二人しかいない。こんなんで教養教育のこと，言いようがないよね。それに論を言ったからって，「そうだ」って組織が変わるわけじゃない。だから，僕は着任してから組織の評判をあげるために，ま

ず FD をきちんとやる。これは特別経費を取って，大学教員を目指す大学院向けの
プログラム〔PFFP：Preparing Future Faculty Program〕を始めた。それから教
育関係共同拠点の認定を取って広げて，そうすると評判があがってくる。で，「教養
教育も大事だ」って話を 2011 年くらいから始めて……。

　渡邉：その成果が先ほどの『グローバル社会における高度教養教育を求めて』とい
うわけですね。ところで，PFFP をやるときに教養教育の話も若手にされますか？

　羽田：あの現状をみたときに，教養教育について議論してもどうしようもないん
だよね。だって誰が実現するかっていったら，学部の教員なわけだよね。やるはず
がないんですよ。

　渡邉：じゃなくて，その PFFP の受講生に対してです。その人たちが先々，就職
先で教養教育担当者になるってことは大いにあると思うんですね。実際，私も教養
部が残ってる数少ない大学〔注：インタビュー時点〕にいて，たまたま世代交替の
時期で若手がいっぱいいるんですけど，みんなそれぞれ専門の研究者だと思って来
てるんで，「あなたは教養教育を担当するんですよ」って言われても，どうしていい
かわからない。それ以前に「教養部って何？」って話で。そういう意味では，プレ
FD の中で教養教育の話を扱ってほしい気もするんですが。

2　プレ FD と教養教育（論）

　羽田：プレ FD にあたる部分は授業参観と模擬授業かな。これは力を入れてる。
だけど，そもそも PFFP へ来る人は教養教育のポストに就職しないんじゃないの
かな。授業の一つとしてやることはあっても，経済学なり生物学なりで就職するん
じゃないの。そっちの関心が高いわけで，あとはつつがなく授業をやるってのは共
通するわけだよね。それはさっき言った二つで補って，教養教育について，特に僕
は何か言おうとは全然考えなかった。

　渡邉：先祖返りみたいに，「教養教育が大事」とか「一般教育が大事」とかいう若
手・中堅は出てくるにしても，先に進めば進むほど，そこへの関心が薄い層がどん
どん増えていく，という流れだと思うんです。

　羽田：もともと 1 年間のプログラムといっても，4 月に募集して，6 月から始めて
2 月くらいまでやるなかで，時間が限られてる。そうすると優先順位がある。授業
だけじゃなくて，ライフステージをどう組むかとかね。そういうなかで教養教育の
話が入ると，院生は来ないかもしれない。だからそれはプラクティカルな問題。理
想に燃えてやらないの（一同笑）。お客様，コンシューマーに合わせてセットするの

が正しいやり方であってね。

　教養教育を本当にやるというのは，東北大のセンターが高度教養教育・学生支援機構に変わって，でも今までの経緯をみてもあまりに理論武装がないから，僕は構成員に理論武装を与えるために 4 年間の科研費を取って，僕の退職で終わるように設定した。そこにいる人と学外の高等教育研究者がマージしながら「教養教育とは何か」って考える機会になって，学内の教員にとって少しでもリアリティが増せばいいな，と。そのために作った科研であって，そのための本なの。で，関係する人を全国から呼んで，「東北大の教養教育はすごい，すごく考えてるんじゃないか！」と思わせる（笑）。組織を背負ってやるというのはそれが目的であって，プラクティカルなものであってさ，そういう研究は個人で，学会でやればいい。

　僕は PFFP をやるときは現実のニーズを考えてる。なぜ PFFP をやったかっていったら，学内に FD の雰囲気を作りたいから。東北大学のような研究大学の先生に，FD の必要性を訴えたらプライドが傷つくわけでしょ。だけど，教え子が行くというのであれば彼らも喜ぶんですよ。だから，教え子を人質にとるためにやったようなもんだ（笑）。だけど，おかげで部局回りするとき，部局長に「我々はしっかりやってる」と宣伝できるわけだよね。そうすると，お金の配分でも，「あそこはがんばってる」って話になるじゃん。

　二宮：少し口を挟ませてください。若手からして，そういう FD に行けって言われるのって抵抗ないですか？　特に関西は盛んだと思うんですけど。せっかく研究したいのに，「若手対象の FD に行け」みたいなことを言われるのは嫌だったりはしないんですかね？

　渡邉：正直，私自身は嫌で行ってません——行けという指導もされませんでしたが。ただ，ちょうど世代の変わり目で，分野的にもポストがない。それで京都大学の場合は，特に文学研究科が「パンの問題」から大胆に舵を切って，センターと共同で作ったプログラムに参加した第一世代がみんなうまく就職できたのが大きかった，という印象ですね。私の出身大学院なんかでは，今はむしろ院生が自主的に始めて，それを研究科の側にオーソライズしてもらおうという動きも出てきてます。

　羽田：東北大学の場合，アドバイザー教員制度もつくったのね。教養教育担当の教員にも入ってもらって。そうすると，その人たちが発するメッセージというのは，専門教育だから専門を深く高くやればいいというんじゃなくて，学生の目線に立ってどうわかりやすくやるか，という話なの。これって教養だろうが専門だろうが全部通用する話で，飲み会とか懇親会とかになって学生の話になったら，「やっぱり

教養大事だよね」とかいう，この雰囲気が一番大事でね。教養教育についての話を30分やったからって，教養教育についての考えが身につくものでもない。そういう関係づくり，そのなかで学生を育てる眼とかが育つもんでね。要するに，一生懸命頑張って作ったのは，まず院生が研究科を超えて話し合う場。どうやって学びあう関係，学生空間，教育空間を作るかだよね。これだけで広い視野が身につくじゃない？　それから，「教育とは何か」ってことを考える。そのときに先輩の先生方が悩んでこんなふうにやって，「ああ，そうなのか」って。その関係が一番 PFFP なんですよ。教養論を教えなくてもいいと思うのは，そういうところがあるから。

米谷：プレ FD，面白いですね。専門で形成された人たちが，学生と向き合って教えあうということで，「それぞれに専門を超えてどうやって話せばいいか」ってことをやるから，最初の段階の教養教育とは別の形の教養教育みたいな……。

羽田：うん，だから実は，教養論が大事というよりも，その人たちも教育を受けてるんだよね。というのは，理系の人もいるし，文系の人もいるから，文系の話をしても理系の人が「いや，ちょっと私は教養の話は……工学部の人間としては目から鱗です」とか，「私だったらこうやります」とかね。それも別な目線をみるわけでしょ。教育ってそうして広がってくものじゃないかな。

で，模擬授業のときは，対象学年が大体 1 年生とか書くわけ。「どんな学生がいますか？」と。で，話してるときに，「ちょっとそれじゃあわからないよ」とか，そういう話をします。院生になっちゃったら，もう専門が身体化してるでしょ。そのときに教養教育とは何か，戦後直後の「米国教育使節団報告書」を参照して一般教育の定義とか書いても，身体化された自分の知をどういうふうに学生に提供するかということと距離がありすぎる。そんなの 1 か月，2 か月かかっても難しいもん。むしろ，学生がいろんな分野から来てる一般教育の場で，自分の知をどういうふうに組み替えてやるかというところからいったほうがアプローチしやすい。4 年間ならともかく，1 年弱でやるんだから，自分でやれることのなかでどういうふうに現実の場と対応させるか。それが一般教育ですよ。

7 FD のあり方と「研究者が変えるもの」

1 センターと FD 担当者の専門性

二宮：ところで，例えば広大の高等教育のセンターについて，重要な機能を果たしていると先生はお考えになりますか？　今つらい状況にあるみたいなことを聞く

ので。

羽田：つらい状況っていったら，38年つらいことばっかり（笑）。

二宮：広島の高等教育センターっていったらやっぱり，日本における高等教育研究を進めてきたセンターですよね。

羽田：アメリカの場合でも，高等教育のデパートメントはそんなに充実してるとは思えない。ただ問題はやはりマネジメントの側で，学生担当部長というのは全部専門職で，高等教育の博士学位がないと採用されないんだよね。高野篤子さんという大正大学の人が『アメリカ大学管理運営職の養成』（東信堂，2012年）で書いてるんだけど，アメリカには200くらい高等教育の講座がある。でも日本には四つしかない。基本的には副学長でも高等教育の知識なしに採用されるでしょ，「大学のことをよく知ってる」というので。つまり，専門性の欠如。高等教育の専門性があることが大学の経営人材として求められていないってことが，また一つ大きいですよね。プラクティカルに求められてはいるんだよ。ただ，そこがなぜ資格や専門性に結びつかないのか？　これが日本の高等教育を弱くしている一つの原因なんですよね。アメリカの博士のコースだと，まず高等教育の歴史とか，基礎をちゃんとやるんだよ。プラクティカルなことばかりやってるわけじゃない。企業から人が入ればうまくいくっていうけど，企業が失敗してるから日本の経済がうまくいってないんだから。誰が「成功してる」って言ってるんでしょうね。

渡邉：その専門性が求められないという点，先生はどうしてだと思われますか？

羽田：丸山眞男さんが何かで書いてたんだけど，日本には専門家を排除する構造があるんだよね。まあ，一種の反知性主義なんじゃないかと思うけど，専門家の知識を真の意味で尊重しない。だから，原発でもなんでもそうじゃないですか，必要なときは使うけど，真の意味でそれを尊敬して使うことはしない。同じ構造がたぶん大学教育にもある。あとは企業の成功，ノウハウに対する異常な信頼感。この二つかな。

渡邉：それを緩和できるような大学関係者の取り組みって何かあるんでしょうか？

羽田：それはわからないです，僕は。渡邉さんはすぐ現実の問題を言うけど，それは現実の課題であって研究の課題ではないから。まず研究の課題としてどう解くかってことで，そこは変わるかもしれないけど，「なぜそうなるか」という説明もなしに変えることは不可能です。だから僕はプラクティカルなことをたくさんやっているんだけど，自分のできないことや考えられないことをやるんじゃなくて，まず

研究。で，それをいろんな人に対してどう発信して理解してもらうか，というのが基本だよね。

二宮：渡邉さんからすると，高等教育論の研究者が発信する知識や情報について納得できます？　いわゆる FD に対する反発のような，「ちょっとあいつら信用できないな」という高等教育論に対する不信感は……。

渡邉：正直，ありますね。

二宮：言い換えれば，「専門家支配に対して納得できるかどうか」ですよね。

渡邉：大学改革論議に手を出したためか，着任先ではセンターの職を兼任したので複雑なんですけど，それ以前に OD〔＝オーバードクター〕なり非常勤講師として遠目にみていたときから，「同僚性」という部分がすごく弱い気がしてました。たとえば教養教育の場合，実際に教養科目を担当して，なおかつそれについて論じて……ということであれば親しみを感じるわけですけど，どうもそうではないな，と。その部分で，ある種のいかがわしさみたいなのは感じます。

羽田：僕の認識では，FD をやっている人たちの専門性はきわめて危ないので，専門家支配とは全く思わない。アメリカでは，department と center って人事を入れ替えながらやっているんですよね。交流しながらやっているんです。日本では，そこに勤める人は高等教育で学位をとって，まだ 20 代か 30 代前半で立派な大教授の前で FD やって，気の毒だよね。

二宮：私も 3 年ほどやってました（笑）。

羽田：だから武装するんだよね，それを補うために。答申を引っ張ってきたり，政府が決めたから文句を言うな，とか。そこにやっぱり不幸がある。ぼくは福島大学の頃から──FD って言葉はなかったけど──やってきて，就職したときにはちょうど旧師範学校の教員が福島大学から撤退した時代だったのね。入れ替わりに，新しい教育学部・教育大学の卒業生が新任で来て，若手の教員がたくさんたまってきたんだけど，誰一人教員養成学部の出身じゃないんだよね。だから「教員養成ってなんだろう」とかわからないから，若手で集まってお互いの研究発表とか授業参観とかしたわけ。つまり，全部 faculty のなかに知恵があるんだよね。変動が激しいときはそれじゃ間に合わないから，専門家がいたらいいんだけど，FD とかでもどこかセンターを作ってそこにお任せする，というのが，日本の場合は非常に不幸なんだよね。だから，大学教員自体が同僚性をもって自分たちでやっていく。

同僚性の文化をくぐって FD になればいいんだけどね。そこが FD を担当する高等教育研究者の悩みなんですよ。ただ，彼らも環境のなかで最大化しようと頑張っ

てやっているだけでね。そこを研究者として一括するよりも，それを取り巻く環境をどう変えて，いい研究といい実績が生まれるように育てるか。そこが一番ポイントだと思うけどね。

2　FD の究極の目的：自分自身を幸せにすること

二宮：崎山さんはその辺り，何かありますか？

崎山：「同僚性」というのは FD に関して鍵になっていると考えていて，非常に機能しているのが「非公式的な FD」。友人同士で「今こういうことやってるよ」とか「こういう仕組み入れると上手くいくよ」とか，そういうアドバイスってすごく当たり前のように受け入れられるし，実践的ですよね。

二宮：それは Food & Drink 込みですか？

崎山：そうですね，居酒屋でやるのが一番効率がいい。関連する教育系の学会じゃなくて，普通に歴史系の学会とかの二次会，三次会での情報交換というのが一番有効で，二番目はやっぱり，大学の中で信用できる先生たちの実践をマネする。で，三番目はそういう人にセンターでお願いしてやってもらう。ただ，そこには信頼関係のある人しか来ないので，FD に来る人は基本的に誰も授業に失敗していない人たち，うまい人たちばかりという問題があって，それをどう乗り越えるか，というのが FD の今の課題なんだろうと思ってます。それに，申請書を出すためにパーセンテージが必要になるとか，強制的に全員参加なんて話になってますしね。

羽田：強制でやるんだったら，戦略的に大学の責任でやればいいんですよ。僕は東北大学の最後の 5, 6 年はね，新任教員の研修をやってたんですよ。東北大では着任して 4 年以内に受けなきゃいけないんだよね。でも，それがあまりにもつまらないんで——理事が中期目標計画の自分の担当を説明するの。そんなの役員会でやればいいんだよね——，それで散々悪口書いたら，「センターのほうで対案を考えろ」と。

二宮：すごいですよね，積極的な方向で受け止めてもらって。

羽田：それは担当の副学長がセンター長だったってこともあって，僕もその人に「あんなのじゃ誰もインスピレーションをもったり，インスパイアされないから変えるべきだ」と主張してね。東北大出身じゃない人も多いから，まず東北大はどういう大学でどういう学生がいるか，次に研究倫理と研究の話，それから僕が大学教員のキャリアステージの話をして，あとハラスメント問題。終わったあとに「総長と語る」ってセッションを設けて，そのあと懇親会。毎年 500 人来るんだよね，新

任教員。300 人は任期つきなんだよ。で，一番人気はやっぱりハラスメントですよ。これは好き嫌い言ってられないもんね。専任の学生相談所の教授に，学生との関係でどういうトラブルが起きるか，これは言っちゃいけない，とかやってもらって。そういうのは新任教員でわかんないから，誰も文句言わないんだよ。そういうのをやってさ，あとは適当にそれぞれのニーズにあった FD をやればいい。

　崎山：ちゃんとお金を出してくれれば，いくらでも FD のやり方はあるんですよ。それこそ 1 万円渡して，「居酒屋行ってこい。その代わり，何を話したかだけレポート書いてね」って。だったら，みんな喜んで 1 万円もらいに来る（笑）。

　羽田：企業だったら企業内教育で，税の控除の対象なんだよな。国立大学だってそういうものを積算すればいい。

　ただ，「何に困ってるか」っていっぺん教員にアンケート取らなきゃいけないかもね。絶対バラバラなんだから——立場と，研究がうまくいってない人，教育がうまくいってない人で。で，研究がうまくいってない人にとって一番大事なのは科研費の取り方だよね。科研費を取って研究成果をあげると好循環でよくなってくるんだよね。教育の行き詰まりってなかなかよくならないんだけど，研究の行き詰まりは研究費を取れればいい。

　崎山：今多いのは，「時間が足りない」ということ。これはなかなか……（笑）。

　羽田：何か無駄なものがあるんだと思うよ。削るところがね。全部会議で集まらないで，これは研究科長に一任して，その代わり事後報告だけしてもらうとか。だから，まだまだ工夫のしようはある。僕のやってたところだと，やっぱり個人メンターみたいなのがいいよね。PFFP だけじゃなく中堅の教員のためのコースも作って，一年間やって最後アドバイザー教員と懇談する，という時間を設けたらいいんだよ。結局，自分の「近親」の話だけで，いろんな教員の話は知らないでしょ。

　東北大に 6 人くらい教員を充てて，その下に任期つき教員を 2, 30 人集めてる研究組織があるんだよね。そこで任期つき教員をやって今度異動するって人が，「今でいう任期つきの教員制度っておかしくないですか？」って懇談に来て。そこのボスは教授で，マネジメントはこの人一人でやってるわけだよ。あとは全部任期つき教員。で，「（そのボスから）先生に聞いて来いって言われました。こんなのでいいんでしょうか？」って。こんなふうにやってたらマネジメントなんて検討する時間ないよね。「将来どうなるんだろう」って，その教授も不安感をもってる。2 年間ならなんとかもつけど，3 年間これやると，もう研究者じゃなくなると思う。

　二宮：それは，マネジメントに時間を取られてしまって研究ができない？

羽田：だから，2年間マネジメント中心でやっても，1年間は研究，サバティカルもらってやればいいの。そういう仕掛けを作らないともたない。それができないなら転出したほうがいいと思う。

二宮：「転出したほうがいい」とまでおっしゃいますか？

羽田：僕は2回転出したんだけど，福島大学ではあまりにもマネジメントが忙しくなって研究ができなくなって，広島大学に引っ張られて問題が解決したんですね。研究中心の機関だったので。それで次のときは，住んでるところが山の中だし，寂しいし，子供がいなくなったら将来大変なことになるから，東北大に移って問題解決した。女房が両親の面倒をみなきゃいけなかったから。究極の形は転職だと思う。移動によって解決する。構造を変えろっていうけど，構造が変わらないならそのなかで逃げるほうがいいよ，って。

二宮：「Voice と Exit」の Exit。

羽田：プラクティカルにいえば，そういうことよ。できないことを考えて世界を変えたいと思っても，難しいから。大学を変えるのは難しい。世界を変えるのは難しい。だけどただ一つ変えられるものがある，人間は。

渡邉：……自分？

羽田：そうそう。自分自身を変えることは可能ですよ。それだけはもう，自分しか変えられない，逆に言えば。他人によって変わらないでしょ。その変える力をどういう風にもつかというのが，FD の究極的な目標だと思うよ。自分自身を幸せにすること。

3　研究者の仕事は現実を理解することで，変えようとすることではない

米谷：先だって『反「大学改革」論』という本に関わったところですので，議論が終わりに近づき，最終的には自分を変えろと，そういうお話になるのは……（笑）。

二宮：それはまずい。

羽田：なんでまずいの？　なぜそんな理想主義をもつかわからない。まずあれか，みんな学生運動とかの経験ないもんね。あんなのは理想に燃えて挫折の連続でさ。一回も成功したことないんだから。いくら学長交渉やっても大学は変わらないし，院生になって，院生協議会の議長をやって学長交渉をしても変わらない。教師になって，組合員になってやっても何も変わらないしさ。

二宮：それは敗北主義では？

羽田：いや，敗北主義とは違う。ただ，「変わらない」という事実を言っているだ

け。

崎山：ただ，今は交渉の相手がどんどん見えにくくなっている気がするんですよね。たとえば大学紛争のときは，学長・総長と交渉すればよかった。しかも，一大学複数法人なんて話になったら，学長どころかその上にさらに別の存在がいる。今は文科省が統制してるけど，さらにそれを財務省がコントロールしていて，財務省でもさらにその上に首相官邸があって……。

羽田：その話は，普通の大学教員の話なのね。もしみなさんが高等教育に関心があって，高等教育の「研究」をしようとしたら，高等教育研究で今の問題を解くべきなんですよ。しゃべるだけの人はいいですよ。そういう人は「問題がある」って書いて終わりなんだけど，我々は研究をして，その研究の発信によって「なるほど，こうなるのか」となることで，世界が変わっていく何かしらの役に立つというのが本質的なものであって，現実を変える話と，我々の本分からして社会・現実をどう見つめて，分析して，わかりやすく言葉にして発信していくか，という使命は全く違うものだ，ということをまず理解すべきだ。

渡邉：全く違いますかね？

羽田：全く違う。

渡邉：発信したものが伝わっていくプロセスの検討も研究の課題に入りませんか？

羽田：政策決定過程とプロセスについて研究するのはいいと思う。実際に変えるかどうかは全然別の話でね。だから僕は，現実を変えることにはある時期から本当に関心がない。いる場所は変えられるけどね。「福島大学のこれは変えられる」，「福島と広島のこれは変えられる」……と，自分の手の及ぶ範囲にあるものは変える努力はしたし，その点で責任はあるけれど，世の中を変えることについては関心はあるが，無理だ。無理なことはしない。

渡邉：「ある時期から」というのは……？

羽田：というのは，福島大学にいたとき，2学部を3学部にするときにトラブルがあって，そのときに，「現実を変えるということは，逆に現実に取り込まれるということなんだ」と理解した。革命でも起こせば別だけど，何か組織のなかでものを作るということは，その組織の論理に自分が飲み込まれないとならない。その結果，自分はそのことから自由になれない。だから組織は作るが，作った後はなるべく関わらないように，「他人事です」と思うようになった。論文と同じで，客体化される。ものは作るし組織は作るが，作ってしまったらそれは他人事にしないと，そのこと

に一生囚われるのはつまらない。だから変えられることはやるけれど，変えた結果についてこだわることはしないようにしている。

　本当に，なんでみんなこだわるんだろう？　こだわるのは研究だけでいい。研究の成果だけ。何か変えようとすると，その変え方のロジックに囚われて，別なものがみえない。何か変えたいということは，変えてこうしたいということは，「これはいいことだ」ということになる。「これはいいことだ」と本当に言えるかどうかについては，認識論的には絶えず対象を批判しなきゃいけないのに，批判を全部止めて，自分のやりたいことを絶対視するというプロセスに一瞬身を置かなきゃいけない。それってやっぱり「認識」という点では間違っているんだよね。学会発表が終わって次にやるべきことは，自分の学会発表が間違っていることを論証すること。だから，現実はほどほどでいい。そして自分が変えられるのは自分だけ，それは確実だから。

　二宮：渡邉さんとしては何を引き取ったことになりますか？（笑）このままだと飲み込まれちゃった感じになるので，反論すべきことは反論しておいたほうがいい。

　渡邉：……まあ，できることをやるしかないなと（笑）〔注：その後，他大学に転出した〕。

　羽田：でもね，問題は「何ができるか」が重要なの。もっと研究してほしいことがあって，組織をどんなに変えても，そこにいる人間の組織文化であり価値観，そういうものがすごく大きい。組織文化が今，相当変容している。正論を組織改革での場で言ったところで，たぶん誰もついてこないと思う。大学教員自身も大学自治が大事だと思いながら，その中身は「自分たちが決めること」であって，「どこかの大学がどうなろうが関心ない」というふうに，大学の組織風土や価値観は相当変わったね。そういうわけで，変に正論ぶってもピエロになるだけで，みんながやる必要ないと思っているならやる必要はないんじゃない？　東北大学でも，広島大学でもそうだった。福島大学の時は若かったからいろいろやったけどね。いくら正しいからといって，みんなが望まないことをやる必要は……。

　二宮：それは若手にとっては深刻な問題ですよね。今の勤務先にどれだけコミットメントして，「どれだけ変える／変えない」というのを考えるのはつらいというか，ちょっと大きな仕事ですよね。

　羽田：自分の権利に関わることは死ぬ思いで主張したらいい。でも，組織を変えるというときに，他者が今の組織の形態をいいと思っているかもしれないしね。

　米谷：でも「組織を変える／変えない」の話でいうと，むしろ「大学改革」というのは，天下り式に組織を変えようとする動きですよね。その上から降ってきた改革

案の方向性と内容が時代や現場に即したものかどうか検討しながら，慎重に時間を
かけて「抵抗する／しない」という議論をする必要があると思うのですが，そういう
議論もなく，組織を変える方向に改革が強行されるとしても，それに対して「ちょっ
と待った，考えさせてほしい」と抵抗する，つまり異議申し立てをするということ
は無理だということでしょうか？

　羽田：まず，抵抗しなくなったのは，補助金がらみだよね。国立の場合には運営
費交付金が削られてきているので，それに対応するために，お金を取るほうに動く。
それから，大学人自身が大学全体のことに関わらなくなったよね。自分の部局とか
学科や研究室とか，そういう問題には異常に敏感に反応するけれど，専門を離れて
天下国家を論じるという気風はきわめて薄くなってきている。そういう点でも，関
心がないんじゃないかね。

　米谷：関心がない？

　羽田：ないと思いますね。僕は自分ができる範囲で，教授会でも論議をふっか
けて，それで変わるときもあるし，変わらないときもあった。でも，異論は出な
い。後からこっそり「羽田先生の言うことは正しいです」って言ってきて，「こいつ，
だったらそこで言えよ」って思う。本当に，争いたくないんだよね。争ってまで守
るものが大学人の多くにはない。これは確信をもって言えます。やっぱり，大学紛
争というのは大きかったんですよ。理念によって多少暴走した人もいたけど，自分
の人生をかけるくらいの何かに燃えて——そういう人は僕の周りでは，ほとんど大
学教員になってない。優秀な人がたくさんいましたからね，僕の先輩でも。残念な
ことにみんな不遇になっちゃって。学会でも職場でも思うよ。学園紛争のとき何も
しないで，自分中心で頑張った人間の集まりだなと思う。あれをくぐれなかったの
は大きいよね。くぐった人は強いと思うよ。ああやってきちんと筋を通して，勉強
した人はね。

第 6 章

参加型パラダイムは学生の自由を促進するか？

放任が自由を奪う時代に自由を設計するために

井上義和

① 学習を「自由」の観点から捉え直す

1 試行錯誤と創意工夫の機会はどこにあるか？

学生の自由について考えてみたい。

大学における自由といえば，これまで「学問の自由」と「大学の自治」をめぐって論じられるのが常であった。そこでは大学の自由とは，政府や軍部や財界といった外部からの干渉や介入に抗して守られるべきものであり，大学論の有力な枠組みとして，いまなお参照され続けている（石原 2017；山口 2017 など）。大学は本来自由な空間であり，その自由を侵害する敵は外からやってくる，というのがその基本的な構図である。

それに対して本章が取り上げる「学生の自由」は，学習の環境条件とそのもとでの振る舞い方を対象としている。ただ，そのように限定したとしても，学生の自由にはいくつか異なる意味が含まれる。第一に「大学は高校よりも，科目の選択や時間の使い方が自由だ」という選択肢の多さがある。これはカリキュラムや科目履修の仕組みによるものだ。第二に「講義に出席するかしないか，勉強するかしないかも自由だ」というときの自己決定と自己責任の意味もある。これは自由と責任の主体，つまり大人として学生を扱うということである。誰からも勉強を強制されないし，さぼっても叱られない。第一と第二の自由は，大学入学前後に親や教師や先輩から聞かされるので，新入生はよく自覚している。しかし大学生活を過ごすうちに，自らが行使する自由（とくに第二の意味）の大変さを痛感するようになる。これらはいつの時代も変わらない普遍的な課題である。

本章では，それらとは区別して，もうひとつの意味に注目する。すなわち，学生の自由の第三の意味として，試行錯誤と創意工夫の機会がどれだけあるか，ということを考えてみたい。いくら自分で選択した科目で（第一の自由），強い意志をもっ

て講義に臨んだとしても（第二の自由），教師の板書をただノートに書き写し，試験に備えて暗記するだけだとしたら，第三の意味では不自由である。学習においては，既定の正解を素早く探し出し，所与の知識をたくさん覚える局面もあるだろうが，大学教育では，正解がわからない問いに粘り強く取り組めるようになることが期待されている。問題を定義し，制約条件や使える資源を吟味し，仮説検証を繰り返しながら確かな知見に到達することである。そのためには，自分の頭と手足をフルに動かす試行錯誤と創意工夫の機会が欠かせない。環境条件の側からみれば，手持ちの材料や道具でやりくりする器用仕事（ブリコラージュ）の機会といってもよいかもしれない。このような意味での学生の自由は，学問の生命線である。

　学習の過程で，学生が自らの思考と行動の可動域を広げてこそ，自由のポテンシャルは豊かになるのではないか。第一と第二の自由が「他から強制されない」という消極的な規定であるのに対して，第三の自由は「自らの可動域を広げる」という積極的な規定である。第三の意味の自由を学生自身の変化に引き寄せて「成長」と呼びたくなるかもしれない。けれども，ここで問題にしたいのは学生がいかに成長したか（結果）ではなくて，試行錯誤と創意工夫の機会がどこにどれだけあるか，である。現代において学生の自由を問い直す意味もここにある。

2　学生の自由の敵はどこにいるのか？

　「学問の自由」「大学の自治」を阻害する敵が，大学の外部（政府や軍部や財界）からやって来るのに対して，学生の自由の敵はどこにいるのだろうか。

　第一と第二の「他から強制されない」自由の敵は，強制してくる他者としてあらわれる。ただし，それははっきりと敵認定できるような，目に見える強制力とは限らない。たとえば，就職難のなか高い学費を払って進学するわけだから，スポンサーである保護者は当然のように費用対効果を考える（「そんな勉強して何の役に立つのか」「就職できるのか」「学費に見合う教育サービスが提供されているか」）。他方，政策的に単位の実質化と質保証を求められる大学は，学生に勉強させるための取り組みを推し進めている（「出席をとる」「宿題や中間課題を課す」）……。こうして外堀を埋められてくると，勉強に関して「他から強制されない」自由などは現実離れした観念にさえ思えてくる。さらに，学外でのなけなしの自由な時間を彼らがどう使うかといえば，はなはだ心もとない。学費や生活費を補うためのアルバイトや，少しでも条件の良い企業から内定を獲得するためのインターンシップや就職活動などに優先的に充てられ，疲れて帰宅すれば，SNSや動画やゲームなど時間つ

ぶしの誘惑が待ちかまえている。

　こうした状況を石原俊は「大学生における自由の磨耗」と表現する（石原2017：150）。それが大学の外部からのさまざまな圧力が集中的に作用した結果なのだとすれば，自由を守るために私たちができることは，外部とは一線を画して，そこからの圧力にさらされない時間と空間を確保することである。だから石原は，〈自由であるための技法〉を再構築して（石原 2017：157），「非軍隊的な自由／自治空間」としての大学を護持・発展させようと訴える（石原 2017：198）。誤解されやすいところだが，石原が「労働者予備軍であることから距離をとって思考や行動の自由を育む」（石原2017：199，傍点引用者）というとき，その意図は，大学を外部の世界から完全に隔離することではなく，大学での経験を外部の世界に対して「接続しつつ切断する／切断しつつ接続する」という両義的なものにするところにある。これは何も突飛な発想ではなく，かつてモラトリアム（執行を先送りする猶予期間）と呼ばれていた1970年代から80年代の大学の「良かった部分」を選択的にリニューアルさせる，ということを意味する。

　筆者も石原のこの考えに同意する。そのうえで，石原が想定するのが外部の世界と一線を画した学習内容であるのに対して，本章では外部の世界と同期した学習環境に注目する。本章で詳しく述べるように，第三の「自らの可動域を広げる」自由にとって，学習内容と学習環境の関係は独立であり，後者の領域でより大きく影響を受けるからである。

　学習環境において，自由を制約するのは，外部から強制してくる他者とは限らない。他からの強制がなくても自らの可動域を狭めるよう振る舞ってしまう，そのような環境条件にこそ注意を向けたい。そうしてはじめて，自らの可動域を広げるような，試行錯誤と創意工夫の機会を学生に取り戻すために何ができるのかについて考えることができる。

　その手がかりとして，本章では参加型パラダイムを取り上げる（井上 2017：99）。2000年前後から，授業において学生の参加を促す目的でさまざまな仕組みや仕掛けが工夫され広がっていった。一方的な講義形式の授業と比べると，必然的に教師から学生への働きかけ（関与・介入）は多くなる。教師による管理統制の強化にみえるかもしれない。けれども，参加型パラダイムにおける介入は，学生の自由を抑圧するためではなく，促進するためにこそ行われるのだ。その理由は，次節以下で明らかになる。

　「参加型パラダイムは学生の自由を促進するか？」——というタイトルの問いに

134

対する本章の結論は，条件付きでイエスである。旧世代が馴染んできた放任的な自由とは異なる，設計的な自由というべき新しいステージを開くという意味ではイエスであるが，それは放任の時代とは比べられないほどの繊細な配慮と周到な準備を必要としているからだ。

2 「能動的な学修」を促す参加型パラダイム

1 都合のよい補完システムが機能していたころ

　試行錯誤と創意工夫という第三の意味での学生の自由に関しては，大学教師も教育行政当局も「おおいに推奨する」という立場で一致するのではないだろうか。ただし問題は，その試行錯誤と創意工夫の機会をどのように提供するかである。この方法論をめぐっては，教師たち自身がどのように学生時代をすごし，どのような教育実践を行ってきたのかにもよるので，じつに多様な立場がありうる。

　この問題について，アクティブ・ラーニング（以下，AL）を例に考えてみよう。中教審の「質的転換」答申の用語集によれば，AL は次のように定義されている。

> 教員による一方的な講義形式の教育とは異なり，学修者の能動的な学修への参加を取り入れた教授・学習法の総称。学修者が能動的に学修することによって，認知的，倫理的，社会的能力，教養，知識，経験を含めた汎用的能力の育成を図る。発見学習，問題解決学習，体験学習，調査学習等が含まれるが，教室内でのグループ・ディスカッション，ディベート，グループ・ワーク等も有効なアクティブ・ラーニングの方法である。（中央教育審議会 2012：37，傍点引用者）

　ポイントは，二つある。一つは，「能動的な学修」を促す仕組みと，それを通した諸能力の育成である。考察をすすめる便宜上，能動的な学修のなかに，自ら試行錯誤をしながら創意工夫を凝らすことを含めて受けとめたい。もう一つは，一方的な講義形式の教育との差異が強調されているが，ここは注意が必要である。というのも「これまでの一方的な講義形式の教育では，能動的な学修はなされてこなかった」と読ませる書き方になっているからだ。

　たしかに 2000 年以前の大学の講義といえば，教師から学生への一方的な知識伝達を意味しており，学生の発表や討論を組み込んだ演習とは，区別されていた。後

者の演習科目については，とりわけ研究室やゼミに所属して行う卒業研究や論文作成が，従来からある「能動的な学修」の機会としてわかりやすい。しかし，この時代に大学生だった読者には，一般的な講義科目においても「能動的な学修」は行われていたことを思い出してほしい。それも，一方的な講義形式の教育「にもかかわらず」ではなく，「であるがゆえに」可能だった能動的な学修が存在したのである。

　なにも自主ゼミや自治会活動に積極的な「意識の高い」学生ではなく，もっと適当でいい加減な一般学生の話である。成績評価が学期末試験やレポート課題だけで，教師が一方的な講義以上のフォローをしてくれない場合，出席するかどうかとは別に，自分で教科書を読んだり，図書館で関連文献を探したり，友人やサークルの先輩後輩のつながりでノートや過去問を入手・共有して対策を立てたり，学生たちはもてるリソースを総動員して試験やレポートに臨む。「友達がいない"ぼっち"はどうすればいいの？」という今どきの悩みはここにはない。教師に直接質問してもいいし，一人で勉強してもいい。自由である。これが，かつてどこの大学でもみられた，教室外の「能動的な学修」だった。

　それは教師の意図する学習ではないかもしれない。試験問題の山を張る勉強では無駄と偏りが大きく，かえって非効率かもしれない。一夜漬けで仕込んだ知識は，本当の意味で身についたかどうかは怪しい。けれども，この手当たり次第の試行錯誤の先には，教師の意図を超えた出会いや発見があるかもしれない。「認知的，倫理的，社会的能力，教養，知識，経験を含めた汎用的能力」（前出）などは，特別にお膳立てされたプログラムがなくても，大学生活をサバイブした結果として，いつの間にか身についている（とみなされる）ものだったし，本当に身についているかどうか証明してみせる必要もなかった。

　つまり，「能動的な学修」やそれを通じた「汎用的能力の育成」は，かつては一方的な講義による意図せざる教育効果だった。隠れたカリキュラム（hidden curriculum）といってもよい。教師にとっては，講義と試験という最低限のことだけやっておけば，あとは教室外で学生が勝手に補ってくれるという意味で，まことに都合のよい——よくいえば学生を信頼した——補完システムが機能していたのである。

　しかし，教師による管理統制の最小化と，学生の自由裁量の最大化は，双方にとって手抜きの誘惑と背中合わせである。実際に，手抜きの誘惑に屈した教師や学生は少なくなかったはずだ。にもかかわらず，この補完システムがそれなりに機能していたのは，「大学とはそういうものだ」という暗黙の了解が双方に共有されてい

たからである。これは伝統主義的な意識とは違う。特権的な自治・自由を引き受けるやせ我慢の境地である。

2 「能動的な学修」の教室内化

したがって問題は，一方的な講義形式そのものではなく，その文脈の変化のほうにある。

2000年代以降に進行しているのは，「能動的な学修」の教室内化である。教室内化とは授業時間内ですべて行う，という意味ではない。それまで「学生が勝手に補っていた」放任のプロセスを授業設計に組み込んで，運営から評価までの全工程を教師が管理するということである。いわば隠れたカリキュラムのカリキュラム化である。

なぜそうなったのか。これがいまや全国の大学に浸透しつつあるのは，「上から」の改革圧力のなせるわざであろう。だがそれがすべてではない。その前に「下から」の教育改善の要請があった。すなわち，高等教育の大衆化による学生の多様化（による教育の困難化）と呼ばれる事態である（溝上 2014：28-32）。「教室外で勝手に補ってくれる」という想定が裏切られる現場が次々と出てきたのだ。そうした現場で教育を成り立たせるためには，授業への積極的な参加を求めたり，宿題や小テストを課したりして，「能動的な学修」の穴をとにかく埋め合わせなければならない。

この動きは，高等教育大衆化の波をまっさきにかぶった教育困難な大学から，順次，進行してきた。実際，まだアクティブ・ラーニングという言葉が普及していない2000年前後から，必ずしも教育（方法）学の専門家ではない個別の教師たちによって，「能動的な学修」を促すような授業実践——本章でいう参加型パラダイム——が模索され，事例報告が蓄積されていく。こうして，大学の授業風景はこの20年のあいだに様変わりしてきた。

では，都合のよい補完システムがうまく機能しなくなったのはなぜか。学力低下のせいだろうか。たしかに大学生の学力低下問題への社会的関心が高まったのも2000年前後であるが，原因はそこにはない。学力の足りない学生なら昔からいた。しかし学力の不足分を補う手立てを自ら講じるのが学生のあるべき姿と考えられていた。「大学とはそういうもの」だからだ。つまり大学における教育困難とは，学力低下よりも，それを自ら補完する力の不足である。「大学とはそういうもの」というやせ我慢の境地から，教師も学生も耐えきれずに降りてしまった。一方的な講義形式をめぐる文脈が決定的に変化してしまったのである。

教室外で学生の勝手に任せるか，教師の管理下に置くかの違いだけで，学生がやっていることは結局同じではないか，否，むしろ後者のほうが計画的・効率的で無駄がないぶんマシではないか，と思われる読者もいるだろうか。たしかに教師が管理したほうが，知識・技能の定着だけでなく，それを実践・応用する力，自ら問題を発見し解決に取り組む力も身につくかもしれない。何をどれだけ身につけたかは，科目ごとに設定された具体的な到達目標と，中間課題や発表も含む多角的な評価方法によって総合的に評価されるだろう。

　あるいは，これと引き換えに失われるものを懸念する人もいるだろう。「能動的な学修」の全工程が精密に設計され厳格に管理されると，学習行動はますますその枠組みに最適化され，無駄の多い，手当たり次第の試行錯誤などは回避されるようになる。「能動的な学修」の教室内化の端緒は教育困難な大学だったからかもしれないが，改革圧力に後押しされて，ほかの大学にもそれが及んでいくとき，「大学とはそういうもの」という暗黙の了解もまた上書きされていく。学生たちが求めるものも，もはやかつての放任的な自由ではなく，教師によって適切に管理された自由である。彼らにとっては，そもそも放任的な自由なるものは，端的に「教師の怠慢」「指導の放棄」と映るだろう。

　1990年代までに学生時代を経験した旧世代は，この事態に違和感とともに喪失感を抱くかもしれない。その想いには私も共感するが，私たちの学生時代とは異なる環境条件のなかに，いまの学生たちがいることを理解する必要がある。

3　放任が自由を奪う：過渡期のジレンマ

1　レポート課題の困難：ネットに溢れるフリー素材

　前節で述べたような事態について，2000年代に学力低下論と並んで指摘された「大学の学校化」論，「学生の生徒化」論を連想する人もいるかもしれない（伊藤1999；岩田2015）。もちろんそうした学生文化の変容とも無関係ではないだろうが，ここではそれとは異なる観点から問題を切り出してみたい。

　「能動的な学修」の教室内化としてのアクティブ・ラーニング（型授業）は，自分で調べて分析・考察した結果をまとめる（レポート作成や口頭発表），学生同士で話し合い協力して課題に取り組む（グループワーク），といった形をとる。「アクティブ・ラーニングとは本来どうあるべきか」という問題はさておき，実際の教室でよく採用される一般的な手法として，ここではレポート課題とグループワークを取り上

げる。

　まずはレポート事情の今昔を振り返ってみよう。かつての学生が教室外で勝手に学習内容を補っていた1990年代までは，そもそも利用可能な手段は限られていたから，そのぶん自ら動き回らなければならなかった。教科書1冊で足りなければ，参考文献を探して図書館をさまよい，目録カードを繰らなければならない。教師や先輩などその道に詳しい人に尋ねなければならない。友人知人から講義ノートや過去問を入手するのだって，常日頃から交友関係を維持しておき必要に応じて電話や対面で交渉する必要があった。こうして，限られた元手と手がかりをもとに，あれこれ組み合わせを工夫したり，誰かと交換したりしながら，知的世界への回路を少しずつ分厚く複雑にしていくという——今となっては想像を絶するほど面倒な——ことをやっていたのだ。大学に限らず，一般に情報を入手するコストは高かった。

　2000年代の情報環境の発達は，学生が「教室外で勝手に補う」ときの前提条件を激変させた。パソコンからインターネットへの常時接続が当たり前になり，接続場所も無線通信を利用しながら移動できるようになった。さらに情報端末の種類も，ノートパソコン，携帯電話，スマートデバイスなど軽量化，多様化した。指先の操作で手軽にアクセスできる情報の量は，爆発的に増大した。本を読んだり人に尋ねたりする前に，まずネット検索するようになった。実際，ほとんどのことはネット検索で済んでしまう。

　では，情報入手コストの低下は，学生たちを自由にしただろうか。ここでも基準に考えるべきは，「意識の高い」優等生ではなく——彼らは自らの可動域をどこまでも広げるだろう——もっと適当でいい加減な一般学生である。レポート課題や発表資料を作成するとき，まずネット上で関連のありそうなページを探すことから始める。同じような検索語を入れて，同じような素材を拾い集め，それを切り貼りする。こうしてできあがるのは，示し合わせたようによく似たテキスト群である。それが良いか悪いかはここでは問わない。「手間をかけて調べたり考えたりしなくてもはるかに低いコストで，同じ回答，あるいはより良く見える回答が簡単に入手出来てしまうならば，自分で考えようという動機を学生が持つことは難しく」（成瀬2016：45）なる。

　すなわち，他からの強制がなくても自らの可動域を狭めるよう振る舞ってしまう，そのような環境条件のもとに彼らは生きているのである。

　もちろん，安易な切り貼りによるレポート作成は1990年代までもあっただろう。しかし当時は，切り貼りの材料を入手するのにも，図書館で適切な文献を探し出し，

さらに文献から適切な一節を抜き出さねばならなかった。現代の情報環境はその手間のかかる「探し出し・抜き出す」工程を大幅にショートカットしてくれるのだ。

　教師の多くは，この事態を「剽窃」や「コピペ」の問題として捉え，引用の作法や情報源の信頼性について丁寧に指導するようになっている。あるいは，剽窃検出ソフトの導入や厳罰化などで対処しようとしている。しかし「能動的な学修」の観点から重要なのは，豊富なフリー素材を目の前にしながら，コピペを禁欲しつつ，能動的に振る舞う——自分の頭を使って創意工夫する——ことの難しさである。これは学力や規範の問題ではない。かつてのような「〜について論ぜよ」式の自由論述型のレポート課題が，現代の学生が生きる環境条件のもとでは，かえって試行錯誤や創意工夫の余地を狭めてしまう，という問題である。

2　グループワークの困難：弱肉強食のコミュ力地獄

　「能動的な学修」の教室内化によって増えてきたのが，学生同士のコミュニケーション機会である。前出の「質的転換」答申の引用のなかでも，アクティブ・ラーニングの有効な方法として「教室内でのグループ・ディスカッション，ディベート，グループ・ワーク等」が挙げられており，いずれも学生の積極的な授業参加を促す活動である。

　では，教室内でのコミュニケーション機会の増加は学生たちを自由にしただろうか。こうした参加型の授業形式は，もともと教育現場での必要から教師自らが試行錯誤しながら導入してきたものだった。しかし，「上から」の改革圧力によりすべての授業に一律に導入されると，「とりあえずグループワークでも」といった安易な適用も増えることになる。懸念されるのは，その副作用（潜在的な逆機能）である。たとえば，学生のコミュニケーション能力（コミュ力）の多寡が，教室での振る舞い方や，教師による評価を左右するようになるのではないか。このようなコミュ力格差の助長は，そのベースにある人格特性や出身家庭の差異を増幅することを意味するのではないか，という懸念がある（小針 2018）。

　コミュ力とは，本来人びとの間や場や文脈に埋め込まれているコミュニケーションの過程を，能力や主体性などの個人属性に還元する語法である。人前で話すことの得手不得手なら昔からあったが，人の価値とは無関係だった。それがとくに 2000年代以降，受験や就職の選抜において重要な評価項目に挙げられ，その多寡に基づき序列化され，能力向上への努力義務が課されるようになっている。コミュ力とはこうした「ハイパー・メリトクラシー」（本田 2005）の文脈で可視化・実体化され

る「能力」であり，アクティブ・ラーニング的な取り組みはその「差異」を強化・固定化するだろう，と考えられる。

　こうした環境条件のもとでグループワークを導入するとどうなるか。ある種の学生にとって，それは「格差の助長」や「差異の増幅」といった社会学的な問題ではなく，恐怖感に襲われるリアルな問題である。試しに「グループワーク　苦手」などでネット検索してみてほしい（「苦手」を「ぼっち」「陰キャ」「コミュ障」などに置き換えてもよい）。すると，大学生活や就職活動のなかで最も緊張と不安を強いられる場面として，赤の他人と組まされるグループワークが取り上げられ，地獄のような体験談や同じ境遇の後輩への助言などがたくさん出てくる。コミュ力強者には見えない世界だ。彼らの地獄的なリアリティは中学高校時代の「スクールカースト」で刷り込まれる（鈴木 2012）。

　「教室外で勝手に補う」ことを前提にできた 1990 年代と，何が違うのだろうか。当時も，過去問や講義ノートの入手にはやはり対人関係が重要だったのではないか。たしかに試験情報を交換する友達がいたほうが有利だったかもしれないが，あくまでもそれは選択肢の一つにすぎない。真面目に授業をうける。教師に直接質問する。図書館で勉強する。どれを選ぶのも自由である。また，専門課程で行う小集団での演習や研究室での調査・実験などは以前からあったが，これを「グループワーク」と呼ぶことはない。そこでは安定した人間関係がベースにあり共同作業の目的は明確だから，個人の属性としての「コミュ力」はもちろん，具体的な文脈と切り離された「コミュニケーション」なる観念さえも希薄だった。繰り返すが，ここには「"ぼっち"はどうすればいいの？」という今どきの悩みは存在しえない。

　けれども，こうした人づきあいをめぐる放任的な自由は，グループワークなどの形で教室内化された途端，抑圧や排除を呼び込むことになる。友達がいる／いない，人前で話すことの得意／不得意が白日の下にさらされ，個人を評価するうえで重要な属性とみなされ，「コミュ力」や「ぼっち」が切実な問題となるのだ。

4　設計的な自由へ：自由を促進するためのデザイン

1　素材をそのまま転用できないような論題設計

　情報環境の発達とコミュニケーション機会の増加は，一見，学生の自由に寄与するかのように思われた。ところが，環境条件が変われば，旧来の放任的なスタイルが，かえって学生の自由を奪うこともある。これは環境条件とスタイルの離齬が拡

大する過渡期ならではのジレンマである。しかし見方を変えれば，環境条件次第では，自由を促進することも可能である。つまり自由のための介入もありうる，ということだ。この介入によって促進される自由を，放任的な自由とは区別して，設計的な（designed）自由と呼ぼう。

では，レポート課題とグループワークではどのような介入が可能だろうか。

レポートの素材がネットから簡単に流用できる時代に，教師は何ができるか。引用の作法をしっかり教えて剽窃してはならないと戒めるのか。それとも剽窃発見ソフトを導入して厳罰化で脅すのか。どちらも剽窃の抑止が優先されて，創意工夫は後回しになりがちだ。また何度も書かせて丁寧に添削指導したいと思っても，教師が自らの負担増を覚悟するかTA（ティーチング・アシスタント）を大量に雇用しなければ理想論で終わるだろう[1]。

それに対して成瀬（2016）が提案するのは低コストで実現可能な「ポジティブな剽窃対策」である。つまり「禁止されているから剽窃をしないのではなく，学生が自ら頭を使ってレポートを書きたくなるような」論題を設計することである（成瀬 2016：v）[2]。学生が自分の頭を使って「ああでもない，こうでもない」と考え，創意工夫をこらしたかどうか（成瀬 2016：vi），そこに焦点を絞ることである。

> よいレポートが生まれるためには，学生を，「剽窃やコピペを繰り返す悪意をもった者」ととらえるのではなく，「積極的に学ぼうとする主体」ととらえることがまず重要だと思っています。そして，学生のその主体性が存分に発揮できるような環境設定をすることが何よりも重要だと考えています。（成瀬 2016：164，傍点引用者）

創意工夫を促す論題を設計する際のポイントは，学生がネットに素材を求めるこ

---

1) そもそも添削の教育効果は必ずしも自明なものではない（成瀬 2016：87–89）。「自分の書いたものはダメだった」と否定的なメッセージを受け取る学生もいる。指示どおりに機械的に修正しても，学生自身がその理由を理解していないと無意味である。
2) 成瀬らは「論題」という言葉を〈レポート課題における「〜について説明せよ」など教員からの指示文〉の意味で用いている（成瀬 2016：v）。この論題（指示文）を工夫するだけで，教師の負担を増やすことなく剽窃を防ぎ創意工夫を促す効果を上げることが可能であり（「よい論題を出せばよいレポートが生まれる」（成瀬 2016：164）），さらにこの論題あるいは「お題」という観点は，レポート課題以外にも，グループワークやプロジェクト型学習の設計にも応用可能だという（成瀬 2016：161）。

とを想定したうえで，素材をそのまま転用できないような工夫を凝らすことである。たとえば「自由とは何か説明しなさい」「自由について論じなさい」という論題の場合，いくつかの検索語を組み合わせるだけでネットから素材が得られ，しかも，たいした加工を施すことなくレポートが書けてしまう。こうした条件のもとで主体性を発揮する動機はもちにくい。

　そこで，次のような論題にしてみる。「自由とは何かについて対話篇で論じなさい」（文体指定型），「学生の自由に含まれる三つの意味について具体的事例を挙げながら説明しなさい」（分解・抽出型＋具体例提示型），「自由とは何か説明しなさい。その際，どのような文献をなぜ調べたのかなど，レポート執筆のプロセスも含めて書きなさい」（学習プロセス型），といったものである。これらは成瀬らの本に紹介されている創意工夫の型の一部をアレンジしたものであるが，たしかに，どの論題も素材を流用するだけでは答えられない。

　成瀬（2016）は，多くの「レポートの書き方」本が到達目標としてきた論証型レポート論題（自ら問いを立て論証をもって答えること）を，通常の授業のレポートにおいては事実上断念したうえで[3]，それとは異なるゴールの可能性を示している（第2章）。これは「レポートの書き方」におけるパラダイム転換といってよい。

2　安心安全な場を保持するファシリテーション

　弱肉強食のコミュ力地獄はどうしたら解消できるだろうか。コミュ力弱者に対して（強者に追いつく）コミュ力を養成する指導を行うか。それともコミュ力強者に対して（弱者に歩み寄る）傾聴や思いやりの指導を行うか。多少は格差が縮まるかもしれないが，弱者と強者の力関係は変わらない。「コミュニケーションは人びとの間や場や文脈に埋め込まれているものだから，コミュ力なんて幻想だ！」と社会学的な啓蒙を試みたとしても，そんな知識は現実においてあまりにも無力である。

　子供や若者たちがコミュ力格差に過敏になっている一方で，現実社会では「コミュ力の高い個人を集めさえすれば上手くいく」という幻想はすでに崩れ去りつつある（ただし採用活動には根強く残っている）。企業の組織改革や，自治体のまち

3）成瀬ら自身が「断念」しているわけではないが，本書の読者は，論証型レポートが学生の創意工夫を促す課題としては機能しない大学の関係者であるのは明らかである。論証型レポートという「最終ゴール」を理念としては護持しつつ，実態を見据えて，創意工夫を促す「暫定ゴール」を手前に設置することで教育成果を上げることを提案している。

づくり事業など，1990 年代後半以降，多様な人が一つの場に集い話し合う機会の増加にともない，それがいかに困難であるかが認識されてきた。現実の話し合いでは，地位や立場，忖度や声の大きさなど，コミュニケーションを不自由にする要因はいくらでもあるからだ。そして，建設的な話し合いやチームの知的生産性の向上は，個々人のコミュ力だけに頼っていては実現できないことも認識されている。

　ファシリテーションは，人びとがコミュニケーションの現実の困難さと格闘するなかで辿りつき，洗練されてきたひとつの解である。ファシリテート（facilitate：促進する，容易にする）は，会議やワークショップなどの小集団の共同事業を対象に，事業のコンテンツではなく，小集団内のコミュニケーションのプロセスへ働きかけることを指し，それを担うのがファシリテーター（facilitator）である。

　ファシリテーターにとって，コミュニケーションが個人の能力（コミュ力）ではなく「人びとの間や場や文脈に埋め込まれている」ことは前提である。だから彼らが働きかけるのも前者ではなく後者である。どう働きかけるのか。ファシリテーターの本来の役割は——しばしば誤解されがちであるが——全体を特定方向に誘導するという意味での支配・制御ではなく，安心と安全が確保された「場の保持」とされている。どういうことか。ワークショップの第一人者・中野民夫によれば，その要諦は次のようなものだ。

　　「誰がその場をホールドしているか」（Who holds the space?），がハッキリしていないと，場が落ち着かないし，人々は不安になる。要は，参加する人々が，存分に可能性を発揮しあえる「安心」（精神的）で「安全」（物理的）な器づくりを担い，進行促進していく役回りだ。（中野 2003：45，傍点引用者）

　言い換えれば，ファシリテーターは，参加者がその可能性を存分に発揮するのを阻害する要因があれば，積極的に場に介入してそれを除去する，ということである。先ほど挙げた「地位や立場，忖度や声の大きさ」の影響力を除去するだけでなく，「ぼっち」「陰キャ」「コミュ障」が抑圧されるコミュ力格差を最小化して，参加者同士の対等な関係性の保持に努めるのだ。このことは，参加者全員が，その場を保持する特権的な役割を，ファシリテーターに委ねることによって初めて成り立つ。いわばコミュニケーション版の社会契約説である。

3 参加型パラダイムが自由を促進するための条件

参加型パラダイムは学生の自由を促進するか？ ここまでの議論を振り返りながら，改めて冒頭の問いを考えてみよう。

大学教育における参加型パラダイムは，「能動的な学修」の教室内化として，2000年前後から浸透してきた。それは教育を成り立たせるために試行錯誤しながら現場で採用されていった。本章ではその代表的な手法として，レポート課題とグループワークを取り上げた。前者は学生が自ら調べて考えて書く，後者は学生同士協力して課題に取り組むもので，どちらも「能動的な学修」への参加を促す効果——試行錯誤と創意工夫の機会を増やす——が意図されていたとみなすことができる。

ところが，2000年代以降の環境条件の変化は，これらの参加型の教育手法にとって，それを指導する教師次第では，諸刃の剣となる可能性がある。すなわち，もしも従来のように放任的な自由観をベースにした指導のもとで導入した場合，レポート課題におけるインターネット上のフリー素材の安易な流用や，コミュ力格差による抑圧的なグループワークのように，かえって学生が自らの可動域を狭めるように振る舞ってしまう（放任が自由を奪う！）。したがって，それらの手法を導入する際には，自分の頭を使わないとできない論題設計や，安心安全な場を保持するファシリテーションなど，繊細な配慮と周到な準備が必要になる。

設計的な自由は，このような環境条件への介入によって，試行錯誤と創意工夫の機会を人為的に作り出すことで実現する。だとすれば，参加型パラダイムが学生の自由を促進するのは，この設計的な自由への深い洞察とともに教師自らがその実現に向けて深く関与するときにかぎられる。逆にいえば，設計的な自由を支持しない教師であれば，参加型の教育手法を中途半端に導入しない方が，学生にとってはまだマシといえるだろう。

5 誰が学生の自由を保障するのか？

ところで，試行錯誤と創意工夫の機会（学生の自由の第三の意味）とは，「誰が」保障するものなのだろうか。

本章では「他から強制がなくても自らの可動域を狭めるよう振る舞ってしまう」ような環境条件について繰り返し注意を促してきた。コロナ禍を踏まえてこの補節を追記するにあたり，「他から許可がないと自らの可動域を広げる振る舞いができない」と言い換えて改めて問題提起しておこう。この場合の許可とは政府や大学や

教師によるお墨付き（オーソライズ）である。

　自由と規制の関係については，ポジティブ・リストとネガティブ・リストという対照的な考え方がある。前者は「原則禁止，リスト化されたもののみ許可」，それに対して後者は「原則自由，リスト化されたもののみ禁止」を意味する。いつの間にか，私たちの自由観はポジティブ・リスト（＝許可されないと何もできない）になっていないだろうか。コロナ禍以前からの傾向であるが，最近より強まっている。

　放任的な自由にせよ，設計的な自由にせよ，それを与える主体として暗黙裡に想定されているのは，大学組織であり，科目担当の教師である。大学も教師も，教授・学習環境を提供する立場にある以上，学生の自由についても一定の責任と権限をもっている。本章が想定する読者も主に大学教師であるから，彼らに向かって，試行錯誤と創意工夫の機会を保障せよ，と呼びかけてきた。

　では，学生は，エサを待つヒナのように，ただ口を開けて鳴いているだけでよいのか。大学や教師の教育的配慮にすがるだけでよいのか。

　序章でも触れているように，コロナ禍の遠隔授業が始まった 2020 年，「＃学費返還運動」「＃大学生の日常も大事だ」などのハッシュタグで学生の不満が SNS 上に可視化された。学生が置かれた苦境は同情に値するし，そうした SNS を通じた運動が一定の効果をもつことも承知している。

　ただし，いくら世界に向かって不満をつぶやいても——そしてたとえつぶやきが事態を動かしたとしても——自分自身の可動域が広がることはない。まずは自分の大学の教師や職員など具体的な相手と向き合い，つながって，交渉してみよう。門が閉ざされていたら，塀をよじのぼって乗り越えればよい。大学は自分たちの場所であるのだから。学生は教職員とともに大学共同体の構成員である。

　「塀の乗り越え方なんて誰も教えてくれなかった」というなら，歴史から大いに学べばよい（井上 2017）。ここから，学生の自由の第四の意味を発見するのは，現在学生であるあなた自身である。

【引用・参考文献】

石原　俊（2017）．『群島と大学——冷戦ガラパゴスを超えて』共和国
伊藤茂樹（1999）．「大学生は「生徒」なのか——大衆教育社会における高等教育の対象」『駒沢大学教育学研究論集』15, 85–111.
井上義和（2016）．「教育のビジネス化とグローバル化」佐藤卓己［編］『学習する社会の明日』（岩波講座現代 8）岩波書店，pp.103–129.

井上義和（2017）.「参加型パラダイムは民主化の夢を代替しうるか？──ポスト代表制の学生自治」藤本夕衣・古川雄嗣・渡邉浩一［編］『反「大学改革」論──若手からの問題提起』ナカニシヤ出版, pp.97-116.

岩田弘三（2015）.「「大学の学校化」と大学生の「生徒化」」『武蔵野大学教養教育リサーチセンター紀要』5, 65-87.

小針　誠（2018）.『アクティブラーニング──学校教育の理想と現実』講談社

鈴木　翔（2012）.『教室内カースト』光文社

中央教育審議会（2012）.「新たな未来を築くための大学教育の質的転換に向けて──生涯学び続け, 主体的に考える力を育成する大学へ（答申）」文部科学省〈https://www.mext.go.jp/b_menu/shingi/chukyo/chukyo0/toushin/1325047.htm（最終閲覧日：2021年9月25日）〉

中野民夫（2003）.『ファシリテーション革命──参加型の場づくりの技法』岩波書店

成瀬尚志［編］（2016）.『学生を思考にいざなうレポート課題』ひつじ書房

本田由紀（2005）.『多元化する「能力」と日本社会──ハイパー・メリトクラシー化のなかで』NTT出版

溝上慎一（2014）.『アクティブラーニングと教授学習パラダイムの転換』東信堂

山口裕之（2017）.『「大学改革」という病──学問の自由・財政基盤・競争主義から検証する』明石書店

第 7 章

教育改革とライティング教育

アメリカのライティング教育史からの視点

笠木雅史

1 教育改革における大学ライティング教育：初年次ライティング教育の導入

　大学教育改革の試みのなかで，大学までに習得されることが期待される基礎学力を補うための「補習教育」（大学審議会 1997），高校と大学を接続し，初年次学生が大学生になることを支援するための「初年次教育」（中央教育審議会 2008：35）が各大学で整備された。さらに，就業にあたって必要となる実践的な知識や技術を学生が身につけるために，大学でも「キャリア教育・職業教育」（中央教育審議会 2011）を強化する動きが進められている。したがって，大学教育改革とは，高校と大学の接続（高大接続），初年次教育と専門教育の接続，大学と社会の接続という3点を中心とする改革であるといえる。成田（2014）は，この3点を大学教育改革の重点目標としたうえで，その内実を以下のようにまとめている。

　　重点目標Ⅰ：能動型の学習を通して基本的な日本語リテラシーを獲得する
　　重点目標Ⅱ：社会で活躍するためのジェネリックスキル（汎用的技能）を養成する
　　重点目標Ⅲ：専門教育につながる情報・知識の活用能力を養成する

　重点目標Ⅰは高校と大学の接続を念頭に置いたものである。この接続のための教育は「リメディアル教育」とも呼ばれるが，成田はアメリカに由来する「リメディアル教育」を日本にそのまま当てはめるのは適切ではないとする。その理由は，アメリカと異なり日本では全国レベルで学習指導要領が制定され，高校教育の標準化が行われているからである（ただし，2節で述べるように，1990年代以降のアメリカの教育改革は高校教育の標準化も目指すものであった）。むしろ，成田は「受動的な学びが染みついている学生を能動的な学びへと転換させつつ，基本的なリテラ

シーの育成を図る」（成田 2014：21）ことが重点目標Ⅰの要点だと考えている。この学びの転換を経て，重点目標Ⅲの述べる初年次教育と専門教育の接続，重点目標Ⅱの述べる大学と社会の接続が可能となるというわけである。

　「リテラシー」や「コンピテンシー」という語は，経済協力開発機構（OECD, Organisation for Economic Co-operation and Development）のキー・コンピテンシーの分類，OECD の実施している国際的な学習到達度調査（PISA）のリテラシーの分類の影響で，教育改革の文脈でしばしば用いられる。しかし，この文脈内でさえ，これらの語が一貫した意味で用いられているとは言いがたい[1]。成田自身は，「21 世紀型リテラシー」として六つの能力を提案する。そのうちの一つが，「表現力」であり，「状況や場面に即して，伝えたいことを伝えたい相手に，的確な手段で伝える能力」（成田 2014：17）として定義される。成田の考える表現力は，いわゆるコミュニケーション能力と情報リテラシーを含むものであるが，現在の大学において表現力は「日本語表現」といった名のもとに，日本語ライティング科目によって教えられることが多い[2]。国公私立大学 769 校が回答した文部科学省（2017）の調査結果では，2015 年度には 89％の大学で「レポート・論文の書き方などの文章作法」，82％の大学で「プレゼンテーション等の口頭発表の技法」についての初年次科目が提供されている[3]。

　大学教育改革の一貫としての日本の大学ライティング教育の変化は，実のところ，アメリカの大学が 19 世紀末から行ってきたライティング教育の方向性と同一である。初年次教育の一環としてライティング関連科目を設置することで，高校と大学，初年次教育と専門教育，そして大学と社会の三つの接続という課題に取り組むことは，すでにアメリカで長い歴史をもっているのである。この方向でのアメリカの大学ライティング教育は 19 世紀末の導入以後，繰り返し批判されるとともに，専門的な観点から再検討や修正の努力が続けられてきた。本章では，以下 2 節で，このアメリカの大学のライティング教育史を記述する。とくに，1990 年代以降のアメリ

---

1) OECD のキー・コンピテンシー，PISA リテラシーの内実と，その日本の教育改革との関係については，松下（2010）が詳しく検討している。
2) 本章で「ライティング科目」，「ライティング教育」と呼ぶのは，日本語を第一言語とする学生を対象とする日本語ライティング科目，教育であり，日本語を第一言語としない学生のための「アカデミック・ジャパニーズ」などの教育については本章では扱わない。
3) 初年次ライティング科目の実施状況や概略については，中島（2018），成田・山本（2018）も参照のこと。

カのライティング・ライティング教育では，政府主導の教育改革に抗う形で，一般的・汎用的なものとしてのライティングスキル理解，この理解にともなう形式的要素のみを重視するライティング教育が強く批判されている[4]。3節では，ライティング教育を中心として日本の教育改革を概観し，同様の形式的要素重視の教育方針が存在することを確認する。アメリカで提起された批判と同じタイプの批判がこの方針にも向けられるため，ライティング・ライティング教育の専門性を確立することの重要性を最後に提唱する[5]。

2　アメリカのライティング教育史： 初年次ライティング科目の導入・定着とその批判

　1862年に，農業と技術を教える大学を設立するためにアメリカ各州の公有地を与えるというモリル法が制定された。この結果，アメリカにおける大学の数は急増し，1900年頃にはおよそ750を数えるほどとなった。また，1876年に大学院を中心としたジョンズ・ホプキンス大学が設立されたことをきっかけとして，ドイツ型の研究大学をモデルとした大学組織の再整備が進んだ。この再整備の結果として，大学組織は専門教育を担う学科から構成されるようになり，大学教育の目的も各種専門家の養成となった。専門教育のみを大学が担うこの時代には，基本的なリテラシーやコミュニケーション能力は，大学への入学以前に習得されているべきだと考えられていた。しかし，この時代は同時に民主主義の発達と大学数の増加にともない，大学入学者の数が増大した時代でもある。この大学の大衆化の結果，リテラシー，特に表記法・正規法（mechanics）を十分に身につけていない大学入学者が多数存在することが社会で問題視されることになる。

　ハーバード大学はこの社会的懸念に対し，1874年にライティングによる入学試験制度を導入することで対応し，すぐに類似した入学試験制度が他大学にも取り入れ

4）本章では「ライティング・ライティング教育」という語を，ライティングそのものについての研究とライティング教育についての研究の両方を行う専門分野を指すために用いる。この分野はアメリカのライティング教育史のなかで徐々に形成され，20世紀後半に専門分野として確立された。

5）本章で記述するアメリカのライティング教育史は，Bazerman et al.（2005：ch. 2），Connors（1995, 1997），Goggin（1995），Harker（2015），Russell（1991/2002）を参照し，まとめたものである。

られた。この変化は，高校のライティング教育を充実させ，大学教育にライティングの高大接続という観点を取り入れるという流れを形成することになる。この流れのなかで，全米教育協会（National Education Association）は1893年に，大学の専門分化に対応する高校教育カリキュラムを推奨する方針を打ち出す。この高校教育カリキュラム改訂は，ラテン語，ギリシャ語，英語（文学，作文（composition），文法），他の現代語，数学，物理科学，自然史（生物学），歴史と政治，地理という九つの主題を重点化するものだった。この重点化では，「作文」というライティング教育は英語教育の一環として扱われたため，結果として，高校，大学でのライティング教育は，新しく大学に設置された英文学部出身ないし所属であり，英文学を専門とする教員が担うという傾向が生み出された。ハーバード大学では，作文教育を中心とする「英語 A」が初年次の受講必須科目となり，1890年代には多くの他大学で同様の方針がとられた。英文学科の教員が大学のライティング教育を担当するという方針は徐々に普及し，20世紀中頃には完全に定着することになる（ただし，初年次ライティング科目を担当したのはテニュアをもたない教員が多く，彼らの大学内での地位は低かった）[6]。

　このように1860年代に始まるアメリカの大学の大衆化は，高大接続の強化を求める社会的要請を生み出し，それは英文学科の教員と TA（ティーチング・アシスタント）によって提供される初年次ライティング科目によるリメディアル教育という形で結実した。この変化のもう一つの要因は，1890年代から1920年代にかけてアメリカでは工業化が急速に進み，それにともない企業内の職種，職務も大幅に変化したことである。とくに，企業では各部門に管理職が設置され，管理職はさまざまな記録を書き記し，またその記録の分析に基づく指示を書面でコミュニケートするようになった（タイプライターの普及もこの変化に貢献した）。このため，新しい職務に応じた，書くこととコミュニケーションを重視した職業教育を大学に求める社会的要請も高まることになった。初年次ライティング科目を中心とする大学ライティング教育は，この産業界の変化への対応を求める社会的要請への応答としても急速に整備されたのである。このように高大接続，大学と社会の接続という二つの要請に応える形で導入された初年次ライティング科目は，アメリカ教育界において

6）大学の規模や授与可能学位，入試体制によっても変わるが，Isaacs（2018）の調査では，21世紀現在でも大規模大学で初年次ライティング科目を担当するのは，任期付き教員や大学院生の TA であることが多い。

修正案や撤廃案が幾度も提起され，「不満の伝統」（Greenbaum 1969）を形成することになる[7]。

　多くの批判がありつつも，20世紀のアメリカで大学ライティング教育が定着したのは，やはり大学の大衆化が進行したことが要因である。第二次世界大戦の終結と公民権運動の高まりにより，戦後から1970年代にかけて大学入学者はさらに増大し，入学者の社会的・経済的背景も多様化した。これに対応する形で，リテラシーレベルの低下に対する社会的懸念も再び声高に叫ばれるようになる。この懸念に対し，初年次ライティング教育を中核とするリメディアル教育を強化することで，大学は再度対応することとなった。このため，1970年代からしばらくの間，初年次ライティング科目が批判的に検討されることはほとんどなかった。しかし，1990年代には，従来の初年次ライティング科目の有効性や効果を疑問視する強い批判が開始される（Crowley 1990, 1991, 1998；Kaufer & Young 1993；Petraglia 1995a, 1995b；Russell 1991/2002, 1995, 1997 など）。この1990年代から現在も続く批判がそれまでのものと異なるのは，それがライティング・ライティング教育が専門性を確立した後に現れた，専門的研究を背景にしたものであったことである。これらの批判は，大学制度，入試制度，教育制度への批判も含み，多岐にわたるが，初年次ライティング科目の前提となっている一般的・汎用的スキルとしてのライティングスキルという考え方そのものを批判する点で共通している。

　この点での批判は軌を一にするものであるため，ここではD. R. ラッセル（Russell, D. R.）の論（Russell 1995）だけを紹介しておく。その批判の中心となるのは，自律的で一般的であり，あらゆる文脈に適用可能な「書く」スキルが存在するという想定についての疑念である。人間は多様な目的のために多様な内容を，異なる読者に対し，異なるやり方で書いている。特定の書くという行為は，特定の目的と読者をもち，その目的実現のために歴史的に形成された手段（ラッセルはこれらをまとめて「活動系（activity system）」と呼ぶ）に相対的なものである。たとえば，特定の学術分野における書く行為は，その分野固有の語彙，表記法，型，言語使用についての規約，構成の仕方やそのための戦略，問題解決の方法などさまざまな知識やスキルを活用することで成立している。各活動系は異なる歴史をもち，異なる制度化が行われているため，一つの活動系に習熟した人であっても，他の活動

7）本章では詳述できないが，初年次ライティング科目に対する批判の歴史は，注5で挙げた文献が詳しく論じている。

系において書くためには，その活動系に相対的なスキルや知識を必要とするとラッセルは論じる。

　ラッセルによれば，大学の初年次ライティング科目は，自律的・一般的・汎用的な「書く」スキルが存在するという想定によって支えられている。この想定は，あらゆる学術分野に共通し，社会でも活用可能な，「学術的言語（academic discourse）」と呼ばれる大きな活動系が存在し，それに対応する一般的・汎用的な書くスキル（アカデミック・ライティングスキル）が存在するという想定として現れることもある。しかし，「学術的言語」と呼ばれるものでさえ，大幅に異なる活動系からの粗雑な抽象化の産物にすぎないとラッセルは指摘する。学術的言語なるものは，特定の目的も，そのために歴史的に形成される独自の言語規約や表現手段も，特定の読者ももたず，他の活動系とは類似性をほとんどもたない。ラッセルによれば，学術的言語という多くの学問分野の活動系を包摂する大きな活動系が存在し，その活動系内で書くスキルは他の活動系に適用可能であるという想定は誤りである。専門教育に分化したあとも応用可能なライティングスキルを教授するという目的で設置されているライティング科目は，実のところ，実際の学術分野におけるさまざまな活動系とはほとんど無関係の学術的言語なるものを作り出し，その内でのみ評価・適用可能なスキルを教えているにすぎないというのがラッセルの指摘である（また，ラッセルや S. クロウリー（Crowley, S.）の批判は，ライティング科目を支える誤った想定の背後にあるリテラシーという考え方そのものや，それが存続する理由となっている大学内外の諸制度にも向けられる）[8]。

　この 1990 年代の初年次ライティング科目批判は，初年次ライティング科目が教授する学術的言語なるものは，特定の目的や読者や，目的達成，読者の理解のための特定の言語規約や表現手段といった実質的要素をもたず，スペル，文法，句読点の使用や文章構成のための型という形式的要素のみから成立していると指摘するものだった。このような言語は実のところ存在しないが，初年次ライティング科目がこうした形式的要素のみの重視に陥ったのには，いくつか理由がある。

（1）言語は思考・知識を表現したり，思考・知識を他者とコミュニケーショ

---

8) リテラシーについての現代の社会通念（「リテラシーという神話（literacy myth）」と呼ばれる）を，その存続を許してきた社会的，歴史的，制度的理由とともに考察した研究としては，Graff（1979），Harker（2015），Keller（2013：ch. 2）などがある。

ンしたりするための道具であると想定されてきたため，考え方や知識の
教授が行われる専門教育を可能とするためのスキル，テクニック（≠
考え方，知識）の教授がその目的とされた（Petraglia 1995b；Russell
1991/2002；Rose 1985）

(2) 専門教育以前の一般教育科目として位置づけられたため，特定の専門の
実質的内容に踏み込めず，結果として形式的要素に特化した（Russell
1991/2002, 1995；Kaufer & Young 1993）

(3) 少数の教員が多数の学生を対象とする初年次ライティング教育を担当
せざるをえず，採点のしやすい単純な形式的要素に特化した（Connors
1985, 1997：ch. 3）

(4) ライティング科目を担当する英文学科の教員，院生は，ライティングにも
他分野にも専門的知識をもたず，著名な教科書に頼りつつ授業を進めた
が，それらが形式的要素を重視するものだった（Connors 1985；Crowley
1998：ch. 5）

(5) 各大学の入学テストや全国レベルの各種共通テストが，ライティングスキ
ルの客観的指標として形式的要素に定位したため，ライティング科目もそ
れに最適化された（Russell 1991/2002：ch. 6）

　初年次ライティング科目における形式的要素の強調は，(1) を除けば，社会的，制
度的な限界・制約から生じており，簡単に解消可能なものではない。また，初年次ラ
イティング科目を通じ，多くの学生がライティングの形式的要素を核とする学術的
言語についての通念とその意義や良し悪しについての通念を身につけてしまうため，
結果としてさらにその存続を許してしまうという循環構造ももっている。

　1990 年代に始まった一般的・汎用的なライティングスキルの存在に対する批判
とその批判に応じてライティング教育を変革しようという運動は，主に二つの理由
で，それ以降大きなものとなった。一つは，特定の言語の歴史，文脈，状況依存性が，
応用言語学でも 1990 年代に大きな研究主題となり，ジャンル研究として確立した
ことである（Hyland 2000；Johns 1997；Swales 1990, 2004 など）。もう一つは，認
知科学や心理学の知見からだけでなく，初年次ライティング科目受講者に対する実
証的調査から，初年次ライティング科目がその後の専門的教育でのライティングと
の接続にほとんど効果をあげていないことが明らかとなったことである。学生が初
年次ライティング科目で獲得した知識やスキルを他のジャンル，分野，文脈に転移

（transfer）する際に大きな困難があるというこの問題は，「転移問題（the transfer problem, the problem of transfer）」と呼ばれる。2000 年代のライティング・ライティング教育では，転移問題についての理論的，実証的な研究が多数公刊されている[9]。

　転移問題の研究は，もちろんより転移を促進するような授業設計のために活用されることが意図されており，多くの授業改善提案や授業実践の報告も行われている[10]。しかし，2000 年代は，アメリカで政府や財界主導の教育改革が進められた時代でもある。そして，この教育改革は，1990 年代の専門的な批判から起こったライティング教育改善の流れとはまったく逆に，共通テストによるライティング評価基準の画一化・標準化を推し進めることになったのである。

　アメリカの教育改革は，1983 年にレーガン大統領政権下で発行された報告書「危機に立つ国家：教育改革の急務」（U.S. Department of Education 1983）に始まる。この報告書は，大学入学資格判定に用いられる共通テスト SAT などの点数の低下を受け，中学・高校・大学の教育を改革し，専門的，職業的な国際的競争力を高めることを要求するものであった。さらに，この教育改革は，説明責任（accountability）とそれにともなう質保証を強化するように学校側に要求した。この流れのなかで，全米州知事協会と財界リーダーが主導した「アメリカ・ディプロマ・プロジェクト（ADP, American Diploma Project）」が，アメリカ全土の高校と大学に対して，高大接続を促進し，大学と社会で成功するのに必須のスキルを教えることを目標とする教育改革を 1996 年から始める。アメリカには私立大学が多いため，この教育改革は，とりわけ各州の初等中等教育の改革を中心とするものであった。初等中等教育の改革は，州ごとに異なっていた幼稚園から高校までの教育カリキュラム，教育評価基準を標準化するために，「全州コモンコア・スタンダー

---

9) これらの研究は著名なものだけでも膨大な量となる（Anson & Moore 2016；Beaufort 1999, 2007, 2012；Bergmann & Zepernick 2007；Driscoll 2011；Downs & Wardle 2007, 2012；Mestre 2005；Moore & Bass 2017；Nowacek 2011；Smit 2004：ch. 6；Sullivan 2014；Wardle 2007, 2009；Yancey et al. 2014 など）。もちろん，転移問題は，初年次教育と専門教育の接続だけでなく，高大接続，大学と社会の接続についても問題になる。高大接続との関連では Sullivan & Tinberg (2006)，Sullivan et al. (2010)，大学と社会の接続との関連では Beaufort (1999, 2007, 2012) を参照のこと。
10) 注 9 で挙げた研究の多くは，授業改善の提案も含んでいる。近年の初年次ライティング科目の授業実践については，Coxwell-Teague & Lunsford (2014) 所収の各論文も参照のこと。

ド（Common Core State Standards）」（以下，コモンコア）を制定することで進められた。コモンコアとその実施のためのガイドラインは各教科について制定されたが，ライティング科目もその中に含められた。2004 年に出版された ADP の報告書（American Diploma Project 2004）は，ライティング科目において「あらゆる種類の優れたライティングに適用可能なスキル」（p.28），つまり一般的・汎用的なライティングスキルを教授するように求めている。

　このコモンコアは各州にそれに従うことを強制するものではないが，アメリカの他の教育政策と複雑な関係にある。2000 年代のアメリカでは，2002 年に立法化された「どの子も置き去りにしない法（NCLB, No Child Left Behind Act）」，教育省の主導で 2009 年に開始された「頂点への競争（Race to the Top）」政策を中心に，各州の教育制度を評価し，それに応じて資金を配分するという方針がとられてきた。コモンコアに従っているかどうかはこの評価に含まれないが，評価対象となる共通テスト（大学入学資格判定に用いられる AST，SAT など各営利，非営利団体が作成する各テスト）は，コモンコアに則して設計されている。したがって，結局のところ，コモンコアに従わなければ資金配分に差がつくという帰結を生み出した。NCLB の共通テストを教育の評価基準とする方針は，このようなテスト制作者がコモンコアの作成に関係していることや共通テストの点数を教員評価と連動させる方針が批判を呼んだこともあり，2015 年にその後継として施行された「すべての生徒が成功する法（Every Student Succeeds Act）」では，共通テストへの依存を弱め，より各州に自由な裁量を与える方針となっている[11]。

　初等中等教育に対する説明責任と質保証を求める政府方針に，大学教育も無関係であるわけではない。教育省長官によって組織され，財界リーダーや大学総長から構成される「高等教育の将来についての協議会」は，2006 年に「リーダーシップのテスト：アメリカ高等教育の未来を描く」と題された文章を発表した（U. S. Department of Education 2006）。この文章では，大学に教育費や教育成果を透明化することを求めると同時に，2003 年に 16 才以上を対象として実施されたリテラシーレベルの調査結果をもとに，リテラシーレベルの低下に対する懸念が表明

11）アメリカの NCLB を中心とする教育政策とその問題点については，Addison & McGee（2015, 2017），Deming & Figlio（2016）などを参照のこと。また，この教育政策が児童，生徒の成績の向上をもたらしたのかについても多数の調査が存在し，数学については ある程度肯定的な結果，リーディング教育については否定的な結果がえられる場合が多い（Dee & Jacob 2011；Gross et al. 2009；Hemelt & Jacob 2020 など）。

されている[12]。さらに，この文章は，教育支援協議会（CAE, Council for Aid to Education）という非営利団体が提供する CLA という共通テストを，教育成果の評価指標として用いることを推奨している（CLA はその後，CLA＋という後継テストに代替された）。CLA と CLA＋は，90 分の課題で実用的状況での一般的推論スキルとライティングスキルを計測するとされている。2300 人の学生を対象とする Arum & Roksa（2011）の調査では，入学時と 2 年終了時での CLA の点数を比較すると，45％が有意な得点の上昇を示さなかった。この調査結果は，しばしば従来の大学教育を批判し，教育改革を推進するために引き合いに出されるようになる[13]。

　1990 年代からの教育責任と質保証を求める政府の動きに，高等教育ライティングの専門家たちも沈黙していたわけではない。ライティングプログラム管理者協議会（CWPA, Council of Writing Program Administrators）はいくつかの関連学会の協力をえて，2000 年に「初年次作文コースのための WPA アウトカム宣言」（Harrington et al. 2001）を発表し，初年次ライティング教育で学生が知るべきこと，行うべきことのリストを作成した（その後，改定が続けられ 2014 年に第 3 版（Harrington et al. 2014）が発表された）。さらに，2011 年には CWPA は，全米英語教師協議会（NCTE, National Council of Teachers of English），国家ライティング計画（NWP, National Writing Project）と共同で「高校後のライティングにおける成功のためのガイドライン」（Council of Writing Program Administrators et al. 2011）を発表し，大学での成功のために重要な経験と心の習慣をリスト化している[14]。これらの宣言やガイドラインは，各大学の学生層や状況に応じた，多様な教育方法や評価基準の作成の余地を残すものである。

　コモンコアの核にある一般的・汎用的ライティングスキルという考え方は，1990 年代以降ライティングの専門家が推進してきた教育の方向と逆行するものである。

12）「リーダーシップのテスト」についての批判的検討として，Ewell（2008），Huot（2007），Ruben et al.（2008）などを参照のこと。

13）この調査結果は大学教育改革の根拠の一つとされたため，その後，多くの批判的検討が行われた。たとえば，Addison & McGee（2015 : 212-213）はそれらの批判をまとめつつ，この CLA が一般的スキルを測定すると称しつつも，リスク管理という特定の観点から，航空機の特徴を比較するという特定の主題について，ビジネス連絡票という特定の形式で書くことを求める課題である点を問題点として挙げている。

14）このガイドラインの含意や教育現場への適用方法は，Behm et al.（2017）に収録された諸論文で論じられている。

専門家たちはコモンコアについて批判の声をあげ，NCTE は 2013 年にコモンコアのライティング教育について懸念する声明を発表した。この声明によれば，コモンコアは「社会的，文化的に位置づけられるものとしてのリテラシー理解」に抵触し，「限定的なリテラシーについての見解」（National Council of Teachers of English 2013：3）を含むものである。また，NCTE，NWP などの団体は，コモンコアにある程度即しつつも，適切なライティング教育を実施できるようにするための各種資料・教材を作成している[15]。

3 高校・大学ライティング教育の将来：新高等学校学習指導要領と高大接続

　日米で近年進められている教育改革には，多くの共通点がある。第一に，急速に変化する現代社会に対応するための職業訓練の必要性や国際競争力の低下を嘆く声に強く後押しされた，トップダウンのものであるという点である。第二に，その結果，高大接続，大学と社会の接続を中心とするものであるという点である。第三に，この方向性を目指すため，高校・大学を経て，就職した後も活用可能な一般的・汎用的スキルの育成を前提とし，促進するものになっている点である。第四に，こうした一般的・汎用的スキルを測定するものとして，共通テストが用いられる点である。日本の場合，教育改革の一環として 2020 年度からセンター試験に代わり「大学入学共通テスト」が実施されている。この大学入学共通テストには，英語に関しては，英検，TOEFL，IELTS などの民間共通テストの導入が検討されていた。紆余曲折を経てその導入は断念されたものの，これらの民間共通テストは大学入学資格の判定のために使用されている。また，2019 年度から開始された「高校生のための学びの基礎診断」は，英語，国語，数学に関する基礎学力の測定のために，日本漢字能力検定協会，日本数学検定協会，ベネッセコーポレーションなどが開発した各種共通テストを活用するものである。

　私立大学の多いアメリカの教育改革は，主に大学入学以前の教育に向けられたも

---

15) コモンコアを中核とするアメリカの高校教育改革の詳細とその批判的検討として，Addison & McGee（2017），Schneider（2015），北野ら（2012）が有益である。また，コモンコアに依拠するライティング教育については，転移問題についての専門的見地から，Adler-Kassner（2017）が批判的に検討している。

のであった。しかし，各州の裁量を認める従来の方針やコモンコアへの批判もあり，コモンコアの導入について各州の足並みは完全にそろっているとはいえない。高校教育改革の影響は，学習指導要領が制定されている日本の方が全国規模で急速に進められている。2018年3月に文部科学省は新しい高等学校学習指導要領を告知し，7月にその解説を発表した。2022年度から実施されるこの新しい学習指導要領の解説には，「社会に開かれた教育課程」の実現のために，さまざまな改訂が盛り込まれている。「主体的・対話的で深い学び」を促進するための授業改善にくわえ，「汎用的な能力の育成を重視する世界的な潮流を踏まえつつ」（文部科学省 2018：3），(1) 知識及び技能の習得，(2) 思考力，判断力，表現力等の育成，(3) 学びに向かう力，人間性等の涵養を三つの柱として重視するのが，従来の学習指導要領からの改訂の要点である。

　国語に関しては，共通必履修科目として「現代の国語」，「言語文化」が導入され，選択科目として「論理国語」，「文学国語」，「国語表現」，「古典探究」が設定される。従来の高校国語教育では「読むこと」以外の「話すこと・聞くこと」，「書くこと」の学習が十分行われていないという中央教育審議会の指摘を受け，特に「書くこと」は，「古典探究」を除くすべての科目で指導内容に含められている。選択科目の「論理国語」，「文学国語」，「国語表現」では，それぞれ「論理的な文章」，「文学的な文章」，「実用的な文章」を重点的に学習することになる。論理的な文章の書き方の学習は，高大接続を意識したものである。

　このような高校教育改革の方向性は，読むことと書くことを同時に行うという点で，おそらく大学の初年次ライティング科目の授業以上に総合的なものであり，この点では優れたものである（国語以外の他科目は「書くこと」を扱わないという点では限定的である）。ただし，「論理的な文章」，「文学的な文章」，「実用的な文章」という区分は，学術的言語とそれ以外の言語というラッセルらが批判した言語観とさほど異なっていない。まず，「論理国語」での「文や文章」についての学習内容は，「ウ　文や文章の効果的な組立て方や接続の仕方について理解を深めること」と「エ　文章の種類に基づく効果的な段落の構造や論の形式など，文章の構成や展開の仕方について理解を深めること」（文部科学省 2018：149）とされる。「文章の種類」として，「学術論文やレポートなどの論証のための文章や，法令や契約書などの客観的な内容を一義的に示すための文章など」（文部科学省 2018：150）の例が挙げられ，ある程度複数の言語活動を扱うこととなっている。しかし，結局のところ，「段落の構造」，「論の形式」という形式的要素が全面に押し出されており，さら

に，「学術論文には，要旨，目的，方法，結果，考察，結論のような典型的な構成や展開の型があり，それに従って書かれている。また，法令や契約書なども，定められた構成に従って書く文章である」（文部科学省 2018：150）と，学術論文には画一的な構成の型が存在すると想定している。次に，「国語表現」での「文や文章」についての学習内容は，「エ　実用的な文章などの種類や特徴，構成や展開の仕方などについて理解を深めること」（文部科学省 2018：216）とされる。「実用的な文章」には，「報道や広報の文章，案内，紹介，連絡，依頼などの文章や手紙のほか，会議や裁判などの記録，報告書，説明書，企画書，提案書，契約書などの実務的な文章，法律の条文，キャッチフレーズ，宣伝の文章」（文部科学省 2018：216）と多様なジャンルが含まれることを認める一方で，「実用的な文章には社会通念となっている一定の様式があり，それらを使いこなせるようになることが求められる」（文部科学省 2018）と，やはり「文章構成の型」の学習が重視される（ただし，「文章構成の型が成立した理由や背景，効果などについて理解することにも留意する必要がある」（文部科学省 2018）という留保はつけられている）。

　国語の大学入学共通テストは今後，新しい学習指導要領に即したものとなる（ただし，予定されていた記述式問題の導入は，英語の民間共通テスト導入と同様に，紆余曲折を経て中止された）。また，大学入試共通テストだけでなく，AO 入試で広く用いられている小論文も，それに即して内容と形式が変更されざるをえない（文部科学省（2016）は，AO 入試でも「思考力・判断力・表現力」や「主体性を持って多様な人々と協働して学ぶ態度」を評価することを求めている）。

　日本の大学での初年次ライティング教育はすでに，ジェネリックスキルや 21 世紀リテラシーとされる一般的・汎用的ライティングスキルないし，ラッセルの意味での学術的言語で書くための一般的・汎用的アカデミック・ライティングスキルを育成するものとして位置づけられている。そのため，必然的に多くのライティング初年次科目の教育方針が，レポート構成の型やパラグラフ・ライティングなどの形式的要素を重視している。初年次ライティング教育が，高校教育改革を受けて高大接続のために用いられるとすれば，大学の初年次ライティング科目でも現在以上に形式的要素を重視する方向になるか，形式的要素を中心とする高校までの学習の修正に多くの時間が費やされることになるはずである。

　このような高校，大学でのライティング教育の方向性が，教育改革の目指す目標を本当に促進するものなのか，とくにそこで学習されるスキルが本当に一般的・汎用的なものなのか，他のジャンル，文脈へと転移可能なものなのかは，理論的，実

証的に検証される必要がある。もちろん，少なくとも一部の形式的要素の学習を実際に必要とする生徒・学生がいることも確かである。しかしいずれにせよ，このような大規模な教育改革がその目標を達成するには，教員が十分対応するための制度設計が重要であるという点は，強調される必要がある。この制度には，新たに導入される要素を適切に指導するための専門的知見の蓄積とその共有を促進するための仕組みも含まれる。

　2節で記したように，日米の教育改革の大きな相違の一つは，アメリカのライティング教育が，すでに19世紀末から高大接続，年次教育と専門教育の接続，大学と社会の接続に取り組んできた長い歴史をもつという点である。この歴史のなかで，ライティング・ライティング教育が専門分野として確立され，また，多様かつ多くの調査や研究が行われてきた。そして，そこで蓄積された知見が，効果的な授業を行うための有益な知識を提供するとともに，一般的・汎用的ライティングスキルという考え方や形式的要素を重視する指導方針を中核におく教育改革の行きすぎに対する歯止めの機能を果たしてもいる。この歯止めは，単に政策としての教育改革に対する歯止めだけではなく，ライティング教育に関連する諸制度を通じてライティングについての偏った考え方や価値観が社会通念として流通することに対する歯止めともなっている。

　大学の大衆化と産業界の変化への対応として，初年次ライティング科目の整備が近年になって進められた点では，日本の大学は100年以上遅れてアメリカの歴史を繰り返しているともいえる。その後，アメリカのライティング教育史のなかで行われた初年次ライティング科目に対する多くの批判，とくに一般的・汎用的ライティングスキルという考え方や形式的要素を重視する指導方針についての1990年代以降の批判は，その存続を許す社会的，制度的理由も含め，日本の高校，大学のライティング指導方針にもほとんどそのまま当てはまる。もちろん，日本の大学でライティング教育を担う教員たちも，さまざまな工夫をこらした授業を行い，ライティング・ライティング教育については海外の知見の導入だけでなく，日本固有の知見も徐々に育ちつつある（春日ら（2021），成田ら（2014），村岡ら（2018）には多くの授業報告が含められている）。他方，日本では，ライティング・ライティング教育の専門化はまだ十分ではなく，専門学会や専門誌の整備もほとんど行われていない状態である。さらに，ライティング教育を担う教員の育成や待遇も十分ではない。問題は，他分野同様に高度な専門性を必要とするライティング・ライティング教育という分野が，日本で十分に発展するだけの人的，時間的余裕と，それを教育機関

が実施するだけの制度的，経済的余裕を日本の大学がもつことができるのかということになるだろう。

【引用・参考文献】

春日美穂・近藤裕子・坂尻彰宏・島田康行・根来麻子・堀　一成・由井恭子・渡辺哲司（2021）．『あらためて，ライティングの高大接続——多様化する新入生，応じる大学教師』ひつじ書房

北野秋男・吉良　直・大桃敏行［編］（2012）．『アメリカ教育改革の最前線——頂点への競争』学術出版会

大学審議会（1997）．「高等教育の一層の改善について（答申）」文部科学省

中央教育審議会（2008）．「学士課程教育の構築に向けて（答申）」文部科学省

中央教育審議会（2011）．「今後の学校におけるキャリア教育・職業教育の在り方について（答申）」文部科学省

中島祥子（2018）．「初年次教育におけるライティング教育——組織的な取り組みと実践の一例」村岡貴子・鎌田美千子・仁科喜久子［編著］『大学と社会をつなぐライティング教育』くろしお出版，pp.97–116.

成田秀夫（2014）．「変化への対応——世界・日本の教育における対応の現状」成田秀夫・大島弥生・中村博幸［編］『大学生の日本語リテラシーをいかに高めるか』ひつじ書房，pp.15–29.

成田秀夫・大島弥生・中村博幸［編］（2014）．『大学生の日本語リテラシーをいかに高めるか』ひつじ書房

成田秀夫・山本啓一（2018）．「初年次教育としてのライティング科目」初年次教育学会［編］『進化する初年次教育』世界思想社，pp.159–170.

松下佳代［編著］（2010）．『〈新しい能力〉は教育を変えるか——学力・リテラシー・コンピテンシー』ミネルヴァ書房

村岡貴子・鎌田美千子・仁科喜久子［編著］（2018）．『大学と社会をつなぐライティング教育』くろしお出版

文部科学省（2016）．「高大接続システム改革会議　最終報告」文部科学省

文部科学省（2017）．「平成 27 年度の大学における教育内容等の改革状況について（概要）」文部科学省

文部科学省（2018）．「高等学校学習指導要領（平成 30 年告示）解説　国語編」文部科学省

Addison, J., & McGee, S. J. (2015). To the core: College composition classrooms in the age of accountability, standardized testing, and common core state standards. *Rhetoric Review, 34* (2), 200–218.

Addison, J., & McGee, S. J. (2017). *Writing and school reform: Writing instruction in the age of common core and standardized testing.* Boulder, CO: University Press of Colorado.

Adler-Kassner, L. (2017). Transfer and educational reform in the twenty-first century: College and career readiness and the common core standards. In J. L. Moore, & R. Bass (eds.), *Understanding writing transfer: Implications for transformative student learning in higher education.* Sterling, VA: Styrus. pp.15–26.

American Diploma Project (2004). Ready or not: Creating a high school diploma that counts. 〈https://www.achieve.org/publications/ready-or-not-creating-high-school-diploma-counts（最終閲覧日：2022 年 6 月 15 日）〉

Anson, C. M., & Moore, J. L. (eds.)(2016). *Critical transitions: Writing and the question of transfer.* Boulder, CO: University Press of Colorado.

Arum, R., & Roksa, J. (2011). *Academically adrift: Limited learning on college campuses.*

Chicago, IL: University of Chicago Press.

Bazerman, C., Little, J., Bethel, L., Chavkin, T., Fouquette, D., & Garufis, J. (2005). *Reference guide to writing across the curriculum*. West Lafayette, IN: Parlor Press.

Beaufort, A. (1999). *Writing in the real world: Making the transition from school to work*. New York, NY: Teachers College Press.

Beaufort, A. (2007). *College writing and beyond: A new framework for university writing instruction*. Logan, UT: Utah State University Press.

Beaufort, A. (2012). College writing and beyond: Five years later. *Composition Forum, 26*.

Behm, N. N., Rankins-Robertson, S., & Roen, D. H. (eds.) (2017). *The framework for success in postsecondary writing: Scholarship and applications*. Anderson, SC: Parlor Press.

Bergmann, L. S., & Zepernick, J. (2007). Disciplinarity and transfer: Students' perceptions of learning to write. *WPA: Writing Program Administration, 31*(12), 124–149.

Connors, R. J. (1985). Mechanical correctness as a focus in composition instruction. *College Composition and Communication, 36*(1), 61–72.

Connors, R. J. (1995). The new abolitionism: Toward a historical background. In J. Petraglia (ed.), *Reconceiving writing, rethinking writing instruction*. Mahwah, NJ: Erlbaum. pp.3–26.

Connors, R. J. (1997). *Composition-rhetoric: Backgrounds, theory, and pedagogy*. Pittsburgh, PA: University of Pittsburgh Press.

Council of Writing Program Administrators, National Council of Teachers of English, & National Writing Project (2011). Framework for success in postsecondary writing. 〈https://wpacouncil.org/aws/CWPA/asset_manager/get_file/350201?ver=7548 (最終閲覧日：2022年1月21日)〉

Coxwell-Teague, D., & Lunsford, R. F. (eds.) (2014). *First-year composition: From theory to practice*. Anderson, SC: Parlor Press.

Crowley, S. (1990). *The methodical memory: Invention in current-traditional rhetoric*. Carbondale, IL: Southern Illinois University Press.

Crowley, S. (1991). A personal essay on freshman English. *Pre/Text: A Journal of Rhetorical Theory, 12*(3-4), 155–176.

Crowley, S. (1998). *Composition in the university: Historical and polemical essays*. Pittsburgh, PA: University of Pittsburgh Press.

Dee, T. S., & Jacob, B. (2011). The impact of no child left behind on student achievement. *Journal of Policy Analysis and Management, 30*(3), 418–446.

Deming, D. J., & Figlio, D. (2016). Accountability in US education: Applying lessons from K-12 experience to higher education. *Journal of Economic Perspectives, 30*(3), 33–56.

Downs, D., & Wardle, E. (2007). Teaching about writing, righting misconceptions: (Re) envisioning FYC as intro to writing studies. *College Composition and Communication, 58*(4), 552–584.

Downs, D., & Wardle, E. (2012). Re-imagining the nature of FYC: Trends in writing-about-writing pedagogies. In K. Ritter & P. K. Matsuda (eds.), *Exploring composition studies: Sites, issues, and perspectives*. Logan, UT: Utah State University Press. pp.123–144.

Driscoll, D. L. (2011). Connected, disconnected, or uncertain: Student attitudes about future writing contexts and perceptions of transfer from first year writing to the disciplines. *Across the Disciplines, 8*(2).

Ewell, P. T. (2008). Assessment and accountability in America today: Background and context. *New Directions for Institutional Research, 2008*(S1), 7–17.

Goggin, M. D. (1995). The disciplinary instability of composition. In J. Petraglia (ed.), *Reconceiving writing, rethinking writing instruction*. Mahwah, NJ: Erlbaum. pp.27–48.

Graff, H. J. (1979). *The literacy myth: Literacy and social structure in the nineteenth-century city*. New York, NY: Academic Press.

Greenbaum, L. (1969). The tradition of complaint. *College English, 31*(2), 174–187.

Gross, B., Booker, T. K., & Goldhaber, D. (2009). Boosting student achievement: The effect of comprehensive school reform on student achievement. *Educational Evaluation and Policy Analysis, 31*(2), 111–126.

Harker, M. (2015). *The lure of literacy: A critical reception of the compulsory composition debate*. Albany, NY: State University of New York Press.

Harrington, S. Halbritter, B., & Yancey, K. B. (2014). Revising FYC outcomes for a multimodal, digitally composed world: The WPA outcomes statement for first-year composition (version 3.0). *WPA: Writing Program Administration, 38*(1), 129–143.

Harrington, S., Malencyzk, R., Peckham, I., Rhodes, K., & Yancey, K. B. (2001). WPA outcomes statement for first-year composition. *College English, 63*(3), 321–325.

Hemelt, S. W., & Jacob, B. A. (2020). How does an accountability program that targets achievement gaps affect student performance? *Education Finance and Policy, 15*(1), 45–74.

Huot, B. (2007). Opinion: Consistently inconsistent: Business and the spellings commission report on higher education. *College English, 69*(5), 512–525.

Hyland, K. (2000). *Disciplinary discourses: Social interactions in academic writing*. Harlow: Longman.

Isaacs, E. J. (2018). *Writing at the State U: Instruction and administration at 106 comprehensive universities*. Logan, UT: Utah State University Press.

Johns, A. M. (1997). *Text, role, and context: Developing academic literacies*. Cambridge: Cambridge University Press.

Kaufer, D., & Young, R. (1993). Writing in the content areas: Some theoretical complexities. In L. Odell (ed.), *Theory and practice in the teaching of writing: Rethinking the discipline*. Carbondale, IL: Southern Illinois University Press. pp.71–104.

Keller, D. (2013). *Chasing literacy: Reading and writing in an age of acceleration*. Logan, CO: University Press of Colorado.

Mestre, J. P. (ed.)(2005). *Transfer of learning from a modern multidisciplinary perspective*. Greenwich, CT: Information Age Publishing.

Moore, J. L., & Bass, R. (eds.)(2017). *Understanding writing transfer: Implications for transformative student learning in higher education*. Sterling, VA: Stylus.

National Council of Teachers of English (2013). Implementation of the common core state standards: A research brief produced by the National Council of Teachers of English.

Nowacek, R. S. (2011). *Agents of integration: Understanding transfer as a rhetorical act*. Carbondale, IL: Southern Illinois University Press.

Petraglia, J. (1995a). Introduction: General writing skills instruction and its discontents. In J. Petraglia (ed.), *Reconceiving writing, rethinking writing instruction*. Mahwah, NJ: Erlbaum. pp.xi–xvii.

Petraglia, J. (1995b). Writing as unnatural act. In J. Petraglia (ed.), *Reconceiving writing, rethinking writing instruction*. Mahwah, NJ: Erlbaum. pp.79–100.

Rose, M. (1985). The language of exclusion: Writing instruction at the university. *College English, 47*(4), 341–359.

Ruben, B. D., Lewis, L., & S. Louise. (2008). *Assessing the impact of the spellings commission: The message, the messenger, and the dynamics of change in higher education*. Washington, D.C.: National Association of College and University Business Officers.

Russell, D. R. (1991/2002). *Writing in the academic disciplines: A curricular history, 2nd edition*. Carbondale, IL: Southern Illinois University Press.

Russell, D. R. (1995). Activity theory and its implications for writing instruction. In J. Petraglia (ed.), *Reconceiving writing, rethinking writing instruction*. Mahwah, NJ: Erlbaum. pp.51-78.

Russell, D. R. (1997). Rethinking genre in school and society: An activity theory analysis. *Written Communication, 14*(4), 504-554.

Schneider, M. K. (2015). *Common core dilemma: Who owns our schools?* New York, NY: Teachers College Press.

Smit, D. W. (2004). *The end of composition studies*. Carbondale, IL: Southern Illinois University Press.

Sullivan, P. (2014). *A new writing classroom: Listening, motivation, and habits of mind*. Boulder, CO: University Press of Colorado.

Sullivan, P., & Tinberg, H. B. (eds.) (2006). *What is "college-level" writing?* Urbana, IL: National Council of Teachers of English.

Sullivan, P., Tinberg, H. B. & Blau, S. (eds.) (2010). *What is "college-level" writing?, volume 2: Assignments, reading, and student writing samples*. Urbana, IL: National Council of Teachers of English.

Swales, J. M. (1990). *Genre analysis: English in academic and research settings*. Cambridge: Cambridge University Press.

Swales, J. M. (2004). *Research genres: Explorations and applications*. Cambridge: Cambridge University Press.

U.S. Department of Education (1983). A nation at risk: The imperative for educational reform: A report to the Nation and the Secretary of Education.

U.S. Department of Education (2006). A test of leadership: Charting the future of U.S. higher education: A report of the Commission appointed by Secretary of Education Margaret Spellings.

Wardle, E. (2007). Understanding "transfer" from FYC: Preliminary results of a longitudinal study. *Writing Program Administration, 31*(1-2), 65-85.

Wardle, E. (2009). 'Mutt Genres' and the goal of FYC: Can we help students write the genres of the university? *College Composition and Communication, 60*(4), 765-789.

Yancey, K. B., Robertson, L., & Taczak, K. (2014). *Writing across contexts: Transfer, composition, and sites of writing*. Logan, CO: University Press of Colorado.

第 8 章

嫌われものを授業に取り込む

英日翻訳ウィキペディアン養成セミナープロジェクト

北村紗衣

　ウィキペディア（Wikipedia）は高等教育で歓迎されているとはいえない。学生がウィキペディアを信じて試験でおかしな解答をしたり，コピー＆ペーストした内容をレポートとして提出したりしてきて，頭が痛くなったことのある教員はたくさんいるはずだ。学生がウィキペディアの誤った内容を信じ込むことにうんざりして，ウィキペディアを出典とすることを厳しく禁止する規定を作った大学すらある（Cohen 2007）。剽窃やデマの温床として，ウィキペディアが大学教員に嫌われていてもおかしくはない。

　しかしながら，好むと好まざるとにかかわらず，ウィキペディアは大きな影響力をもっている。アメリカ合衆国で行われた調査では，学生の 52％が学習のために頻繁にウィキペディアを使用している（Head & Eisenberg 2010）。日本の鶴見大学で行われた調査でも，学生のほとんどがウィキペディアを知っており，4 割以上がレポート作成のために用いている（長塚・神野 2011）。ウィキペディアはすでに大学生の主要な学習ツールであり，子供が最初に出会う百科事典であり，市民のインフラだ。もはや大学がウィキペディアを無視することは難しく，賢い付き合い方を考えるべき時が来ている。

　筆者は 2015 年より，大学の授業で学生が英語版ウィキペディアの記事を翻訳し，日本語版ウィキペディアにアップロードするという「英日翻訳ウィキペディアン養成セミナープロジェクト」を行っている[1]。2015 年夏学期から 2022 年夏学期までに 220 名ほどの学生が参加し，280 本近い項目を作成あるいは強化した。正直なところ，筆者がこの授業を始めたときには，自分のクラスが学外から関心を集めたり，大学改革の文脈で捉えられたりするようなことになるとは全く考えていなかった。しかしながら，結果的にこの授業は新しい授業の形としていくぶんかの注目を集めることとなってしまった。これは，そもそも日本においてウィキペディアと大

学の間にあまり有機的な接続がなく，研究者・教育者とウィキペディアの間柄が疎遠だったことに一因があると考えられる。本章は，ウィキペディアが市民社会の情報インフラとなっていることを踏まえつつ，英日翻訳ウィキペディアン養成セミナープロジェクトの教育実践について紹介する。ウィキペディアを用いた他の教育プロジェクトとの比較も通してその成果や課題を検討し，さらにこのような授業を実施する際にどのような問題が発生するのかも考えていきたい。

1 ウィキペディアを教育に使うのはなぜハードルが高いのか

　ウィキペディアを教育に使うというのはとくに珍しい考え方ではない。誰でも記事を書くことができるため，一見ハードルは低いようにみえる。ウィキペディアには [[Wikipedia: 出典を明記する]] および [[Wikipedia: 信頼できる情報源]] というガイドラインがあり，信憑性があると考えられる情報源を使って出典を明示することが重視されている。適切な指導と訓練さえあれば，ウィキペディアの記事を読んだり書いたりすることにより，正確な情報とそうでない情報を選り分ける力をつけることができる。さらにウィキペディアには著作権に関する厳しい規定があり，剽窃を行うと記事自体が削除されることもある。こうしたポイントは初年次教育で学生に指導すべき内容と似通っており，その点ではウィキペディアを書く訓練はそのまま大学でレポートを書く練習になる。

　日本では，時実象一が 2007 年から愛知大学文学部人文社会学科の図書館情報学専攻の学生を対象に，日本語版ウィキペディアの記事を執筆する授業を行っている（時実 2013）。2010 年からは，アレクシ・ドクールが関西外国語大学にて行った授業の一環として，フランス語を学ぶ学生がフランス語版ウィキペディアを編集した（D'Hautcourt 2011：238–240, 2014a, 2014b）。駒澤大学経営学部でも西村和夫が

1）ウィキペディア内の [[利用者：さえぼー / 英日翻訳ウィキペディアン養成セミナー]] 参照。本章では山田（2011）および北村（2020）に倣い，日本語版ウィキペディアの記事はすべて二重ブラケットで囲った表記を用いる。[[北村紗衣]] は北村紗衣本人に関するウィキペディア記事，[[利用者：さえぼー]] はウィキペディア内の北村紗衣の利用者ページである。日本語版ウィキペディアの検索窓にブラケット内の文字を入れて検索すると，該当ページにたどり着くことができる。URL は 〈https://ja.wikipedia.org/ wiki/ 利用者：さえぼー / 英日翻訳ウィキペディアン養成セミナー〉のようになる。なお，閲覧日はすべて 2021 年 9 月 25 日であり，その時点での最新版を参照した。

ウィキペディア編集の演習を行っている（西村 n.d.）。2016 年には，阿児雄之が東北学院大学の博物館情報・メディア論の授業にて，Wikipedia 執筆実習を行っている（阿児 2016）。英語圏でも，高等教育においてウィキペディアを肯定的に導入しようという動きはしばしば見受けられる（Cummings 2009；Patch 2010；Kuhne & Creel 2012；Cummings & DiLauro 2017）。たとえばカリフォルニア大学サンフランシスコ校では，2013 年に医学生が医学記事を編集する授業が行われた（Bunim 2013）。

　こうした教育実践からいえることは，ウィキペディアを大学教育に応用するのは非常にハードルが高いということだ。ウィキペディアには，長年活動しなければとても覚えられないような細かいルールや独特の専門用語がたくさんあり，「ビザンチン帝国のような」複雑怪奇なプロセスが特徴だ（Hern 2015）。これは，誰でも自由に編集できるというウィキペディアの性質上，いたずらや著作権侵害を防いだり，編集合戦を調停したりするために厳しい規定が必要だからである。ウィキペディアの最も重要な決まりは，三大方針と呼ばれる [[Wikipedia: 中立的な観点]]（記事の内容が特定の意見に偏ってはいけない），[[Wikipedia: 検証可能性]]（記事の情報は他のユーザが確認できる信頼性のある出典に基づいていなければならない），[[Wikipedia: 独自研究は載せない]]（信頼できる媒体で公刊された情報しか記載してはならない）だ。しかしながら，これらを完全に理解して記事を書くには，実際には相当な経験を要する。研究者には馴染みにくい決まりも多い。たとえば検証可能性は，記事の情報が真実かどうかではなく，信頼できそうな情報源に記載されているかを問題にしている。真実の探求としての学問を志す研究者からすると，ウィキペディアは出典があれば誤りや古くなった情報でも書いてよいとされている危険な場所にみえる。また，独自研究というのは公刊されていないオリジナルな分析のことで，これは禁止されている。一次資料を自分で読解して記事を書くことは独自研究になりやすいので奨励されておらず，二次資料を使うほうが良いとされている。つまり，原典にあたって新規性のある分析を行うよう訓練されている研究者は，ウィキペディアでは普段の習慣を出さないよう，気をつけねばならない。このほかにも，[[Wikipedia: 独立記事作成の目安]] では「特筆性」という耳慣れない概念が登場するが，これは記事として立項するに足るかを判断するための基準で，これを満たさない記事は削除される可能性があるが，初心者にはなかなか判断が難しい（日下 2012）。[[Wikipedia: 記事名の付け方]] や [[Wikipedia: スタイルマニュアル]] といった記事の見映えを整えるための決まりもたくさんあり，これらを守らな

ければ良い記事を書くことはできないと考えられている。

　授業で学生がウィキペディアを編集する場合，こうした決まりをすべて守らなければならない。このため，プロジェクトの成功には多大な労力が必要だ。作成できる記事の本数には限界があり，内容も短く簡単なものになりがちで，手続き上の問題も起こりやすい。たとえば時実の授業では，2007 年から 2012 年までに 25 件の記事が編集されたが，そのうち 4 本が削除されており，編集が取り消されたり，問題のある記事としてテンプレートが貼付されたりしているものも多い（時実 2013：3）。阿児の授業では 33 名が 10 本の記事を編集した（阿児 2016）。これらの授業は図書館学や博物館学の専門家の指導のもとで成功したと思われるものだが，成果記事の本数や分量，内容をみると，記事の執筆は学生にとって時間も労力もかかるものであることがうかがわれる。

　場合によっては，授業でウィキペディアを用いることによって問題が生じることもある。2009 年には大学（名称は非公表）の自然地理学の授業課題として大量の地理関連記事が作成されたが，著作権侵害や記事名の誤りによって削除依頼が複数出ることとなった（[[Wikipedia‐ノート：削除依頼／自墳]]）。2016 年のドクールの授業では，学生が日本語版ウィキペディアで翻訳を試みたところ，著作権侵害，機械翻訳を疑われる低品質な翻訳，誤った記事名という問題を抱えた記事が立項されてしまった（[[Wikipedia:削除依頼／A History of the World in 100 Objects]]）。2017 年にも，仁愛大学の授業で学生に地元の風物に関するウィキペディア記事執筆を課したところ，立項された 12 本のうち 7 本に著作権や特筆性，記事名の問題があり，削除などの対応がとられた（[[Wikipedia:井戸端／subj／2017 年 1 月末に多く作成された福井県関連の記事について]]）。

　著作権侵害や質の低い記事の乱発はウィキペディアンにとって管理作業の手間を増やすものであり，記事を読む一般ユーザにも悪い影響が及ぶ。初心者がウィキペディアを編集する際にルールがわからず，失敗してしまうのは避けられないことではある。しかしながら授業でウィキペディアを使う際は，教員が注意して失敗ができるだけ少なくなるようにしなければならない。

2　なぜプロジェクトを始めたのか

　2015 年 4 月から筆者が始めた英日翻訳ウィキペディアン養成セミナープロジェクトは，学生の英語力・調べ物技術の向上と，日本語版ウィキペディアの発展を 2

本の柱としている。授業プロセスをすべてウィキペディア内で公開しているため，詳細はプロジェクトのポータルである［［利用者：さえぼー／英日翻訳ウィキペディアン養成セミナー］］を見たほうがわかりやすいが，簡単にいうと，ウィキペディアの英語記事を学生に翻訳してもらい，日本語記事として公開するクラスである。原則としてひとりが1本記事を選び，責任をもって翻訳する。記事は基本的に教員指定のリストの中から選ぶ。単に記事を翻訳するだけではなく，出典が曖昧な箇所や改善できそうな箇所については，文献調査も行って内容強化も行う。ウィキペディア内に学生が作った下書きを教員が原文と照らし合わせてチェックし，日本語として意味の通る正しい訳文が完成するまで，記事としてアップロードすることはできない。教員がOKを出して初めて記事が完成となる。

　筆者がウィキペディアを授業に取り入れようと考えたのは，一言でいえば自分が［［利用者：さえぼー］］として2011年から記事を翻訳しているウィキペディアンだったからである。意外なことに，ウィキペディアを教育に取り入れたり，皆で集まってウィキペディアの編集を行うイベントであるエディタソンを実施したりしようとするユーザのなかには，ほとんどウィキペディアを編集した経験がない者も多い。たとえば阿児は授業開始時に「1byteも執筆していない」（阿児2016）状態であった。筆者は，ひとりもウィキペディアンがいない状態で計画されたエディタソンにあわてて執筆支援に入った経験が何度もある。筆者自身はウィキペディアを書き慣れていたため，授業に取り入れることにした。

　ウィキペディアを翻訳する英語の授業をやってみようと明確に決めたのは，学生のニーズに応えられる授業を作りたいと考えたためだ。筆者は2013年から東京大学などで英語の非常勤講師をつとめていたが，教科書を使ったり，ニュースや論説文などを教材にしたりした場合，学生から主に2種類の相反する反応があった。一つは「もっと実用的な英語を教えてほしい」というものだ。ニュースや論説文などを読む力は，実際はすぐ役に立つのだが，どういうわけだか学生には漠然とした「生きた英語」信仰のようなものがあり，何が実用的かについて明確な考えがないのではないかと思われた。もう一つは「もっと面白い話を教材にしてほしい」というもので，これは起伏のある展開やユーモアなどがある文章でないと興味が続かないという意見だと思われた。

　この2種類の要望に同時に応えられる教材を探すのは難しいが，そこで思いついたのがウィキペディアだ。前述の鶴見大学の調査が示唆しているように，普段は新聞を読まない学生でもウィキペディアは読むだろうから，生きた英語，実用的な

英語として身近に感じやすいはずだ。ウィキペディア程度の難度の文章が読み書き
できないと，英語で仕事や学問をするのは難しい。そして誰でも編集できるウィキ
ペディアは，比較的文法の正確さが担保されている教科書やニュースなどと異なり，
誤字脱字や悪文もたくさん存在する，よくいえば生き生きとした，悪くいえば荒波
のような英語の世界だ。学生に日常生活の英語を知ってもらう機会になるだろう。
自分が面白いと思う記事を選べるようにすれば，モチベーションの低下も避けられ
るかもしれない。

　筆者が近年の英語教育における文法訳読の軽視に対して批判的だったということ
も理由の一つだ。日本における文法訳読は，コミュニケーションにつながらない英
語教授法として1980年代頃から人気を失ったが，この退潮に対しては批判も多数
ある（平賀2005；杉山2013）。文法訳読の目的は「原文を正しく理解するための基
礎的な力を養う」（平賀2014：42）ことだ。筆者は，情報化の時代においては英語
のメールやウェブ記事などをきちんと読んで咀嚼できるようになることこそ，若者
が仕事や学問をするにあたって重要だと考えている。このため，ウェブ上の英語を
正確に理解し，他人にきちんと伝えられるような日本語にすることを到達目標とし
て授業を構想した。前述したように，ウィキペディアの読み書きは情報リテラシー
教育としての効果も期待できる。ウェブを使った情報リテラシー教育と，やや形は
古典的なものと異なるものの訳読の延長線上にあるやり方による英語読解の訓練が
一度にできるというのが基本的なコンセプトであった。ただし，面白いことに，こ
の授業が注目されるようになった後も，内容が訳読の焼き直しだということに気づ
く人はあまりいなかった。新しい革袋に入れると，古い製法の酒も新しい味わいに
思える。

　さらにもう一つ重要なのが，社会貢献ができるということだ。標葉靖子が本書の
第5章で論じているように，大学の社会貢献は徐々に重視されるようになっている。
学生にとっては，自分が翻訳したものが多くの人の役に立つということで，多少は
責任感も芽生え，やる気を保ちやすいのではないかと考えた。筆者はこの授業のガ
イダンス時には必ず，「あなたたちが翻訳した記事を，国会議員や内閣の閣僚，大手
新聞社やテレビ局の人たち，初めてネットで調べ物をする子供も読むんだから，責
任をもって」ということを伝えている。現に，2016年冬学期に学生のひとりが[[キ
ング牧師記念日]]（マーティン・ルーサー・キング牧師の誕生を記念する祝日で，1
月の第3月曜日）を翻訳立項したのだが，そのすぐ後，この記念日の直前にドナル
ド・トランプが公民権運動に関して失言をしたことがあった（Landler 2017）。そ

の後から記念日当日にかけて，ページビュー分析によると [[キング牧師記念日]]
のアクセス数は急増し，通常はほとんど 100 回を超えることのない 1 日あたりの
閲覧数が 1200 を超えた。翌 2018 年のページビューでもこの項目は記念日当日に
2000 件近いアクセスを記録しており，おそらく多数の市民の調べ物に役立っている。

3　プロジェクトの成果と反省

　英日翻訳ウィキペディアン養成セミナープロジェクトは，開始から 7 年で 220 名
ほどの学生が参加し，新規作成あるいは大幅強化を行った記事数は 2022 年 4 月末
時点で 277 本にのぼる。また，その成果はすべてリストアップしている（[[利用者：
さえぼー / 英日翻訳ウィキペディアン養成プロジェクト成果記事一覧]]）。

　本プロジェクトは，学生のために筆者がひとりで細々と始めたものだ。先行事例
も調べて知っていたため，とくに新規性があるとも考えられず，楽しく記事を作っ
て学生が英語力や情報リテラシーを身につけられれば良いと思っていた。プロジェ
クトを始める前には他のウィキペディアンと連絡をとったこともなく，ウィキペ
ディアコミュニティから支援を受けられるとも期待していなかった。ウィキペディ
アはもともと，百科事典の質の向上に関係ないとされる「目的外利用」と呼ばれる
行為に厳しい。いくら記事改善を目標にしていたとしても，教育活動は目的外利用
だとして糾弾されるかもしれないと思っていた。

　しかしながら，本授業は思った以上の注目を浴びてしまった。記事をアップ
ロードしはじめると，すぐにウィキペディアンたちがプロジェクトの存在に気づき，
作った記事の不備を修正してくれるようになった。筆者にとってそれまでは相当に
不可思議なものであったウィキペディアのコミュニティが，突然具体性をもったも
のとして立ち上がってきた。励ましやアドバイスをくれるウィキペディアンもいた。
ウィキペディアには新着項目をトップページで紹介するための投票システムがある
が，学生が作った記事が多数，トップページ用新着記事に選ばれ，[[雪氷圏]]のよ
うに月間新記事賞を受賞する記事も出てきた。プロジェクト代表者として，筆者は
日本語版ウィキペディアの 2015 年 6 月の月間感謝賞及び 2016 年 12 月の感謝賞を
受賞し，ウィキペディアや情報教育に関するイベントに呼ばれる機会が増えた。さ
らに 2016 年のウィキペディア立ち上げ 15 周年記念の際には，ウィキメディア財団
の記念特集サイトでこのプロジェクトが日本から唯一，特集記事の対象として選ば
れた（‘Kitamura Sae’）。

　プロジェクトが注目された大きな要因として，授業プロセスがすべてウィキペディア内で公開されていたことが考えられる。筆者は先行事例を調べ，担当教員や授業の概要が明確にわからない状態で記事が乱造されると，コミュニティに多大な負担がかかり，学生も作った記事が削除されるなど，モチベーション低下が生じる危険性があることを認識していた。このため，自分の利用者ページにプロジェクトページを設置し，ウィキペディアンであれば責任者が誰であるのかすぐわかるようにした。オープンであることを評価するウィキペディアの習慣にのっとり，学生の下書きや，それにコメントをつけるプロセスなどもすべて公開した。さらに授業を始める少し前から，ウィキペディアでは敬遠されがちな「管理系」と呼ばれるページに出入りし，どういうことをすると記事が削除されるのか，何をすると嫌われるのか，ということを身につけることを心がけた。経験上，ウィキペディアで誰からも嫌われないことは不可能に近いが，プロジェクト責任者としては，皆から嫌われるような行為はできるだけ避けなければならない（それでも嫌われるのには決まっているのだが）。

　このような思いがけない評価は，授業を受講する学生たちにとっては励みになるが，教員としては戸惑いを感じるものでもあった。学生のプライバシーを守るため，責任者として表に出ていくのは必然的に筆者となるが，本来この成果は学生ひとりひとりの努力によるものであり，教員は指導はしているものの，成果にタダ乗りしているだけだと言っても過言ではない。さらに注目されればされるほど，成果の中の低品質な記事や学生の振る舞いに対する批判も増える。筆者は匿名掲示板などに出入りしないが，プロジェクトが2ちゃんねる（現在は5ちゃんねる）でやり玉にあげられていたなどという噂は耳に入る。その程度ならばたいした問題ではないが，プロジェクトページが荒らされるようになった際は困惑した。ただしウィキペディアコミュニティは荒らし一般に厳しいため，いたずらは比較的素早く対処されることが多く，そこまで大きな問題は発生していない。

　こうした問題は，本プロジェクトが大学の外の世界と密接にかかわっており，社会に開かれているために発生することだ。ウィキペディアという外部のシステムを使い，社会貢献を目指す授業なので，学生指導上，通常とは異なるトラブルも起こりやすい。2015年にプロジェクトを開始した際は，技術的制約や著作権規定，ウェブにおけるマナーをよく理解しておらず，誤って削除対象になるような記事をアップしてしまう学生もいた。学生がふざけてSNS感覚でクラスメイトの利用者ページに象の糞の写真を投下し，あわや荒らし認定でブロックかと教員が真っ青になる

局面もあった。しかしながら，二学期めからは事前の注意事項を増やし，指導を細かくして，勝手に記事をアップしたり，マナーに反することを行ったりすると減点する措置を導入したため，削除対象になるような行動は激減した。これまで作った277件の記事のうち，削除依頼を出さないといけなくなったものは数件あるが，記事自体をすべて抹消することになった事例はない。初期のミスをすぐ修正できたことも，コミュニティから支援を受けられるようになった一因だと考えられる。

　ウィキペディアコミュニティから予想外の温かいサポートを受けられた一方，授業の実施に際して最も障害になったのは，意外なことに大学のシステムであった。この授業は非常勤先である東京大学教養学部で開始したが，学生やウィキペディアとは直接関係のない問題が次々に発生した。

　東大の最初の2学期はクォーター制であり，ほぼ2か月で1本の記事を仕上げるスケジュールだった。短期間で課題を仕上げなければならないため，学生の負担が大きかった。調査や推敲をしながらまとまった量の課題を仕上げる授業は，初回授業と最終回の間にある程度自習時間がとれることが前提で，日本のクォーター制ではこうした授業が実施しづらい。秋以降はセメスタークラスに変更されたため，学生も教員も多少は安定したスケジュールで記事を作ることができるようになった。

　東大教養学部の英語のクラス規模が35人前後と比較的大きいことも問題であった。下書きには提出期限を設けていたが，ほとんどの学生は期日ぎりぎりまで翻訳が終わらない。一斉に出てきた全員の下書きを教員がチェックして次回授業までにコメントするので，提出の週には40時間以上の時間外労働が発生した。ウィキペディアの仕組みがわかる大学院生が見つからなかったため，TAの支援は一切ない。学生の負担や教員の労働時間を考えると，提出週の翌週は休講にしたいところだが，大学のほうからはどんなに時間外学習が発生するようなシラバスでも休講にしてはいけないと言われていた。クラスの人数を減らしてほしいという要望も出したが，受け入れられなかった。

　さらに，大学の情報アクセス規定が変わり，非常勤講師は授業で使用していたデータベースに学外からアクセスできないことになったり，授業についてメディアの取材を受けることを東大から禁止されたりするなど，次々に問題が起こった。こうしたことについて問い合わせを行ったが，大学側からは全く納得のいく説明を受けることができなかった。ここにきて筆者は，東大は学生のやる気を引き出したり，教育環境を整備したりすることには関心がないのだという結論に達し，辞職して本務校である武蔵大学に授業を移すことにした[2]。武蔵大学では20人以下の少人数

ゼミ形式で授業を実施することができ，現在も継続している。卒業論文に直接つながるようなテーマの記事を作成する学生も多く，英語の授業ではあるが専門的な知識につながる学習を提供できるようになっている。

4 まとめにかえて：ウィキペディアンの願い事

これまでの授業の経過を振り返りつつ，最後にウィキペディアンとして二つの願い事をしたい。

一つ目は，大学教員はもっと積極的にウィキペディアに関わってほしいということだ。すでに述べたように，大学教員とウィキペディアの関係は必ずしも良好とはいえない。しかしながらウィキペディアは，フェイクニュースが跋扈する時代に少しでも質の良い情報を市民に届けられる可能性がある場所だ。研究者が自らの知識を社会に還元するには最適の窓口で，適切に使えば教育にも活用できる（北村2020）。筆者は研究者として市民社会に仕えるため，ウィキペディアとアカデミアをつなぎたい。このため，2016年には科学史学会で研究者とウィキペディアンを呼んで行うラウンドテーブルセッションを開催した（北村ほか2016）。同年から研究者・教員向けのウィキペディアの書き方講習会も実施している。研究者はもっとウィキペディアに興味をもち，専門家として正しい知識の普及に関わってほしいというのが筆者の強い望みだ。

二つ目の願いは，いわゆる「大学改革」のせいで実験的な授業が実施しづらくなっている現状の改善だ。東大で起こったトラブルからもわかるように，「大学改革」は一見，斬新で実践的な授業を奨励しているようにみえるが，実際はシラバス通りに授業を実施することを重視し，開講回数を固定するなど，新しい形の授業を阻害している。筆者はウィキペディアの授業以外にも，本務校である武蔵大学で映画批評を書くゼミや，戯曲を読んで観劇に行くゼミなどを実施しているが，授業時間以外に学生を引率して映画や舞台を見に行ったり，企業イベントなどの予定に合わせて学外実習を実施したりするような授業は，柔軟性のないシラバスと授業回数

---

2) 東大非常勤講師の待遇については経緯を解説した筆者の個人ブログも参照（北村2015）。この件は2017年2月に朝日新聞で非常勤講師の労働問題の一部として報道されている（朝日新聞2017）。首都圏大学非常勤講師組合が交渉を行った際には，筆者も待遇に関する情報を提供し，東大は結局非常勤講師と雇用契約を結ぶことになった（しんぶん赤旗2017）。

の規定のせいでやりづらくなっている。斬新な発想で行われる教育を促進するためには，ある程度の自由が必要だということを訴えたい。

【引用・参考文献】

朝日新聞（2017）．「非常勤講師が雇用確認申し立て　東京芸大は「業務委託」」『朝日新聞』2017年2月6日朝刊, 25.

阿児雄之（2016）．「教えながら学んだWikipedia」〈https://researchmap.jp/multidatabases/multidatabase_contents/download/237567/4c8afde2f086743da2250804dad43544/163?col_no=2&frame_id=395866（最終閲覧日：2021年9月25日）〉

北村紗衣（2015）．「来学期から東京大学非常勤を辞めることになりました」12月21日〈http://d.hatena.ne.jp/saebou/20151221/p1（最終閲覧日：2021年9月25日）〉

北村紗衣（2020）．「ウィキペディアにおける女性科学者記事」『情報の科学と技術』*70*(3), 127-133.

北村紗衣・日下九八・さかおり・のりまき・吉本秀之・藤本大士（2016）．「ラウンドテーブル　ウィキペディアと科学史——知識とコミュニケーションを考える」『科学史研究』*55*(279), 221-225.

日下九八（2012）．「ウィキペディア——その信頼性と社会的役割」『情報管理』*55*(1), 2-12.

しんぶん赤旗（2017）．「非常勤の講師3000人　東大が直接雇用に」2017年10月17日〈http://www.jcp.or.jp/akahata/aik17/2017-10-17/2017101714_01_1.html（最終閲覧日：2021年9月25日）〉

杉山幸子（2013）．「文法訳読は本当に「使えない」のか？」『日本英語英文学』*23*, 105-128.

時実象一（2013）．「ウィキペディア教育の経験」『情報知識学会誌』*23*(2), 185-192.

長塚　隆・神野こずえ（2011）．「学生におけるWikipedia日本語版の利用動向」『情報知識学会誌』*21*(2), 149-156.

西村和夫（n.d.）．「西村和夫セミナーのシラバス（詳細版）」〈https://www.komazawa-u.ac.jp/~kazov/Nis/lecture/seminar/（最終閲覧日：2021年9月25日）〉

平賀優子（2005）．「「文法・訳読式教授法」の定義再考」『日本英語教育史研究』*20*, 7-26.

平賀優子（2014）．「訳読・音読へと続く「素読」の歴史的変遷」『慶應義塾外国語教育研究』*11*, 25-46.

山田晴通（2011）．「ウィキペディアとアカデミズムの間」『東京経済大学人文自然科学論集』*131*, 57-75.

読売新聞（2013）．「NNNドキュメントで授業　東大教養学部　上映後，制作者が解説」『読売新聞』2013年12月3日東京夕刊, 13.

Bunim, J. (2013). UCSF first U.S. medical school to offer credit for Wikipedia articles, University of California San Francisco, September 26 〈https://www.ucsf.edu/news/2013/09/109201/ucsf-first-us-medical-school-offer-credit-wikipedia-articles（最終閲覧日：2021年9月25日）〉

Cohen, N. (2007). A history department bans citing Wikipedia as a research source. *The New York Times*, February 21 〈http://www.nytimes.com/2007/02/21/education/21wikipedia.html（最終閲覧日：2021年9月25日）〉

Cummings, R. E. (2009). *Lazy virtues: Teaching writing in the age of Wikipedia*. Nashville, TN: Vanderbilt University Press.

Cummings, R. E., & DiLauro, F. (2017). Student perceptions of writing with Wikipedia in Australian higher education. *First Monday, 22*(6) 〈http://journals.uic.edu/ojs/index.php/

fm/article/view/7488/6306（最終閲覧日：2021 年 9 月 25 日)〉

D'Hautcourt, A.（2011）. Modifier Wikipédia: Un exercice de FLE.『研究論集』*93*, 237–246.

D'Hautcourt, A.（2014a）. Wikipédia et FLE: Exercices pour écrire en classe un article encyclopédique.『研究論集』*100*, 339–347.

D'Hautcourt, A.（2014b）. Wikipédia, les étudiants, et moi, et moi, et moi. *Rencontres, 28*, 35–39.

Head, A. J., & Eisenberg, M. B.（2010）. How today's college students use Wikipedia for course-related research. *First Monday, 15*(3)〈http://firstmonday.org/article/view/2830/2476（最終閲覧日：2021 年 9 月 25 日)〉

Hern, A.（2015）. Wikipedia votes to ban some editors from gender-related articles. *The Guardian*, January 23〈https://www.theguardian.com/technology/2015/jan/23/wikipedia-bans-editors-from-gender-related-articles-amid-gamergate-controversy（最終閲覧日：2021 年 9 月 25 日)〉

Kitamura Sae | Wikipedia 15.〈https://15.wikipedia.org/people/kitamura-sae.html（最終閲覧日：2021 年 9 月 25 日)〉

Kuhne, M., & Creel, G.（2012）. Wikipedia, 'the people formerly known as the audience,' and first-year writing. *Teaching English in the Two-Year College, 40*(2), 177–189.

Landler, M.（2017）. 'All talk,' 'No action,' says Trump in Twitter attack on civil rights icon. *The New York Times*, January 14〈https://www.nytimes.com/2017/01/14/us/politics/john-lewis-donald-trump.html（最終閲覧日：2021 年 9 月 25 日)〉

Patch, P.（2010）. Meeting student writers where they are: Using Wikipedia to teach responsible scholarship. *Teaching English in the Two-Year College, 37*(3), 278–285.

第 9 章

課題解決とソーシャルアクション

プロジェクト型授業における「お題」について考える

成瀬尚志

1 プロジェクト型授業としての「嵐山シャルソン」

「○○大学と共同開発しました」という商品を店頭でもよく見かけるようになった。産学連携として企業と大学の教員が共同研究するという事例はこれまでも数多くあったが，そうした教員（の研究）との連携ではなく，企業や自治体が学生と（具体的には学生が受講している授業と）連携するというケースが増加している。学生はプロジェクト型の授業を履修し，その授業のなかで企業や地域と連携したプロジェクトに取り組むのだ。

プロジェクト型学習[1]（Project Based Learning）とは「一定期間内に一定の目標を実現するために，自律的・主体的に学生が自ら発見した課題に取り組み，それを解決しようとチームで協働して取り組んでいく，創造的・社会的な学び」[2] のことである。近年，他者と協力し合いながら正解のない課題に対応する力が求められているので，そうした能力を養うために，また，プロジェクト活動を通して学生の主体的な参与が期待できるということで，多くの大学でも導入されるようになってきた。プロジェクトの具体例としては，商品開発やイベントの開催など多岐にわたるが，現在の大学は地域貢献が求められていることから，地域の自治体や団体，あるいは企業が抱えている課題の解決を目指すようなものが一般的である。このように社会的に意義のある課題を解決するというプロジェクトに取り組むことは，現実のリアルな課題に取り組むという点で真正の学習（authentic learning）[3] であるとさ

---

1) 本章では授業設計に焦点を当てる場合は「プロジェクト型授業」，学習に焦点を当てる場合は「プロジェクト型学習」と表記するが，ほぼ区別なく用いる。
2) 同志社大学 PBL 推進支援センター（2012）を参照。
3) 実際の社会や生活におけるリアルな課題に取り組むなかでの学習のこと。詳細は本章4-2 を参照。

れ，近年多くの大学で取り入れられるようになってきた。

　このようなプロジェクト型授業の一環として，筆者は「嵐山シャルソン」という取り組みを実施した[4]。シャルソンとは「ソーシャルマラソン」の略で，地域の魅力を再発見するためのマラソンイベントとして，2012年から始まった。「ご当地シャルソン」として「経堂シャルソン」や「出島シャルソン」など，これまで全国で200回以上開催されている。シャルソンは，コースも自由，走っても歩いてもタクシーに乗ってもOKという非常に気軽なイベントである。ルールは「そろいのTシャツを着る」と「ゴール後のパーティーに間に合うようにゴールする」の二つだけである。シャルソンには「給○（きゅうまる）スポット」というものがある。これは，マラソンでいうところの「給水スポット」のことであり，ランナーが当日，割引などのサービスを受けられる（事前に依頼した）スポットのことである（たとえば「給たこ焼きスポット」や「給ソフトクリームスポット」などが設置された）。当日参加したランナーは，こうした給○スポットをめぐりながら地域の魅力を楽しむのだ。

　筆者はこのシャルソンを，以前の勤務校であった短大で正課外活動として2015年と2016年に実施し，その短大が嵐山の近くにあったことから「嵐山シャルソン」として開催した。一見何の変哲もないイベントであるが，このシャルソンにはプロジェクト型学習を考えるうえで重要な要素が含まれている。

　この嵐山シャルソンを開催するためのスタッフを，1年生を対象に募集したところ，最初は5名しか集まらなかったが，口コミで広がり，ミーティングを開くたびに参加者が増えていき，最終的には20名ほどの学生が集まった（1学年の学生数は100名程度）。嵐山シャルソンの準備で学生たちが具体的に取り組んだことは「Tシャツの作成」「ポスター・HPの作成などの広報」「パーティーの準備」「給○スポット探し」などであるが，学生たちが最も苦労したのは参加者を集めることであった。シャルソンの知名度は低く，自分たちで魅力を伝えないと参加者が集まらなかったため，学生たちはSNSで呼びかけたり，周りの友人に呼びかけたり，あるいはイベントの中身を工夫したりするなど，さまざまな努力をしていた。

　嵐山シャルソンをプロジェクト型学習として取り入れてみて，特筆すべき点として挙げられるのは，学生が主体的に取り組んでいたという点である。プロジェクト型授業では，学生は「やらされ感」のみで取り組み，言われたことだけをやるとい

4）この嵐山シャルソンは正課外での取り組みであったが，後でみるように正課内でも十分
　実施できると考えられる。

うケースがよくみられる。一方，スタッフとして嵐山シャルソンを準備していた学生たちは皆，イベントをよりよいものにしようとさまざまな形で努力していた。また，学生のほうから翌年も開催したいという申し出があったことから，2年連続で開催することとなり[5]，両年とも50名近い参加者を集めることができた。

イベントの当日も，参加者とともに大きく盛り上がった点も印象的である。スタッフの学生たちの達成感はもちろんのこと，当日の参加者にとっても楽しいイベントだったことは参加者のSNSへの投稿からも伝わってきた。また，給○スポットとして協力してくださった各店舗の方々も快く引き受けてくださっただけではない。お礼の挨拶に行った際，「こちらこそ協力させていただきありがとうございました。ぜひ翌年も協力させてください」といった感想をもらった点にも驚いた[6]。このように，参加者や給○スポットの方などの学外の方々との接点があったことで，学生たちは通常の授業ではできない貴重な経験ができた。

このシャルソンのような「楽しみながら社会課題の解決を目指す取り組み」のことを，ここでは「ソーシャルアクション」と呼ぶ[7]（他方，連携先の抱えている課題の解決を目指すことを「課題解決アプローチ」と呼ぶ）。このソーシャルアクションは従来の課題解決アプローチのプロジェクト（型授業）が抱えている問題を解決する可能性を秘めていると考える。以下で，その理由をみてみよう。

2 プロジェクト型授業の問題点

プロジェクト型の授業は多くの大学で取り入れられるようになってきた。しかし，実際のところうまくいっているのだろうか。もちろん，なかには学生の考案した商

5）その翌年も学生からは実施したいという要望を受けたが，筆者が転出することとなり，ともに開催することはできなくなった。

6）このように学生の取り組みが社会から好意的に受け入れられたという点は，北村紗衣（第8章）の，ウィキペディアンたちが学生たちの記事の不備を指摘してくれたり，励ましやアドバイスをくれたりした，という話と通じるところがある。

7）「ソーシャルアクション」という用語はもともと社会福祉の文脈で「世論を喚起するなどして立法・行政機関に働きかけ，政策・制度の改善をめざす組織行動」（大辞林）という意味で用いられてきたが，ここではそれとは別の意味で用いる。本章におけるソーシャルアクションの分析は，2015年から石川雅紀氏・中村征樹氏と開催してきた「ソーシャルアクション研究会」の成果である。また，小山虎氏からもソーシャルアクション研究に関して多大なる助言を得た。本章に関しては，稲岡大志氏からも貴重なコメントを得た。

品が実際に販売され好評となるような成功例もある。一方,「地域活性化」という
お題に取り組むプロジェクトの場合,「ゆるキャラ」「新商品の開発」「SNSでの発
信」「クラウドファンディング」といったお決まりの提案で終わるケースもよくみら
れる。たとえば,『アクティブラーニング失敗事例ハンドブック』[8] では,企業と連
携したプロジェクトで生じうる失敗事例として「「主体的な学び」への姿勢や意欲の
低下は,学習成果物の水準低下に結びつく (p.23)。[…略…] 教員の関与度合いが
低い取り組みでは,学生は自分たちの勝手な思い込みにより低いレベルで自己満足
し,また最終成果達成への危機感も欠如している。一方で,教員が積極的に関与し
た取り組みでは,連携企業〔の〕求める水準まで成果を出そうとするあまり,学生
の気づきをまたずに行動を指導するケースが増えてくる (p.41)」といったことが挙
げられている。こうした問題は実際にプロジェクトを担当している多くの教員が経
験しているのではないだろうか。これらはそれぞれ別々の問題ではない。学生の意
欲が低いために「この程度でかまわない」(p.21) と思い,結果として成果物のクオ
リティが低くなる。それを回避しようと教員が介入すると,「やらされ感」が強まり,
さらなる意欲低下につながる,という悪循環である。

　このような問題が生じる原因として,教員の介入の仕方の問題や準備の問題(プ
ロジェクトに取り組むにあたって必要な能力を身につけさせているか)などが考え
られるが,ここで着目したいのはプロジェクトのお題設定についてである。先にみ
たように,多くのプロジェクトは地域や企業の「課題を解決する」というお題を設
定しているが,そもそもそのような課題解決アプローチ的なお題は学習を効果的に
進めるために有効なのだろうか。

1　課題解決アプローチの問題点1：うまくいったかどうかがわからない

　課題解決を目指すプロジェクトの場合,そもそもうまくいったかどうかがわか
らないという問題が生じる。その理由として二つが考えられる。一つ目は,取り組
む課題あるいは問題が大きすぎて,何をどこまですればよいかわからないというも
のである [9]。なかには専門家にとっても困難な課題が設定されるケースもみられる。
学生自身に目標を決めさせるという授業設計も考えられるが,学生が適切な目標を
設定するのは多くの場合非常に困難である。いずれにせよ,そもそも半期や1年

8) 文部科学省「産業界ニーズに対応した教育改善・充実体制整備事業」中部圏の地域・産
　業界との連携を通した教育改革力の強化 平成26年度 東海A(教育力)チーム成果物
　「アクティブラーニング失敗事例 ハンドブック」。

間で解決できる課題 [10] にはどのようなものがあるかについては検討の余地がある。もう一つは、問題があいまいすぎるというものである。「地域活性化」というお題の場合、問題が大きすぎるというよりはあいまいである点が問題であろう。たとえば、あるイベントを実施し、その日はある意味で「地域が活性化した」としても、果たしてそれでよいのだろうか。「大きすぎ問題」であれ「あいまいすぎ問題」であれ、「どこまでいけばプロジェクトが成功なのか」について連携先、教員、学生すべてが納得できるゴールを設定することは非常に困難であるということがいえるだろう。

　もちろん、「大ヒットする商品を開発すれば成功」といったような、誰にとっても成功と思えるような基準を設定することは可能である。しかし、現実味がなければ、学生はそれを目指そうとせず「この程度でかまわない」と考えても仕方がない。また、現実味があったとしても、そこに達成感ややりがいがなさそうにみえれば取り組む意欲は高まらない。

　もし、うまくいったかどうかを学生自身が判断できなければ、プロジェクトをよりよくしようと考えることもなくなるため、学習や成長につながりにくい。したがって、成否の基準を学生自身が把握して納得しているかどうかは、プロジェクトを設計する際の最も重要なポイントだといえる。

---

9) プロジェクト型学習において、「どこまで学生に求めるか」という点に関して、鈴木 (2012) は、企画書作りの段階と、そこからさらに実践を求める段階との二つに分けられるとしている。実践をともなわない企画の提案だけを求める場合は、フィージビリティ（実現可能性）の問題が生じる。実践をともなう場合、フィージビリティは当然ながら学生たちに跳ね返ってくるが、企画書作りの場合は、どの程度のフィージビリティを考慮すべきかについての指導が非常に難しい（フィージビリティを求めすぎるとありきたりな提案で終わりがちである）。また、企画書についてはそのよしあしを評価しにくいという問題もある。そのことは、先にもあったように「この程度でかまわない」という状況を生みやすくしてしまう。実践をともなわないアイデアはコンサル的なものとなり、どうしても他人事になってしまいがちである。もちろん、事前に学生が調査を行い、その調査に基づいた提案を行うなど、授業設計がしっかりとなされていれば問題ないが、その授業のなかで何を求め、学生にどのような努力や創意工夫を求めるかについては事前に設計しておく必要がある。

10) ここで「課題」という言葉の両義性について確認しておく必要がある。課題には「問題」という意味と、「やるべきこと」という二つの意味があり、この両者は混同されやすい。後者は「宿題」に近い意味での課題である。この意味であれば半年や一年で「こなせる」ものもあるだろうが、「課題解決」という表現は当然前者の意味で用いられている。

2 課題解決アプローチの問題点2：学生のモチベーションへの配慮がない

課題解決アプローチの場合，構造上，連携先があり，その連携先が「困っている」という状況がある。その困っている人を助けるということに社会的意義があることは間違いない。しかし，そのような状況は学生に義務感やプレッシャーを与えることになり，主体的に取り組みたいという意欲を削いでしまわないだろうか。

連携先と学生との関係はフラットなものにはなりにくい。企業との連携の場合，「ダメだしの連続」を受け，学生が精神的に追い込まれてしまうというケースもある。それを「社会勉強」とみなすかどうかは，検討の余地があるだろう。少なくとも，こうした状況は「失敗が許されない」状況と学生にはみなされるため，「安全に失敗できる機会の提供」が教育の一つの役割だとするなら改善の余地がある。

このように，連携先があり，その連携先の課題を解決するという課題解決アプローチのフレームは，学生のモチベーションという点では問題がある可能性がある。もしそうならば，プロジェクトの主体は学生自身であるとし，学生の活動自体を尊重するような枠組みでプロジェクトを設計することができないだろうか。

3 ソーシャルアクション

プロジェクト型学習を学生の主体性の涵養のために取り入れるとするならば，プレッシャーがそれほど大きくないようなプロジェクトデザインも選択肢として有効であろう。そこで，そうしたプロジェクトの一つの形として，ソーシャルアクションについてみてみたい。ソーシャルアクションとは，楽しみながら社会課題の解決を目指す取り組みのことである。最も有名な事例としては，「キャンドルナイト」が挙げられる。キャンドルナイトとは，電力の使用量を削減するために，電気を消し，キャンドルだけを灯し，集まった人同士で語り合いながら同じ時間を過ごすという取り組みである。このキャンドルナイトは持続可能な社会作りを目指すという社会課題に取り組むものではあるものの，これまでみてきたような地域や企業での課題解決とは異なり，明確な（あるいは直接的な）当事者が設定されているわけではないため，プレッシャーが大きくなりにくい。一見すると，キャンドルナイトは単なるパーティーのようではあるが，目指すべき社会課題が設定されている。このように楽しさと社会課題とがセットになった取り組みがソーシャルアクションの特徴であり，現在ではそうした取り組みが数多くみられる [11]。

では，このソーシャルアクションは課題解決アプローチと具体的にどのように異

なるのか。以下ではその違いに着目して，ソーシャルアクションとは何かについて
みてみよう。

1　誰とやるか？：ソーシャルアクションの「募集ポリシー」

　ソーシャルアクションを，先ほど「楽しみながら社会課題の解決を目指す取り組
み」と規定したが，正確には「他者とともに社会課題に向けてなされるアクション」
と定義できる。そして，結果としてソーシャルアクションはソーシャルアクション
を引き起こす（可能性が高い）という特徴がある。では，なぜそうなるのか。

　ソーシャルアクションはこの定義からすると，誰かと一緒にやることが前提となる
ので，一緒にやる人を集める必要がある。そこで，「このアクションしたい人この指と
まれ」という形で募集をすることになるが，「他者とともに社会課題に向けてなされる
アクション」というソーシャルアクションの定義がいわばそのまま「募集ポリシー」
にもなっている。この募集ポリシーが「社会課題×アクション」のセットで提示さ
れている点がポイントである。社会課題が含まれていることで単なるパーティーやお
遊びではないということが示される。さらに，二項のかけ算で提示することで，社会
課題に興味をもつ人，アクションに興味をもつ人，そのかけ算の結果に興味をもつ人，
と多様な人が集まる可能性が含まれることになる。募集ポリシーを兼ねたソーシャル
アクションの説明自体が多様な人を受け入れるメッセージになっているのだ。

　そうした多様な人と共通のアクションをしたうえで，交流の契機があれば，普段
とは異なる刺激が受けられる。シャルソンの場合はゴール後にパーティーが設定さ
れているが，そこで，街をめぐったときに共通の店に立ち寄ったことがわかればそ
の話で盛り上がることもあるだろうし，話しているうちに同じ地域の出身だったこ
とがわかり意気投合することもあるだろう。普段接することのない人たちとこうし
た交流をすることはなかなかできないことなので，非常に貴重な機会であるといえ
る。参加者同士は接点がない人ばかりだとしても，同じアクションをしているので，
会話のきっかけがすでにあるのだ。

　こうした交流の楽しさは誰しもどこかで経験したことがあるのではないだろうか。
街を歩いていると突風が吹いてきてそこに並んでいた自転車が将棋倒しで倒れてし

11）ソーシャルアクションの事例としては，「おもいやりライト」「グリーンバード」「打ち
　　水大作戦」「浴衣登校 DAY」などが挙げられる。こうしたソーシャルアクションにつ
　　いては https://greenz.jp/2013/07/23/social_action/（最終閲覧日：2019 年 9 月 21 日）
　　を参照。

まった。自分は何も関係ないが，その自転車を起こしていると他の人も手伝ってくれた。そんなときにその見知らぬ人と交わす何気ない会話はなんともいえない楽しさと豊かさがある。こうした（偶然的な）交流の楽しさは，親密圏内の人同士では生まれないものである。

2　リスクの縮減

しかしながら，見知らぬ人と何かをするというのは楽しい場合もあれば，そうでない場合もある。本当に全く知らない人と何かをするというのは実のところリスクが高い。よって，親密圏外の人と一緒に何か楽しいことをしたいと思うなら，そのリスクをうまく縮減する必要がある[12]。そのリスクの縮減に関して機能しているのが，先に述べた「募集ポリシー」である。ソーシャルアクションに参加する人は「社会課題×アクション」に興味をもって集まってきた人ばかりであるが，ソーシャルアクションに参加することは，わりと面倒である。シャルソンの場合であれば，事前に申し込み，当日の予定をあけ，Tシャツを着て街をめぐり，最後にパーティーに参加するというプロセスを踏まねばならず，相当手間がかかる。手間がかかるということにくわえて，明確に楽しいということも，明確に社会に役立つということも保証されていない。それらが保証されていないにもかかわらず，こうした面倒なことに「わざわざ」参加する人となら，変なことにはならないのではないか――そう思わせるのがソーシャルアクションのポイントである。つまり，ソーシャルアクションには，そもそもこうしたことを面白がってくれる人しか集まらないのだ[13]。参加者側には「こんなイベントにどんな人が集まるのだろう」という新たな出会いに対するわくわく感が生じる。ソーシャルアクションの募集ポリシーに含意される「わざわざ」さが，「誰とやるか」を重視するメッセージとなっており，見知らぬ人同士で何かをする際のリスクをうまく縮減し，多様な人たちが安心して交流するために機能しているのだ。

3　アクションの価値を定めるものは？

ソーシャルアクションでは，多様な人との交流を通して予想外の楽しさが生ま

---

12) 以下の「リスクの縮減」については，酒井・高（2018）を参考にした。そこでは「信頼が社会的な複雑性を縮減する」というニクラス・ルーマンの著書『信頼――社会的な複雑性の縮減メカニズム』について検討されている。
13) 無理矢理参加させられたとしても，せっかく参加したのだから面白がるしかない。

れる。これこそソーシャルアクションの重要な価値であるが，注目すべきは，そこで見出された価値は，当初アクションが向けられていた社会課題（の解決）によって評価したり意味づけされたりしているわけではない，という点である。たとえば，シャルソンのパーティーで，ある人と話をしていたときに，偶然にもその会場から遠く離れた同じ小学校に通っていたことがわかりおおいに盛り上がったとする。そのこと自体は（シャルソンの課題として設定されている）地域の魅力の再発見ではないので，課題解決の観点からは価値はない。しかし，シャルソンに自分の意志で参加したことで，これまで接点のない人とこうした偶然の出会いがあったということは，その参加者にとっては非常に大きな価値である。ここで参加者のアクション（シャルソンへの参加，パーティーでの会話など）を意味づけているのは，当初解決を目指していた社会課題ではない。そうではなく，その参加者自身が自らのアクションを意味づけているのだ。

　我々が通常「プロジェクト」に取り組むとき，目標に向けた活動（行為）はその目標を達成できたかどうかという観点から評価や意味づけがなされる。その場合，その行為を評価する基準は行為に先行して決まっている。一方，ソーシャルアクションのように，事後的にその行為の意味が与えられる場合，その行為を評価する基準は行為に先行しているとはいえない。そこで，その行為に意味を与えているのは行為者自身である。これがソーシャルアクションのポイントである。ソーシャルアクションを通して，暫定的にではあれ設定されていた（課題解決という）目標からではなく，自分自身で価値や意義を見出すことは，単に与えられたものを得るのではないため，そこから得られる喜びも格別なものとなる。それが「また参加したい」や「また開催したい」というモチベーションにもつながるのだ。ソーシャルアクションがソーシャルアクションを生み出す（これを「ソーシャルアクションの再帰性」と呼ぶ）のにはこうした理由があると考えられる。以上のことから，課題解決アプローチとソーシャルアクションの違いは次のようにまとめられる。

　　課題解決アプローチ　：アクションを意味づけたり評価したりする基準が，ア
　　　　　　　　　　　　　クションを起こす前に決まっている。
　　ソーシャルアクション：アクションを意味づけたり評価したりする基準が，ア
　　　　　　　　　　　　　クションを起こした後にしかわからない。

　ソーシャルアクションの場合，社会課題は実際に解決を目指すための目標という

よりは，アクションを引き起こすため，あるいは他者を巻き込むための「口実」という意味合いが強い。それゆえ，その課題解決に縛られず，新たな価値が見出されやすいと考えられる。しかしながら，当初設定した社会課題が，アクションを意味づけるものとなるのか，あるいは単なるアクションを引き起こすための口実でしかないのかについては実際のところ事後的にしか決まらない。単なる口実のつもりで主催者は設定したとしても，参加者がそう思わないということもあるだろうし，逆のケースも考えられる。

　とはいえ，ソーシャルアクションにおける社会課題は実質的に目標としての機能を果たさない可能性が高い。というのも，先にみた通り，ソーシャルアクションは「社会課題×アクション」の形で提示されることから，課題にアプローチするための制約が非常にゆるい（アクションをするという制約しかない）ため，課題を解決できないことが参加者たちにも明確であるからである。しかしながら，このソーシャルアクションの構造上の「不十分さ」は，ソーシャルアクションが「完成品」ではなく「制作過程」であるというメッセージにもなる。あるものが完成品だとみなされれば，参加者は完成品としての楽しさを享受するだけ，あるいは楽しませてくれるのを待つだけの単なる消費者にしかならない。一方，シャルソンの参加者は，シャルソンが未完成であることを理解して参加している[14]。参加者は自分たちを，皆で一緒に作り上げていく「作り手」であると自覚し，自分たちでどのように楽しめるかを工夫するからこそ盛り上がるのだ[15]。

4　ソーシャルアクションの再帰性

　ソーシャルアクションが上述のように，当初設定されていた目標を超えて，予想外の楽しさに気づくというものであったとしても，それだけではソーシャルアクションがソーシャルアクションを引き起こすとは限らない。というのも，ソーシャルアクション（というイベントの開催）のハードルがあまりにも高い場合は，自分

---

14) この「未完成」という観点でも，学生がソーシャルアクションに取り組むことは，学生の学生らしさ（成長途上であるという点）を活かしたお題であるといえる。
15) 2回目の嵐山シャルソンのパーティー終了後，全体写真を撮ろうとしたとき，撮影者を決めていなかったが，最終的に数々のカメラとスマホのシャッターを押したのは，当日取材に来られていた新聞記者の方だった。全員がしっかり写るように何度も何度も全体に詳細な指示を出し，撮影を繰り返す姿からは義務感や責任感は感じられず，その役割を楽しんでいるようにみえた。

でソーシャルアクションを起こそうとは思わず，誰かが開催するのを待つしかなくなるからである。その点，たとえばシャルソンの場合，開催のハードルはかなり低い。実際，全国各地でさまざまな人たちがシャルソンを開催しており，また，「嵐山シャルソン」の場合でも，学生は翌年もぜひ実施したいと思うようになり，実際に開催できた。このように，ソーシャルアクションの開催のハードルの低さが，ソーシャルアクションの再帰性にとっては重要なポイントとなるのだ。

この点は別の言い方でも説明できる。たとえば，嵐山シャルソンの場合，もともと参加を呼びかけたのは教員である筆者であるが，その呼びかけに応じてスタッフとして参加した学生も同じように人を集めることができた。当日の参加者に関しても同じことがいえる。ソーシャルアクションは原理的には「みんなで同じことをする」というだけなので，参加者とスタッフとの境界がほとんどなく，皆が等しく扱われるという点もポイントだろう。アクションのために膨大な準備が必要となるものではこうはならないだろう。

4 プロジェクト型授業としてのソーシャルアクション

では，このようなソーシャルアクションを授業に取り入れるためにはどうすればよいだろうか。実際の社会ではソーシャルアクションは自発的に発生しているが，授業で取り入れる場合は，最初はやはり教員がある程度主導する必要がある。では，教員はどのように授業を設計すればよいのか。

ソーシャルアクションは基本的にはイベントなので，そのイベントを開催する，という形でプロジェクトを設計するのがよいだろう。たとえば，シャルソンの場合であれば，開催のための準備として，開催日時の決定，参加費用の決定，申し込み方法の決定，Tシャツ作成，給○スポットへの協力依頼，ゴール後のパーティーの準備，参加者の募集と多岐にわたって準備すべきことがある。これらを学生が目指す目標として設定するのだ。これらは単なる作業ではなく，それぞれに創意工夫が求められる。たとえば，「開催日時の決定」に関しては，いつ頃開催すれば多くの参加者を募れるのかについて検討が必要であるし，「給○スポットの選定」に関しては，どの店を選べば参加者が楽しめそうか，また，飲食店ばかりに偏りすぎない方がよいのではないかなど，検討すべきことがたくさんある。これらの具体的な目標がいくつもあるという点では学園祭での模擬店の出店とほとんど変わらない。大きく異なるのは，「参加者の募集」である。シャルソンは独立したイベントである

ため，一から人を集める必要があり，人が集まらなければそもそもイベントとして成立しない。また，参加費用（基本的にＴシャツ代とパーティー代を含めた価格）は予想参加者数から逆算して設定されるため，採算ラインとなる参加者を集められなければ赤字となってしまう。また，実際に無事に開催できたとしても，盛り上がらなければ学生自身が失敗と判断するだろう。嵐山シャルソンの場合はゴール後のパーティーが盛り上がるように学生たちはさまざまな工夫を凝らして準備していた。

　このように，ソーシャルアクションを授業で取り入れる際には端的に「イベントの準備」として学生に提示するのが適切だろう。そして，その結果として「イベントの開催」「集客」「盛り上がり」という三つの観点からプロジェクトの成否を学生自身が判断できるようになる。学生が取り組むプロジェクトとしてソーシャルアクションを取り入れると，先にみた課題解決型のプロジェクトが抱えていた「うまくいったかどうかわからない」という点がクリアされることがわかる。また，プレッシャーが低く，楽しみながら取り組めるため，学生のモチベーションにも配慮されているといえよう。

1　ソーシャルアクションにおける「二つのソーシャル」

　以上のように，ソーシャルアクションはプロジェクト型授業の有効な選択肢であることがわかる。以下では，ソーシャルアクションのどのような要素がプロジェクト型学習として機能しているのかについてみてみよう。

　ソーシャルアクションの「ソーシャル」には二つの意味がある。一つは，「公共性」に近い意味でのソーシャルであり，これはソーシャルアクションの定義のなかに社会課題が含まれていることと関連している。ソーシャルアクションはお祭りのようにみえるが，単なるお祭りではなく，社会課題の解決と結びついたものである。多くの人びとが協力的であるのはこの意味でのソーシャルを共有してもらえているからであろう。

　もう一方は，「複数の人びとがいる」という意味でのソーシャルであり，SNS的な意味でのソーシャルである。ソーシャルアクションは複数の人びとが関わるからこそ楽しく，やりがいがある。この楽しさとやりがいこそが主体性の源である。この後者の意味でのソーシャルを支えているのが，前者の意味でのソーシャルな課題設定である（公共的な社会課題に取り組んでいるからこそ多くの人びとが集まる）。また，後者の意味でのソーシャルが，前者の意味でのソーシャルな課題解決に現実味を帯びさせている（多くの人びとが関わることによって，取り組んでいる社会課

題に対して実質的な影響を与えることができるかもしれないという期待が生じる）。二つのソーシャルは両輪となって学生のモチベーションを高めるとともに，学生が社会へ参与することに実質性を与えているのだ[16]。

2　プロジェクト型授業における「二つのソーシャル」

この二つの意味でのソーシャルは，学生が実際に社会に関与するという点で非常に重要である。ソーシャルアクションは課題の解決という観点からみると大きな意義はない。しかし，実際に（小規模ではあれ）社会の人を巻き込み何かを実施するということは，多くの学生にとっては経験のないことであろう。身近で親密な人たちとの接点しかない学生にとっては，自分たちがアクションを起こせば社会が変わる（社会の人たちが参与してくれる）という経験は非常に貴重である。また，社会課題に取り組むことは多くの人が協力的に参与してくれるきっかけになる。こうしたソーシャルアクションに慣れ親しむことで，その他の社会課題にも興味を示すようになるかもしれない。

16）ソーシャルアクションにおけるアクションは，ハンナ・アレントが『人間の条件』のなかで述べている活動（action）そのものである（アレント 1994）。アレントは人間の基本的な活動力を「労働」「仕事」「活動」に分け，「活動」は「物あるいは事柄の介入なしに直接人と人との間で行われる唯一の活動力であり，多数性という人間の条件［…略…］に対応」（アレント 1994：20）するものとしている。またアレントは，活動は公共的な領域のなかで現れてくると述べている。少し長いが引用しよう。「言論と活動は，人間が，物理的な対象としてではなく，人間として，相互に現われる様式である。この現われは，単なる肉体的存在と違い，人間が言論と活動によって示す創始にかかっている。しかも，人間である以上止めることができないのが，この創始であり，人間を人間たらしめるのもこの創始である」（アレント 1994：287）。「人びとは活動と言論において，自分がだれであるかを示し，そのユニークな人格的アイデンティティを積極的に明らかにし，こうして人間世界にその姿を現わす」（アレント 1994：291）。「この言論と活動の暴露的特質は，［…略…］他人とともにある場合，つまり純粋に人間的共同性におかれている場合，前面に出てくる。人が行為と言語において自分自身を暴露するとき，その人はどんな正体を明らかにしているのか自分でもわからないけれども，ともかく暴露の危険を自ら進んで犯していることはまちがいない。［…略…］活動が完全に姿を現わすのには，私たちがかつて栄光と呼んだ光輝く明るさが必要である。そして，このような明るさは公的領域にだけ存在する」（アレント 1994：292-293）。このようにアレントの「活動」概念は二つのソーシャルからなるソーシャルアクションそのものであるといえる。このソーシャルアクションとアレントの「活動」との類似性についてはソーシャルアクション研究会での中村征樹氏の報告を参考にした。

　また，巻き込むということは，プロジェクト型学習の観点からすると，明確な目標として機能する。課題解決アプローチのように「課題解決に向けて何をするか」というアイデア出しから始めると，問題が困難すぎるため，プロジェクトが膠着してしまう可能性が高い。一方で，「巻き込む」ということは学生にとっても目標として明確であり，失敗か成功かを学生自身で判断しやすいため，創意工夫もしやすい。具体的に友達を誘うためには，説明（プレゼン）をしなければならない。場合によっては内容の再検討をしなければならない。そして，誘いに応じてもらえた場合はそのまま大きな喜びにもつながる。

　これらの二つのソーシャルは課題の真正性にもつながる。真正の学習について石井（2015）は次のように説明している。

　　知識を活用したり創造したりする力といった，現代社会が求める高次な認知的能力の育成については，［…略…］「レリバンス（relevance）」（学ぶ意義や有効性）をより意識しながら，教科学習のあり方を問い直していくことが求められるでしょう。

　　たとえば，ドリブルやシュートの練習（ドリル）がうまいからといってバスケットの試合（ゲーム）で上手にプレイできるとは限りません。ゲームで活躍できるかどうかは，刻々と変化する試合の流れ（本物の文脈）の中でチャンスをものにできるかどうかにかかっており，そうした感覚や能力は実際にゲームする中で可視化され，育てられていきます。しかし，従来の学校教育では，子どもたちはドリル（知識・技能の訓練）ばかりして，ゲーム（学校外や将来の生活で遭遇する本物の，あるいは本物のエッセンスを保持した活動：真正の学習〈authentic learning〉）を経験せずに学校を卒業することになってしまっているのではないでしょうか。［…略…］知識を活用したり創造したりする力は，［…略…］学習者の実力が試される，思考しコミュニケーションする必要性のある文脈において，共同的で深い学習（真正の学習）に取り組む中でこそ育てられます。（石井 2015：13-14）

　このように実際の社会のなかで，思考しコミュニケーションが必要となる文脈が真正性の本質であり，そのなかでこそ学習者のさまざまな力が養われるとされている。

　しかし，いくら文脈が現実に近づいていても，学習者の方に「現実世界に挑戦

している」という感触がないと，真剣にやろうとはしない（遠藤 2013：40）。その点，ソーシャルアクションは，非常に小規模ではあるものの，現実の社会のなかに入って，そのなかで多様な人たちとつながりながら，実際にさまざまなフィードバックを受ける。参加や協力を呼びかけたときに応じてもらえるかどうかというのは，この上ないリアルなフィードバックである。また，嵐山シャルソンでは，イベント終了後，多くの参加者が Twitter で「＃嵐山シャルソン」というハッシュタグをつけて好意的な投稿をしていた。イベント後に行うアンケートに記入される感想とは異なり，SNSへの投稿は参加者にとっては何ら義務感のないことなので，本物のフィードバックであったといえる。それゆえ，それを見た学生は大きく心を揺り動かされていた。社会課題に関したプロジェクトに本気で挑み，多様な人たちから直接フィードバックを受けるというソーシャルアクションは，思考しコミュニケーションする必要性のある文脈そのものであり，まさに真正の学習であるといえるだろう。

5　最後に：“お題を救え，さらばすべてが救われん”

　主体性が重視される現在，「いかにして主体性を涵養するか」ということが問題とされる。プロジェクト型学習が多くの大学で取り入れられているのはそのためである。しかし，これまでみてきたように，課題解決アプローチは学生の主体性を奪ってしまうおそれがある。それは，行為者自身が自分の行為を意味づけるということがそこでは求められていないからである[17]。課題解決において重視される「PDCAサイクル」は，アクションの価値を決める Plan が Action に先行していることからも，そうした課題解決アプローチ的発想を如実に表している[18]。これらのことから，主体性について考えるためには，「いかにして主体性を涵養するか」と問う前に，「行為を意味づけるものは何なのか（あるいは誰なのか）」と問わなければならないといえる。もちろん，課題解決アプローチが重要であることはいうまでもない。ソーシャルアクションについての検討を通していえることは，我々が社会課題に向

---

17) アレントが「社会は，それぞれの成員にある種の行動（ビヘイヴィア）を期待し，無数の多様な規則を押しつける。そしてこれらの規則はすべてその成員を「正常化」し，彼らを行動させ，自発的な活動や優れた成果を排除する傾向をもつ」（アレント 1994：64）と述べているように，本章でみた課題解決アプローチにおける行為はアレントのいう「行動」であるといえる。

かうためのアプローチは一つだけではない，ということである。

　課題解決アプローチとソーシャルアクションという社会課題を軸にした二つのアプローチの違いは，プロジェクト型学習に関していえば，お題の違いとして表れる。「地域の課題を解決する」と「シャルソンを開催する」とでは，お題として決定的に異なる。こうしたプロジェクトにおけるお題は，これまでみてきたように学習の観点からみると非常に重要であるにもかかわらず，「いかにして主体性を涵養するか」という問いの影に隠れてしまい，十分に検討されてきたとは言いがたい。ソーシャルアクションを課題解決のための手段とみなすのではなく，そこに積極的な価値を見出すことで，教員が考えるプロジェクト型学習のお題の幅も大きく広がるのではないだろうか[19]。

---

18) 古川（2017）は，PDCA サイクルに対してなされる学問的批判を三つの論点に整理し，それらに共通するものとして「偶然性の排除」を挙げている。その観点からソーシャルアクションをみると，ソーシャルアクションは意図的に偶然性を生み出し，そこに価値を見出そうとするものであるといえる。古川（2017）では田中毎実からの引用があるが，ここではそれとは別の田中（2008）から引いておこう。

　「たとえば「PDCA サイクルを回す」という言葉があります。私はこの言葉がとても嫌いなのです。PDCA サイクルでは，まずプランを立てます。こういう研修をやって，こういうことを学んでいかせるというような P を立てます。D でそれを実際にやってみる。しかし，普通の場合なら，実際にやってみるなかでいろいろなことが起こり，プランどおりにいかない余剰の部分が現れます。しかもこの余剰の部分においてこそむしろ，とても大切なことが現れてきて，そこでこそ本当の学びが行われます。簡単にいうと，プラン通りではなくて，むしろプランからずれていくところでこそ，本当の意味の学習が行われると思うのです。なぜかというと，プランとのずれのところにこそ，参加者たちの主体性や創造性が生きて働いているからです。

　本当に大切なのは，「ずれ」の部分です。にもかかわらず，「PDCA サイクルを回す」といったときには，まず確定した動きようのないプランがあって，それを実行して，それをチェックして，それが達成されたかどうかを見て，それから次にまたやってみるというサイクルがある。これでは肝心要の「ずれ」が，片端から全部消されてしまいます。」（田中 2008：160-161）

19) お題設定の問題はプロジェクト型授業だけに適用されるのではなく，レポート課題においてもどのようなお題（論題）を教員が設定するかが重要になってくる。詳しくは成瀬（2016）を参照。

【引用・参考文献】

アレント, H.／志水速雄［訳］(1994).『人間の条件』筑摩書房

石井英真 (2015).『今求められる学力と学びとは――コンピテンシー・ベースのカリキュラムの光と影』日本標準

遠藤貴広 (2013).「G. ウィギンズの教育評価論における「真正性」概念――「真正の評価」論に対する批判を踏まえて」『教育目標・評価学会紀要』*13*, 34–43.

酒井泰斗・高　史明 (2018).「行動科学とその余波――ニクラス・ルーマンの信頼論」小山　虎［編］『信頼研究を考える――リヴァイアサンから人工知能まで』勁草書房, pp.81–109.

鈴木敏恵 (2012).『プロジェクト学習の基本と手法――課題解決力と論理的思考力が身につく』教育出版

田中毎実 (2008).「相互研修型 FD の組織化をめぐって」『京都大学高等教育研究』*14*, 160–179.

同志社大学 PBL 推進支援センター (2012).『自律学習意欲を引き出す！　PBL Guidebook　PBL 導入のための手引き』同志社大学 PBL 推進支援センター

成瀬尚志［編］(2016).『学生を思考にいざなうレポート課題』ひつじ書房

古川雄嗣 (2017).「PDCA サイクルは「合理的」であるか」藤本夕衣・古川雄嗣・渡邉浩一［編］『反「大学改革」論――若手からの問題提起』ナカニシヤ出版, pp.3–22.

吉田　文：インタビュー前編

教養教育の現在

危機のなかで

1　はじめに

　このインタビューは，2020 年 6 月に教育社会学者の吉田文先生（早稲田大学教授）を招き，本書の編者三人が行ったものである。先の羽田貴史先生との対談と大きく異なる点は，このインタビューではビデオ会議システムを用いた点である。2020 年 4 月 7 日に始まった第一回目の緊急事態宣言は，5 月末までには首都圏においても解除されていった。しかし多くの大学では対面授業が再開できず，遠隔授業を主とした形でどうにか教育を再開させたところであった。そしてこのインタビューもそういう状況を踏まえ，オンラインで実施された。

　オンラインで教育を行うことにはどういう意味があるのか。どういう点が今後の課題になっていくのか。この変化はどのように大学教育に影響を与えていくのか。どのような展望を抱くことが可能なのか。立地や規模の異なる大学に勤める三人の編者それぞれの葛藤を，教養教育や e ラーニングに関する著書のある吉田氏にぶつけたのがこのインタビューとなる。

　インタビューは長時間にわたった。まずは四人の所属する大学の現状についての説明から始まり，オンライン教育の展望，諸外国との比較へと議論が拡がっていった前半部分をご覧いただきたい。（崎山記）

　　　　　　　　　（インタビュー日：2020 年 6 月 18 日／ Zoom ミーティング）

2　現在の教養教育：各大学の現状から

1　千葉大学の場合

　崎山：私が勤めている千葉大学では，1994 年より「普遍教育」という名前で一般教育を実施しています。組織の英語名称は general education ですので，念頭にあ

るのは教養教育ではなく general education（一般教育）だと思います。今のところ，全学部から科目を提供するという体制で，幅広い知識やスキルの提供を行い，初年次教育だけではなく，専門教育との橋渡し，さらに専門の拡張ということを目標に教育を実施してきました。

ただ，2016 年に国際教養学部が設立されたことで，一般教育と専門教育をどのように位置づけていくのかが非常にあいまいになっています。もちろんあいまいなまま進めていくことで新しい地平を切り拓こうという意志もあるのですが，やはり学生側からは多少の不安を感じるとの意見も寄せられています。

また，担い手の問題もあります。もともとは私も普遍教育センターの専任でした。私のようにセンター所属の教員が新学部に籍を移した結果，誰が一般教育をコントロールするのか，誰が一般教育に科目を提供するのかという，古くて新しいテーマが再燃しています。

このような問題は国立大学，大規模の総合大学特有の問題なのかもしれません。他の大学には全く違う状況があるのではないかとも思います。たとえば同じ国立大学でも，二宮さんが勤めている群馬大学ではどのような状況でしょうか。

2　群馬大学の場合

二宮：私が勤務している群馬大学におきましては，教養教育科目のほとんどは 1 年生だけが履修する形になっています。これには，タコ足キャンパスであること，また，医学部や理工学部，教育学部，すなわち職業的レリヴァンスが強い学部・学科が多くあることから，どうしても 2 年生以降は専門教育が重要であるという背景があります。しかし，実はここに多少のねじれがあって，「だからこそ 1 年生ではしっかりと教養教育をやってほしいんだ」というご要望を各専門の先生からいただきます。ただし，その「しっかりとやってほしい」という中身はブラックボックスです。何をやってほしいのかということはあいまいなまま，「とにかく 1 年生のうちに教養的なものをやっておいてほしい，その内容はお任せする」という形で放り投げられてしまっている，という状況があるように私にはみえております。

崎山：ありがとうございます。一方で，渡邉さんのお勤めになっている私立大学の場合ですとやはり状況が違うと思いますが，簡単にどういう状況か説明していただけますか。

3　大阪経済法科大学の場合

　渡邉：私は大阪経済法科大学という学生数3,500人ほどの私立大学に勤めています。1971年創立の社会科学系の大学なんですが，珍しいことに教養部というものを残していまして，私も教養部の教員です。ただ「教養部」という名前の中身はというと，これは同じようなレベルの大学の教養教育担当部署はどこも似たり寄ったりかと思いますが，まず語学とスキル系の初年次共通科目群があって，それにいわゆる一般教養科目が付随するというものです。

　吉田先生がご著書『大学と教養教育』（岩波書店，2013年：第Ⅳ章）で歴史的な経緯を踏まえて「教養教育のスキル化」「リメディアル化」という言葉で概念化されている事態がまさにあてはまるのですが，初年次教育科目の規模が次第に大きくなって担当者が増えてくると，順次その専門部署化も進みます。たとえばキャリア系の科目も，もともと教養科目であったものがキャリアセンターという職員組織の方に徐々に移行していきました。そこで改めて，コアになる初年次共通教育科目は何か，またそもそも全学としての教養教育をどう考えるのかということが現段階での教養部のミッションになっています〔注：2021年度いっぱいで教養部はなくなった〕。

4　国立大学の事情

　二宮：追加したいのですが，おそらく特に国立大学では，社会的な要請を受け入れざるを得ないということが，地域志向教育，データ・サイエンス教育の全学必修といった形で求められている，また，そういうものが今後もおそらく増えていくような印象もあり，課題を抱えています。

　崎山：それは国立大学であればどこの大学でも今，向き合わなければならない問題です。うちの大学でも，地域系と国際化，二つの科目群を全学必修科目とする改革が進んでいます。提案した人は簡単に考えていたのかもしれませんが，全学必修となると開講時期などを相当いじる必要が生じます。私はちょうど持ち回りでその調整を行う役回りで，調整に失敗した結果，私が3科目担当することでどうにか必要科目数を確保できたという状況です。これは当然国際化という話だけではなくて，地域，データ・サイエンスの科目でも同様の状況になっており，誰が授業を担当するのかが非常に切実な課題になっています。もちろん学生側にも影響が出ており，必修科目の割合が多くなっています。

　だから現在の教養教育の課題として，二宮さんの話でも渡邉さんの話でも出てきましたが，初年次の共通教育のボリュームの問題があるような気がしております。

スキル系の科目も重要視されています。それにプラスして，地域，国際化，データ・サイエンスの科目が導入され，結果としてボリュームを増している印象です。

5　早稲田大学：大規模私立大学の場合

崎山：ここで，専門家である吉田先生のご意見をおうかがいしたいと思います。たとえば，早稲田大学のような大規模私立大学の場合，こういう教養教育はどちらの方向に向かっているのでしょうか。また現在直面している課題や現実との齟齬，つまりニーズの問題や教育を担当する人間のバランスの問題などの量的な問題，そういったものはどのように認識されているのでしょうか。率直にご意見をおうかがいできればと思っています。

吉田：ご存知のように，早稲田大学は日本で二番目に大きい私立大学ということで，学生数は院生まで入れると5万人です。そこに11学部があるので，一学部が一大学のような形になっています。当然のことながら，カリキュラムをどうするかということは学部の自治そのものですので，他学部が何をやってるかはほとんどわかりません。私立大学の場合には，国立と違って教養部のようなところをこれまでもってこなかった経緯があります。したがって〔1991年の〕大綱化以後も，たとえば，理工学部に社会学の先生や英語の先生がいるという形をいまだにもっています。

　従前であれば，一般教育しか担当していなかった理工学部の英語の先生・社会学の先生をどうするのか，ということが大綱化以降一番問題になりました。その先生もゼミをもてるようにするとか，大学院を担当するようなことも可能にしています。たとえば語学教育をきちんと全学的に考えるのであれば，語学の先生は，どこかに一つのセンターをつくって集めて，そこから効率的にいろいろな学部に教えに行くようにした方が，ヒューマンリソースを考えるとよいのではないか，という意見が出てきます。しかし，それは，私が経験している限り，必ずつぶれています。直面した話題としては，ご自分の専門と関係のない学部に所属している英語の先生・ドイツ語の先生が猛反対をしたということがあります。その先生方は，いわゆる初級の英語・ドイツ語を教えたり，あるいは希望者がいれば3・4年生のドイツ語のゼミをもったりすることができます。「その学部に所属の教授」というステータスがかなり重要であるということです。全学的なセンターが所属先になるということに対して，非常にアレルギーが強いということに，学内改革に関わった者としては改めて驚きました。

　早稲田の場合には，グローバルエデュケーションセンターという全学的な組織

をもっていまして，そこに所属している教員はほとんどいませんが，全学からそこにいわゆる教養科目・共通科目のようなものを出す，という形でセンターがつくられています。そのセンターをどう使うかは，これも全く学部の自由です。「そのセンターで何単位とっていらっしゃい」ということを学部が決めてもいいし，それを必修にしてもいいし，自由選択にしてもいい。そういうふうに全く自由になっています。教養教育に相当する部分，専門教育でない部分をそのセンターに委託してしまっている学部もあれば，一部委託して一部は自分の学部で独自にやる，という学部もあるように，全くバラバラで大学としての統一感がない，というのが実情です。

　一つエピソードを申し上げれば，グローバルエデュケーションセンターをもう少し教養教育の核になるようなところにしたいという提案が執行部から出され，それぞれの学部からそれに賛同してくれそうな先生方を 1, 2 名ずつ集めて，いろいろな分野を俯瞰できるような科目をつくろうという話になりました。たとえば法学の領域であれば，初年次にそれを取ることによって，「法学ってこんなことを勉強するんだ，法学の体系ってこうなっているんだ」ということがわかるような科目をつくろうという試みで，私もそこに呼ばれて，「教育学部は教育学だけではなくて，心理学と社会学と教育学の三つを一緒にして考えてください」ということを言われまして，ではどうするか，と考えて，15 回分の簡単なシラバスをつくったりもしました。そういうものができあがってきたら，今度はそれに専門学部からクレームがつけられます。特に法学部からはたくさんのクレームが来ました。それは「法学は個別の実定法の体系がそれぞれあるのに，それをごちゃまぜにして初年次用のコア科目にするとは何事だ」といった反対であったようです。それで，その試みは頓挫したという経緯があります。したがって，これだけ大きな大学で，それぞれの学部の立場が違うなかで，全学共通ということをやるのがいかに大変かということを経験した次第です。ある意味，「もうそれぞれ学部でやってね」と言うしかないのかもしれない，というのが実情でしょうか。以上は科目の内容についてです。

　それにくわえて，教養教育を担当されていた先生方が大綱化以降どうなったかというと，それぞれそのまま学部にいながら，専門科目ももてるような状況をつくって現在に至っております。みなさんそれぞれのお話をうかがうと，教養教育がいかにねじれた状況のなかで日本の大学に入ってきたのか，そして，そのねじれた状況がいまだにそれぞれの大学のなかで存続していることが非常によくわかります。

3 危機からみる教養教育の未来

崎山：それぞれの大学ごとにさまざまな困難に向き合っていることがよくわかりました。さらにこの4月以降，各大学が，各学部・各教員の思惑を超えたところで，これまで以上の困難に直面しています。さまざまな知恵をすり合わせなければ乗り越えられない大学教育の危機であると実感しています。「本当に授業はできるのだろうか」「いかに大学を大学として機能させることができるのか」と暗中模索を繰り返しています。ちょうど私の大学は昨日，第1タームが終わったところで，あとは私が成績さえつけてしまえば，一応大学が機能したことになります。意外とどうにかなったという気もしていますが，全く手応えはありません。同僚と会って立ち話することすらなかなかできない状況です。いろいろな授業を受けている学生たちに，オンラインで「どうだった？」と聞いているところです。これまで面接授業で当たり前だったことが，オンラインに変わっただけでこんなにもハードルが上がるのか，と感じています。データ通信のためのインフラ環境や学修支援のためのLMS，同時双方向型授業のためのソフトウェアの整備や使い方など，さまざまな困難に直面しました。また何のために，どうやってカリキュラムを組むのか，今一度考えさせられるいい機会だったという気もしています。

この問題について，かつてメディア教育開発センター（現・放送大学）にてeラーニングの活用について研究されていた吉田先生の観点から，いろいろとアドバイスをいただければと考えています。現在，同時双方向型授業やメディア授業など多様な形で新しい授業の模索が一気に進むなかで，今後の大学の教育のあり方，特にそれらが教養教育や初年次教育にどのような影響を与えていくことになるのか，展望などをお聞かせいただけないでしょうか。

1 オンライン教育の展望

吉田：まだどうなるかについては，始まって数か月なので私も全くわからないですが，たとえばZoomのような形式でいわゆるオンラインで教育をするのが，今後も一定程度は定着していくのではないかという予測はしています。

これまで日本において，教育のIT化に一番反対してきたのは教員です。学生の側はスマホなどでそういうものに慣れていた一方で，教員の側が頑なにそういうものをやってきませんでしたが，今，やらざるを得ない状況に追い込まれて仕方なくやりはじめると，「なんとかできるじゃないか」という思いをおそらく多くの先

生がおもちだと思います。「意外とそれでもなんとかなるんだ」ということになると，今後，ある部分では，こういったディスタンス・エデュケーション（distance education：遠隔教育）という形態が日本の大学のなかで増えていくのかもしれないと思っています。

　他方で，私が今一番心配しているのは，大学生になって face to face の環境をもたない学生たちが，一体今どういう状況にあるのかということです。学業の進捗といったこと以上に，メンタル面でどうなっているのだろうということが非常に心配です。キャンパスに来て，授業だけではなくて，友達をつくり，サークルに入り，キャンパスを歩いて，食堂に行って食事をして，といったこれまでのキャンパスでの日常生活が全くなくなってしまっている状況のなかで，まずもって授業だけ聞いていなさいと言われて，学生たちはやっていけるのだろうか，ということがとても心配です。それとともに，大学に対するアイデンティティをどこでもつことができるのだろうか，とも思います。たしかに学生証はあるかもしれませんが，キャンパスの中に立ち入っていないと，「その大学はどこにあるのか」ということになります。

　早稲田大学は，前期は全部オンラインになっていて，キャンパスそのものが今はクローズされていて，教職員も入ることができない状況です。そうすると特に新入生などは，大学生にはなったけれども，「それってなあに？」と思う側面が多くあるのではないかと思っています。キャンパスがオープンしたときに，果たしてその学生たちにどのようなケアをしなくてはならないのか，あるいはケアが必要になるのか，そのあたりが非常に懸念されることでしょうか。知識を得るのであれば，オンラインで十分できるところはありますが，それ以外のエクストラ・カリキュラ，つまりキャンパスを歩いたり，友達と会ったり，サークル活動をしたり，あるいは先生と何気ない雑談があったり，といった部分が，実は人間を成長させる原動力，社会学の言葉でいうといわゆるソーシャライゼーションの機能を多分にもっていると思います。その部分が全くないところで，果たしてきちんと大人になれるのか。

　教養教育の理念に関わることでいえば，特にアメリカはジェネラル・エデュケーションという形で教養教育のようなことをやってきましたが，それより前にリベラル・アーツといっていた時代で重視されたのは，やはり少人数でディスカッションをするタイプの授業，あるいは全員が寮に住んで，そこでいわゆる寮の舎監さんときちんと話をするような空間でした。アメリカの場合には，当時は入学者の年齢が低く，子どもだったため，子どもを大人にするために，そうした face to face の空間，そしてエクストラ・カリキュラの部分で成長させることが非常に重視されてきたと

ころがあります。その伝統は現在のリベラル・アーツ・カレッジの中に強くみることができます。まさしく，そういう教養教育のもっている知識の教授以外のエクストラ・カリキュラとしての機能の部分が今なくなってしまっています。そういったことも含めて，知識としての側面ではない教養教育の重要性が今は欠けてしまっている，ということも危惧されるところです。

崎山：アイデンティティという話になると，早稲田大学などは特にそうだと思います。早稲田の街に通いたくて地方から早稲田大学を目指した人は数多くいて，晴れてその夢が叶って，夢に描いていた東京での大学生活の最初の数か月が奪われてしまったということに，本当にショックを受けている学生さんは多いだろうと思います。

早稲田大学だけではなく，首都圏の多くの大学が授業を対面で再開しない理由の多くは，一旦田舎に戻った学生をどのタイミングで呼び戻したらよいかという問題であると思います。今すぐに通えるという学生ばかりではないので，夏休み中に戻ってくればよいのではないか，ということで，前期中は授業を対面ではやらないという方針になっています。これはおそらく京都の大学でもそうだと思いますし，多くの国立大学でも，地方の国立大学とはいえ，実は県内の出身者が少ない大学が多いので，同様にすぐには通えないという学生が多いのではないかと思います。そういう人たちが今，オンライン上での交流しかできておらず，オンライン授業では同時双方向型ではなくオンデマンド型しか認められていないこともあるという状況です。通信環境の差もあるために，みんながZoomでいろいろとサークル活動を始めようとしているタイミングで，それにもアクセスできない学生のケア……。

「見えない」学生のタイプが今までとは変わってしまっているために，face to faceが機能しないことがこれほど運用上の困難になるのかということを痛感しています。したがって，教育としては非常にいろいろなことができるようになって，可能性がみえてきていますが，それと同時にface to faceや社会的なつながりによって担保されていたさまざまなものの重要性もみえてきていて，そのうえで初年次教育をどのように立て直していくのか，教養教育をどのように再構築していくのかということは，非常に現代的で大変な課題だと思っています。

渡邉：一つの参考事例として，私の勤務先では今週末（6月20日（土），21日（日））に「新入生セミナー」というのがあって，そこでは初年次必修のゼミをベースに対面で顔合わせをして，週明けの月曜日から一年生のゼミに限って対面授業を再開——大きい教室にバラバラに座って三密を防ぎながらですが——という方針に

なっています．地方にいて来阪できない学生もいますし，また留学生が15％ほどいて，そのうち新入生は未入国という状況ですので，科目によっては対面でやりながらZoomでも中継するという涙ぐましい努力・工夫をしようとしているところです．

　一方，学生の反応はというと，やはり一律ではありません．先ほども話に出しましたが，早く友達に会いたい，大学に行きたいという声はそれなりにあって，特に1年生に目立つようです．大学生になったのにまだ一度も大学に来たことがないという状態ですから．ただ，2年生以上になると，「もういいや」「こっちのほうがいいか」という感じの人が増えてくるような感じがします．3分の2くらいの人は「来たい」，3分の1くらいの人は「まあいいか」といったところでしょうか（【補足】対面を求める学生の声やメディアの報道等をうけて，秋学期は開講科目の対面：遠隔比率を5：5で設定したが，実際の履修は3：7となった）．

2　多様な学生に向けたオンライン教育

　二宮：先ほど吉田先生から，リベラル・アーツ，リベラル・エデュケーションのお話がありました．たとえば，少人数授業で，10代の早いうちから寮に入ってエリートを目指す，というかつてのアメリカのごく一部のエリートを対象としたリベラル・アーツの理念はとてもすばらしいものだと思うのですが，それを現代の日本で引き受けようとするとなかなか……．現代の日本が直面している問題と，かつての米国のエクストラ・カリキュラム，ヒドゥン・カリキュラムを含めた市民の育成やエリートの育成を目的とした教育との隔たりがあるのかないのか，あるとしたらどうしようか，というところを考えたいと思っています．

　崎山：今の日本の大学では，ジェネラル・エデュケーションとリベラル・エデュケーション，大衆化とエリート，といった形で，「うちはこういう大学」と分けにくい状況があるのではないかと思います．私の大学にもまだまだファースト・ジェネレーションの学生はいて，親族を含めて初めて大学に来たという学生もいれば，おじいさんの代から大学を出ていて，大学に行くのは前提で，比較的文化的資本にも恵まれていて留学するのも当たり前であるという学生もいます．つまり，時代がどうであっても，近代以降であれば大学に行っていたであろうというタイプの学生と，現代だからこそ大学に来ることができたというタイプの学生に，同じ「学力」という形で，同じ釜の飯を食え，と言っているわけです．それは非常に意味のある混ざり方で，その多様性には意味があると思っています．いろいろな地方からいろいろな属性の学生が集まっていろいろな議論をする場としての大学は，とても魅力があ

る場所だと思っています。

　一方で，旧態依然としたエリート育成のモデルではもはや括ることのできない
ような，新しい社会を担っていく人材を育てていくための新しいタイプの教育へと，
教育のあり方を変えていく必要があります。その点が今日，吉田先生を交えて議論
したいテーマです。これからの新しい教養教育の方向性として，どのようなものを
目指すべきなのか，どのようなところに落とし穴があるのか，どのようなところが
まだみえていないながらも重要であるのか，といったことを掘り下げられたらと考
えています。

　もう一つ，それに関連して吉田先生におうかがいしますが，多様な学部の学生が
いる早稲田大学では，たとえば今回のｅラーニング，オンライン授業への対応，学
生に対するケアの問題で，学部間で差はあるのでしょうか。私の大学でもまだきち
んとオープンに議論はされていないのですが，やはり学部間の差はかなりありそう
な雰囲気です。そういうものをどのようにして乗り越えていくのかということは，
この夏から秋にかけての大きな課題だと考えているのですが。ｅラーニング，オン
ライン授業への対応，また，初年次教育，新入生へのケアの部分で，学部間の違い
がどういうふうに影響しているのかを，今，吉田先生がみえている範囲，感じてい
る率直なご意見でかまわないので，お聞かせいただけますでしょうか。

　吉田：はい。実は４月以来私はキャンパスに行っていなくて同僚とも会わないの
で，あまりよくわからない，というのが実情です。ただ，システム関係に関しては，
情報企画部という部署がありますから，その部分では全学で一括できます。そこは
ある意味，早稲田大学の強みだと思います。IT 関係のかなりの部分はアウトソー
シングもしていますので，その点についての学部間の差は基本的にはありません。

　学生のケアをどうするかということについてですが，今のところはまだそこまで
問題としてあがってきていません。他の学部でそういうことが問題になっているの
かはわかりません。一つ気になっているのは，理工系で実験を必要とするところが
どう対処しているのかという点です。今，教員も学生もキャンパスに入れないなか
で，face to face の環境，物理的な環境がないとできないものをどうしているのかと
いうことは，きちんと調べてはいませんが，おそらく大きなネックになっているだ
ろうと思います。教員も特別な許可を得ないとキャンパスにすら入れないので，４
月・５月は，理工系の先生から，実験をやらないと研究が遅れるという話が出てい
ました。それより人の命が大切だということで全部中断していましたが，緊急事態
宣言が解除された後は，許可を得ることによって入れる，少しゆるやかな措置に

なったようです。こういったことも本部の執行部が決定して全学一斉にメールが入ってきています。しかし，授業での実験については，学生がキャンパスに来ていいということにはなっていません。また，メンタルの問題をどうするのかということは，本来であれば学生支援を担当するセンターや保健センター等がそのうち何か言うのではないかとは思っていますが，まだです。そういう意味では，対応が全くできていないといえると思います。

4　教養教育・一般教育の諸形態

1　諸外国の取り組みと日本

　吉田：先ほど話に出た，ジェネラル・エデュケーションとリベラル・アーツ，エリート育成，新しい社会の教育のあり方，といったことについて，お話してもよろしいですか。ここ数年，科研費をもらって携わっている研究にも関わります。

　アメリカの高等教育システムはジェネラル・エデュケーションと専門教育から構成されており，日本も戦後そういったものを導入し，またアジアのいくつかの国も導入しています。しかし，アジアの一部や，少なくともヨーロッパはそういった高等教育システムをもっていません。3年間で専門だけ，といったものです。中国は4年間ですが専門だけでしたし，オーストラリアなどはイギリスにならって3年間で専門だけです。ある意味，ジェネラル・エデュケーションをもっているのは，アメリカ的な高等教育システムを取り入れたところだけで，それ以外では基本的に高等教育は専門教育しかない，ということが世界的な常識であったわけです。その常識が崩れはじめたのが，2000年前後です。それがどういった形で起こり，いったいなぜ常識が崩れてきているのかということを今調べています。

　まず，アジアでいえば，最初にそれをやりはじめたのは中国です。中国は教育部によって，いわゆる教養教育の実施が1995年に法定化されました。ただ，日本の昔の大学設置基準のように，何単位，何科目ということは決められていないので，その点に関しては全く大学の自由です。そこで注目されるのが，中国のいわゆるエリート大学，北京，復旦，中山，南京などで，そうした大学が何をしたかというと，「学院」という組織をつくりました。そこで，復旦大学は現在は全員になりましたが，他の大学は，新入生のうち一部を選抜して，1年半から2年くらいは，文系・理系かかわらず，非常に幅広く手厚い教育をして専門課程に移行するということをやっています。

香港は，中国に返還されたあとも，ずっとイギリス式の 3 年間の専門教育をやっていましたが，2008 年に 4 年制の大学に変更することが決められて，4 年後の 2012 年から，ジェネラル・エデュケーション，リベラル・アーツを 1，2 年次でやることが決まりました。ただこれは，香港のエリート・セクターである大学（8 校）だけで実施され，2016 年から卒業生が出はじめました。

それから興味深いのはヨーロッパで，イギリスとオランダ，特に先行したのはオランダです。オランダは大学進学率があまり高くはないので，大学に行くだけでかなりエリートなのですが，その大学内にユニバーシティ・カレッジという別組織をつくりました。1998 年から始まり，現在 11 大学に設置されています。全部で大学が 15 校しかないなかでユニバーシティ・カレッジをつくったのです。そこでは入学者選抜が行われます。ヨーロッパの場合には，基本的に，大学が独自の入試システムを用いた選抜を行っていませんから，中等教育の修了試験だけで大学に入ることができます。しかし，ユニバーシティ・カレッジは，それとは別の，大学が課す試験に合格して入学が決まります。そこでは教育はすべて英語でなされます。オランダの場合には英語をかなり使いますから，普通の学部でも英語の授業はないわけではありませんが，ユニバーシティ・カレッジではすべて英語です。そして，ヨーロッパからの学生を中心に，英語についていくことのできる留学生を入れます。そこで文理にわたる教育をして送り出す，ということをやっています。

イギリスも，2010 年代からリベラル・アーツを学位プログラムとして導入する大学が登場し，それはとりわけラッセル・グループ（イギリスの研究型大学 24 校からなる団体）のなかで顕著です。オックスブリッジは入っていませんが，それ以外に，キングス・カレッジ，UCL（University College London），SOAS（School of Oriental and African Studies），バーミンガム大学，エクセター大学，リーズ大学，ダラム大学，ノッティンガム大学など，これらいわゆるエリート大学は，アーツ・アンド・サイエンシズとかリベラル・アーツといったデパートメントをつくり，その学士号を出すようになりました。そして，イギリスの大学は 3 年制なのですが，そこでは 1 年間の国外留学を含んだ 4 年制課程も設置しています。これらは，ある意味で現代的なエリート教育です。まず入り口の時点で選抜をして，少人数の者が文系・理系両方の学問を修めるということです。

なぜこういったことを始めたのかを考えると，やはりグローバル化の影響が非常に大きく，グローバル・エリートへの志向がそれぞれに共通した思惑です。そのとき，どこでもいわれているのは，トランスファラブル・ナレッジ（transferable knowledge：転移可能な知識）を涵養するということです。これは非常にヨーロッパ的な考え方だと思うんですが，特定の知識ではなく，さまざまなディシプリンを学ぶことによって，ジェネリック・スキルのようなコンピテンシーを高めるということが非常に強調されています。そういったグローバル・エリートとして社会で活躍してほしいという思惑をもって，大衆化した高等教育システムのなかで部分的にエリート・セクターがつくりだされている状況で，リベラル・アーツや，最近はアーツ・アンド・サイエンシズなど，サイエンスも含めて幅広い教育が始まっています。では翻って日本はどうかというと，一般教育でも教養教育でも近年の共通教育でも，非常に貧しい教育ですね。

　二宮：「貧しい」という場合の含意はどういったことでしょうか。

　吉田：それはたとえば，S／T 比（学生／教員比）をみてもそうですが，資源が投入されていませんよね。政府も大学も，1 年生や 2 年生の教育にはお金をかけずして，しかし，一般教育・教養教育は重要と言い続けてきました。一方で，近年，財界も政府もグローバル人材をつくれということについては，大学に多くの注文を付けています。たとえば，どのようなグローバル人材をつくるのか，それに対してどのようなリソースを投入するのか，といった議論がないままに，「とにかくグローバル人材をつくれ」という。ヨーロッパや中国をみてきて，グローバル・エリートをつくるのであれば，やはり何か資源を投入しなければできないのだ，と強く感じている次第です。グローバル人材といいながら，実のところ，お金は出さずにとにかく精神論で対応せよという形で進んでいるところには，日本の教育の貧しさを感じます。

　崎山：千葉大学では，2013 年に，当時は普遍教育センターという名称の一般教育の部門で勉強会をして，吉田先生の本（『大学と教養教育』）を読みました。なぜそれを読んだかといえば，今，吉田先生のおっしゃった，他の国でどうなっているのか，どのような教育を目指すのかという議論が始まったタイミングだったからです。その年，私は日本学術会議などもやっていたのですが，実は 4 月にタイのマヒドンでインターナショナル・カレッジを見て，その後，インドネシアに行って，10 月にロンドンの UCL 教育学研究所で 1 週間くらい研修を受けて，そのあとソウルで成 均 館大学校や梨花女子大学校，延世大学校を見るなどしていました。このときが国際教養学部のアイデアを出すタイミングで，そのときの補助線として，吉田先生の教養教育の本をまずみんなで勉強しようという文脈がありました。

　先ほど吉田先生が説明されたようなオランダのモデルなども実はイメージしてい

て，私たちの学部は "department" や "faculty" ではなく，"College of Liberal Arts and Sciences" という名前で，学部ではあるのですが，英語名は「カレッジ」となっています。これは，その当時のヨーロッパでリベラル・アーツのカレッジができ始めていたことを念頭に置いたものでした。そのなかで，延世やマヒドンなどで始まっていた，少数精鋭かつ文理混合教育，なおかつ英語教育にも軸足を置いて，体験学習を組み込んだ新しい形のエリート教育を日本の国立大学の枠組みでやるとしたらどういうことができるのかを考えていました。それが新しいタイプの，21 世紀型の教養教育をもう一度考え直すための実験場になるだろうとも考えていました。ただ，リソースの問題もあり，ちょうど募集が始まったスーパーグローバル大学創成支援事業（SGU）に採択されれば，スタートは切れるだろうとも考えていました。

　幸運にも提案が採択された結果，学部を新設することができましたが，まだまだ課題は山積みです。他の国でやっていることができているかというと，やはり吉田先生のおっしゃるとおり，貧しい状況が続いていると思っています。それは早稲田大学の国際教養学部でも，秋田の国際教養大学でもそうだと思います。リソースがあればもっとできるのに，そのリソースを集めるのに四苦八苦している感覚はあります。学費の問題もありますし，政府から投入されている資金も全く違うので，そのあたりはやはりなかなか難しいところです。ただ，多くの大学で 2010 年代の半ばから，さまざまな模索が行われてきました。その成果はこれから少しずつ出てくるのではないかと期待しています。

2　教養教育・一般教育：市民育成として

　渡邉：このテーマは，私も今日話題にできればと思っていました。特に非エリート大学で教養教育に携わっている者にとっては，関心の焦点になるところなので。個人的に，私はジェネラル・エデュケーションという概念が大好きなんですけれども，なぜ好きかというと，それが「すべての市民」，つまり社会の全メンバーを対象とするものだからです。普通教育的な要素を織り込んだ形のリベラル・エデュケーションであるという点が，ジェネラル・エデュケーションの近代的な部分，新しいところであると思います。これは遠い遠い，北極星のようなものかもしれませんが，しかし指針とするに値するものだと思っていろいろやっています。

　一方で，リベラル・アーツ，リベラル・エデュケーションが，歴史的にみても，エリートにとってのステータスであったということは動かないところですし，実際にそれだけのことをしようと思えば相当なコストがかかるのもその通りだと思いま

す。とはいえ，私もアメリカ型のグレート・ブックス的な取り組みを所属先で細々とやっていて，ゼミのような形で学生と古典的名著を読むなどしています。『イリアス』だったりドストエフスキーだったりを読んでみると，学生は「面白い」と言ってくれます。そこに「希望」というと暑苦しいですが，頑張りどころがあるとは思っています。

　吉田先生にご紹介いただいた事例は，やはり欧米やアジア諸国でもエリート大学での動きであって，欧米やアジア諸国の非エリート大学での事例はないのか，あるいは日本国内でも——たとえば東大が「後期教養教育」といったコンセプトを出してきていますが——エリート大学以外での優れた実践をみることができれば勇気づけられるところがあるのですが，いかがでしょうか。

　吉田：どこの取り組みがすばらしい，とすぐに出すことはできないのですが，非エリート大学での教養教育の実践はあると思っています。先ほどお話しした新しい動きというものは，やはりエリート・セクターからの動き，また，そのなかでさらにグローバルな方向性をもったエリートを育成しようという動きだと思います。しかし他方で，ジェネラル・エデュケーションについては——リベラル・アーツ，リベラル・エデュケーションとは違うということを明確に述べたのはトルーマンの報告書（1947年）が最初だと思うのですが——，アメリカが高等教育を大衆化していくなかで，リベラル・アーツがエリート的なものとしては成り立たない，となったときに，ジェネラル・エデュケーションをどういうものにしていくのかという議論のなかでいわれたのは，「民主社会を支える市民を育成する」ということです。つまり，一方でエリート養成の部分もありながら，他方で民主社会を形成する市民をいかにつくるかというところにジェネラル・エデュケーションへの期待があって，ある意味，非エリート大学が目指すべきところは後者の部分だろうと思います。専門教育は，それをベースにして何らかの職業に就いて，お金を稼ぐことを目標にしていますが，市民の役割は経済人をつくることではなくて，政治人——政治家ではなくて——をつくることであり，それは，自分たちの生きている社会をどうみて，どう考えるかといったリフレクションができる人間をつくることであると思います。そうした役割は，専門教育には果たせないとはいいませんが，専門教育以上に，やはりジェネラル・エデュケーションの部分，一般教育，共通教育の部分で課題になることだろうと思います。そういうことを意識したうえで，いかにして考え方を学んでいくのか，というところで，それは初めてできるのではないでしょうか。

　崎山：「よき市民をどのようにしてつくるのか」という社会を支える市民の育成

の問題は，おそらく日本の一般教育としてはかなり意識されてきたことだと思います。関わってきた仕事で考えても，市民を育成するための一般教育，教養教育の重要性という話は，2000 年代後半から 2010 年代ぐらいの日本学術会議や文科省が出してきた文書，たとえば，2010 年に日本学術会議が出した「21 世紀の教養と教養教育」の提言においても盛り込まれていると思います。この話は，実は長らく継続的に強調されてきたテーマではあると思うのですが，とはいえ，どのようにしてよりよき市民を，社会を支えるための市民を育てられるのか，というのはなかなか難しい課題でもあります。今の欧米の状況をみていても，本当にそれが機能している社会は存在するのか，という感覚に陥るほど，答えがみえづらくなっているかもしれません。

　国立の総合大学の場合，どうしても専門教育に軸足を置く学部が多いなかで，学部・学問領域を超えた一般教育だからこそ，市民育成についてきちんと議論を積み重ね，教育を行うことができると信じています。これはおそらく二宮さんの勤めていらっしゃる群馬大学などでもかなり意識的にやっているのではないかと思います。特に医学部・工学部・教育学部といった，方向性が異なるものの市民社会を支えていくうえでは非常に重要な人びとを教育しているわけです。倫理観を育てるということも大事な観点だと思います。一般教育だからこそできることがまだまだたくさんあると思っています。その点に関して，二宮さん，何かありませんか。

　二宮：難しい問いが来ました。教養教育は，たとえば医学部や理工学部の先生の専門では教えられないようなことを期待されるのですが，そこで期待されている内容は，たとえば人文系の先生が目指すべき理念として考えているような，よき市民，シティズンシップ，政治的主体といったものとは，残念ながら多少ズレがあると私は考えています。具体的には，「今の若者は常識がないから困っている，社会保険の授業をやっておいてほしい」とか，「交通マナー，自転車マナーの授業をやってほしい」とか，「税金，所得税，住民税の知識，つまり就職してから社会人として生きていくのに必要な知識をつけてほしい」というご要望をいただくことがあります。しかし，それらはテレビの教養番組を見ておけば身につくような常識であって，そのこととよき市民になることや政治的主体になることの理念の間にはかなりのズレがあると考えています。

　崎山：何か問題があるたびに，一般教育の領域で倫理教育をきちんとやってほしいという議論があがってきます。もちろんそれは非常に大事であり，軽視するべき話ではないのですが，どのように教育に落としこんでいけばいいのか難しい課題だ

と感じています。一般教育や初年次教育で何らかのスキルや常識を教える，つまり知識を与えることは重要ですが，その一方で，知識をすべて一対一対応で網羅的に教えなくてはならないのか，と。この発想は学生だけのものではなく，どうやら教員側にもそういう発想に囚われている人もいて，時折困惑します。「この知識がないからこんな問題を起こすんだ」という発想をする人が多くいるということ，このことが逆説的に，大学において一般教育がそもそも長らく機能していなかったことを示しているのだと考えています。

　この点について，吉田先生に改めてうかがいたいのですが，たとえば他の国で21世紀的なリベラル・アーツが勃興していくなかで，もちろんトランスファラブルなスキルやコンピテンシーが重要視される文脈はあるし，スキルや知識をより重視する新しい教育のあり方が台頭しているということは，本で読んだり他の人の話を聞いたりするなかで理解しているのですが，細かすぎる知識や応用があまりきかないようなスキルといったものは，他の国でも大学のカリキュラムの中に入り込んできているのか，それともこれは日本特有の問題なのか，何かご存知の点があれば教えていただければと思います。

　吉田：たとえばアメリカのジェネラル・エデュケーションがうまくいっているかというと，決してそうではなく，日本と同じような多くの問題を抱えています。学生の側からしてみれば，さっさと単位だけとって早く専門を始めたいということになりますし，先生の側は，一般教育，ジェネラル・エデュケーションだけの先生は基本的にいませんから，専門・デパートメントから，「あなたはちょっとGE（general education）に関わる部分もやって」と言われる形で携わることになるんですけれども，「あの大人数での授業なんかやりたくないな，新入生に」という人も多いですから，決してうまくはいっていません。しかし，アメリカが日本と異なるのは，そこで何もしないのではなくて，少しずつ改革しようという気運があるという点です。それはやはり，大学は educated person を育成する場であって，educated person はリベラル・アーツ・サイエンシズの裏づけをもつ人間だということが信じられているからです。そういったドライブは，日本にいるとあまりよくわからないところでもあります。

3　初年次教育：研究法を教える

　吉田：そういうなかで私が面白い試みだと思っているのは，研究法を学ばせるというやり方です。undergraduate research という言葉をお聞きになったことの

ある方も多いと思います。大学は，高校までとは異なって，覚える知識ではなく自分で知識をつくりだすということをどこかで学んでほしいと考えています。知識をつくりだすということは研究ということですが，それはどういうことなのか，学ぶとはどういうことかをなるべく早いうちに教えておきたいということで始まっているのが undergraduate research です。専門の研究室に行ったり，院生と一緒に研究を行ったりします。研究法を教えるというやり方は，ある意味，ジェネラル・エデュケーションの一つの新しい方策ではないかという気がして，これまでもみてきました。

とはいえ，これはとても難しいことです。大学に入ってきたばかりの学生は「勉強って覚えることだ」という頭ですから，それを一度壊して，「学ぶっていうことは，自分が知識をつくりだすことなんだ」とスイッチするのは，言葉でいうのはたやすくても，理解してもらうことが非常に難しいです。さまざまに試行錯誤されていると思うのですが，それが一つの解にはなるのではないかと思っています。

そう思ったのは，イギリスのデパートメント・オブ・アーツ・アンド・サイエンシズやオランダのユニバーシティ・カレッジをみたときです。それらはカリキュラムの最初の段階で研究法をきちんと入れていました。特に1年生，場合によっては2年生くらいまでの間に，大体1年から1年半くらいは研究法の授業が多くあります。そこで目指しているのは，学び方を学ばせる，learn how to learn を教え込むとともに，それをするために最低限必要なスキル——それはたとえば，量的，質的なデータを扱うためのスキルは，新しい知識を生み出すためにはどうしても必要で，そうしたデータをどう集めて，どう読み込んで，どう分析して，それでもって新しい知識がどのようにできてくるのか——を教えるということです。アメリカの大規模公立大学の undergraduate research も，エリート養成を目的としてつくられているヨーロッパのアーツ・アンド・サイエンシズやユニバーシティ・カレッジもそれを重視しているということは，私としては非常に興味深く思います。

翻って，日本でそうした研究法の授業をきちんと構成している大学がどのくらいあるのかをみると，あまり見当たりません。むしろこの点については先生方の方が詳しいのではないかと思うので，「研究法の授業としてこの大学でこんなのをやっている」というのがあれば教えていただけませんでしょうか。

崎山：私は今週から，学部1年生相手に「研究方法論 I」という科目を担当します。これは，質的調査とは何か，量的調査とは何か，アイデアを出すとはどういうことか，また知識はどのように活用するのかといったことを教えるイントロダクション的な

科目です。このあと質的調査法，量的調査法といったスキル系の科目やライティングの科目があるので，そこへの橋渡しをします。学部１年生の第２ターム，この夏休みの前の段階で，まず意識を変えてもらおうということを意図しています。そうして意識を変えて，本を読んで，アイデアを出して，アイデアを交換しながら，何が自分独自に引っかかるものなのかを考えてもらいたい。それを，このタイミングでできるようになってほしい。その後は，それぞれについて細かく専門科目で深掘りしていけるといい。

　これはやはり，吉田先生が先ほど説明されたように，他の国でそういうことをやっているので，それをどうしても取り入れたいということで入れたものです。ただ，取り入れるときに，知識の部分とスキルの部分を切り分けないと混ざってしまいます。そこを意識的に切り分けて，どのような知識が足りないのか，それを活用するためにどのようなスキルが必要なのか，道具的に考えられるようになってほしいと思っています。できる学生はスムーズにこういう発想を受け入れてくれるのですが，高校教育までにゲーム感覚で知識を覚えることに特化したタイプの学生も一定数いて，このタイプは移行するのに苦労している印象をもっています。

　早稲田大学などの場合，もっと強烈に受験の縛りがかかっているのではないかと思うのですが，高大接続の文脈でいうと，そうした認識のズレが実は相当大きいもので，勉強ができる，優秀であるということの高校までの指標やロールモデルと，大学・社会に入ってからの優秀さの指標がかなりずれているのかもしれません。しかし他方で，社会からみても，入試で何点をとったかといったことがまだまだ重要なシグナリングとしてみられることも多いです。この点が，今の日本の大学教育の場合，特に外野から何かを言われる際に，話がかみ合わない部分になっているのかもしれません。さまざまな大学で非常に実践的で，なおかつ機能している取り組みが多く存在しているはずなのに，そういったものはあまり評価されずにいる。まだまだ大学入学段階での学力が重視されていて，18歳段階の能力で当面の評価が定まっていくという状況にあるのかと思います。大学のさまざまな取り組みが正当に評価されていないように感じています。

渡邉：研究大学以外の事例として，所属先の大学での取り組みも紹介させていただきます。まさにジェネラル・エデュケーションの担当者として私の目に入ってくるのは，特に初年次の共通教育のあたりですが，その際，そもそも「研究法」という言葉では学生に届きにくいということが大前提としてあります。「研究」を枕詞にすると学生が引いてしまうというのが，個々に確かめたわけではないものの，現

場の実感なので，それよりは，「高校生と大学生は違うんだ」という常套句から始めて，「自分で勉強する仕方を身につけること」くらいにブレイクダウンして伝えるのが通例になっています。

　初年次のゼミが各学部の履修指定科目になっているのですが，そこではアカデミック・スキルを教える……といっても，中身はメールの書き方やノートのとり方といったことがらからスタートして，学部でのそれぞれの専門に即しながら，グループワークや発表をして，徐々に専門に近づけていくということをしています。付けくわえれば，やはりスキルの方への重みが強いのが実情で，特に初年次で需要があるのがライティング系，文章表現の授業です。これも吉田先生がご著書のなかでふれられていたと思います。もう一つは「情報リテラシー」という名称のパソコンスキルの授業です。大学入学以前に訓練されてきていない学生が多く，特に今年度は授業が全面遠隔化になったこともあって，SNS上で初年次の作文の授業や情報・パソコンスキルの授業が一番大変だという声をよく見かけました。前向きに受け止めれば，それだけトレーニングされているということだと思いますが。

　また，観点が変わりますが，授業が全面遠隔化になって，いい機会なので大学とはどういうところか考え直してみようということで，哲学の講義で課題の一環として「近代の大学は，研究と教育が一体となった教師－生徒関係のもとでの自己形成という「フンボルト理念」に基づいて発展してきましたが，これをどのように評価し，受け止めますか？」，なんて聞いてみたんです。そうすると，ほとんどの学生が「今もそうあるべき」と回答したうえで，そのうち3分の2くらいが「自分としてもそうありたい」と答えるんですね。「研究」の敷居の高さの一方で，「大学」に対する期待・あこがれという点ではまだ共通了解が成り立ちうるのかな，と少しうれしい驚きでした。

吉田　文：インタビュー後編

大学はどう変わるか

これからの議論に向けて

1　はじめに

　オンライン教育の展望から始まり，教養教育・一般教育の目的，あり方について議論が掘り下げられていった前半を受け，後半では，座学とアクティブ・ラーニングの比較から議論が再開された。大教室での一斉授業，ペーパーテストによる評価といった，日本の大学で伝統的に実施されてきた授業スタイルは，新型コロナウイルスの感染拡大が収まったあとに復活するのだろうか。それともこのコロナ禍で模索されている新しい授業スタイルや評価の方法が，その後も継続的に採用されていくのか。近代の大学が長い時間をかけて構築してきた教育のノウハウは失効してしまうのか。e ラーニングに関する著作もある吉田文先生のご意見を伺うところから後半は始まる。そしてこの問題は，教員の科目負担や若手研究者の育成，非常勤・任期つき教員の問題へと拡がっていった。では，後半の議論をご覧いただきたい。（崎山記）

（インタビュー日：2020 年 6 月 18 日／ Zoom ミーティング）

2　大学カリキュラムのなかの教養教育

1　座学のあり方

　吉田：確たるイメージが描けているわけではないのですが，最近アクティブ・ラーニングという言葉が非常に流行していて，大学教育はすべからくアクティブ・ラーニングにすべきであるという風潮が非常に強いのですが，「アクティブ・ラーニングだからいい」という話ではないと私自身は思っています。何を伝えたいかによって，多様なタイプの授業があるべきであって，すべてがアクティブ・ラーニングで少人数の議論をすればいいという話ではない，ということだけは大前提としておいておきたいと思います。

　決して座学がいけないのではなくて，それでもできることはたくさんあります。ある意味，知識をたくさん得るためには，座学は一つの方法ですし，そこで自分で反省的に咀嚼して考えるということができる人間であれば，座学は一番よく勉強することができるタイプの授業になるのだろうと思います。したがって，それはケース・バイ・ケースで考えるしかないので，なぜすべてをアクティブ・ラーニングにしなければならないのかということは疑問です。ただ，きちんと自分で学ぶことが身についていない学生にとって，座学は 90 分間座ってひたすらノートをとるだけで非常につらいものです。しかも最近はなかなかノートもとれない学生もいるので，黒板に書かないといけないのですが，黒板に書いても字が汚いと「先生それ読めない」と怒られますから，座学は学生・教員どちらにとっても大変です。

　これは常々思っていますが，座学で終わらせない仕組みをどうして日本の大学は取り入れることができないのでしょうか。座学で講義をするタイプの授業は，中世以来の普遍的な形態に近いので，ヨーロッパでもアメリカでも中国でも，どこでもやっています。ただその後，たとえば，セッションに分けて，そこでポスドクやドクターコースの院生がついて，そのセッションのなかでもう一度振り返りをするようなことをアメリカではやっています。そのなかで，学生はわからなかったことを確認したり，思っていることを議論し合ったりします。すべてが 2 単位の授業ではなく，3 単位，4 単位，5 単位の授業もあるのは，そういう多様な授業形態をもっているからです。それを取り入れると，日本の大学での大教室での座学も，形を変えて効果を上げることができると思うのですが，それをやろうとすると必ず学内の反対に遭います。それがどうしてなのか不思議です。私も学部で具体的にいくつかケースをつくって提案したら，ことごとく反対をされた経験があります。

　そうした授業形態の組み合わせはもっと多様につくっていいだろうと思いますし，同時に，ある意味，本当に知識を伝達するだけの座学であれば，オンラインに取って代わられる部分が非常に多くあると思います。MOOC（Massive Open Online Course）などはまさしくそうです。定型的な知識を教える部分は放送大学や，あるいは授業映像をオンデマンドで流して，そのあとの部分に資源を振り向けることを考えてもいいのではないかとも思いますが，なかなかそうはなりません。

　崎山：私の所属先では現在，そういう方向で議論が始まっています。大教室では授業ができなくなるが，知識は提供しなければならない。それはオンデマンドの映像作品・コンテンツで置き換えることができるかもしれない。しかし，知識の定着や活用のための演習形式の授業も必要で，これらをうまく組み合わせることはでき

ないか，と。オンラインの科目，演習の科目を組み合わせることで，今１単位や２単位で提供している科目の単位数を増やすことができないか。一科目半期受講で４単位とか６単位とすることはできないか。そういう形でカリキュラムを少し縮小しつつ，より深く学べるような仕組みができないかと検討しています。

2　教員の科目負担

二宮：今議論になっている教養教育の話は，必修科目が増えていくというイメージでしょうか。教員によっては，「学生が主体的・自主的に科目を選択できることこそが重要であり，教養教育の良さである」とおっしゃる方もたまにいます。他方，今お話にもあったように，「あまりにもいろいろな授業がありすぎる」「単位数が多すぎる」，また，「もう少し授業科目数を減らしていくべきだ」「カリキュラムマップ的なもので合理的・構造的な建てつけにしていきなさい」という指導をいただくこともあります。今の議論は，必修化を進めていくといった話題と何かつながりがあるのでしょうか。

崎山：それは教員一人あたりの担当科目数の話なのかもしれません。オンラインになったからといって楽にならないことは，この数か月で骨身に染みました。もちろん，オンデマンド型の授業で，一度映像をつくってしまえば，あとはそれほど手をかけなくてよいということで負担を減らすことが可能かもしれません。ただ現状のルールではそれは難しいですね。むしろ，物理的に教員一人あたりが週どれくらいのコマを負担するのが妥当なのかをきちんと議論した方がよいと考えています。教員のコマ負担については，日本は他の国と比べて明らかに多いと思います。

渡邉：今のお話は，もともと教養部を背景とする学部という崎山さんのご所属先の事情も関わっているのではないかという印象をもちました。全学の一般教育の科目を多く担っていた部門が学部化したことで，責任が（自学部向けの専門教育と）二重化したために，たくさんの科目をもっている先生が多いという事情です。一方，私の所属先のように，専門と教養が担当者・部署の面ではっきり分かれているところには，また別の問題がありまして……。

先生方も言及されていたことですが，専門科目と一般教育科目とで担当者が棲み分けをしているケースでいえば，「正課を通じた教養教育とは，一般教育科目の単位を取るということ」というように狭く理解されがちです。まず学部のディシプリンありきで，そこで決められた必要単位数以外を一般教育科目で埋める，もしくは１，２年生のうちに取っておいて，あとは専門に行く，という形になります。アメリ

カの教養教育の歴史をみると，自由選択こそが教養教育のあるべき姿であるという
ものと，逆に全く固定的な必修のフォーマットをつくるのが教養のあるべき姿であ
る，という両極があるようですが，「選択の余地なく選択型になっている」というの
が，私の所属している大学のようなところでの正課の教養教育，授業を通じての教
養教育の実情です。これも貧しさの原因，大きな制約であると感じています。

　そのなかで特に問題だと思うのは，正課外の教養への共通した傾きが依然として
色濃く残っていることです。旧制以来の，授業とは別の部分で教養を育む「日本型
教養」の気分がなんとなく共有されている一方で，正課を通じた教養への意識はあ
まりなく，それぞれのディシプリンをベースにして教養教育をどうするかという議
論も限られているという印象があります。教養部という組織に所属していてさえそ
れはそうで，周りを見回しても，そういう意識をもって行動する若手教員はほとん
どいません。

　しかし，教養教育が重要であるということは改めて言うまでもありませんし，こ
とにその担い手をどうするかということは非常に大きい問題だと思います。この問
題をどのように考えて，どこがそういう議論の受け皿になり，それを後押しする場
になれるのかということは——かつての一般教育学会も大学教育学会に看板をかけ
かえてしまいましたし——，改めて議論してみたいところではあります。

3　カリキュラムと科目選択

　崎山：カリキュラムの幅，選択肢について，日本と比べて他の国の事例ではどう
かということは，吉田先生から具体的な知見をいただければと思います。他の国の
場合，私のイメージでは，厳しいカリキュラムのところが多いような印象を受けて
いるのですが，アメリカの大学はもう少し緩いのでしょうか。授業科目の選択肢の
幅といった部分は，日本の大学，特に大きな総合大学ですと，魅力の一つではある
と思いますが，そういった部分の比較研究は実際にあるのでしょうか。

　吉田：単位数そのものを考えたら，中国は非常に単位数が多いですし，選択の
余地はあまりありません。ヨーロッパはもともとシングルコースでやっているので，
自由選択という考え方そのものがないに等しいと思います。アメリカの場合は，植
民地カレッジ，リベラル・アーツをやっていたところが研究をやるようになり，専
門化していって，そこでどうするか，というところで，ある意味妥協策として GE
と専門をやるようになっています。日本もその影響を受けて，戦後それを導入した
のですが，日本独自の事情が二つあると思っています。

　一つは，大綱化以前ですが，日本の大学のボタンの掛け違いの一つとして，一般教育・教養教育担当の教員と専門教育担当の教員とを分けてしまった ——そうするしかなかったといえばそうなのですが——そういう形をとらざるをえなかったということがのちのちの桎梏を生んだ，ということがあります。とはいえ，大綱化以降，そうした大学は非常に少なくなっていて，国立では東京医科歯科大学が教養部を市川にもっているというだけで，国立からは教養部がすべてなくなっています。私学の場合，大綱化以前でも教養部・一般教育部を組織として独立してもっていたのは 10％くらいですから，今はほとんどなくなっていると思います。渡邉先生のところはきわめて貴重な教養部をもっている大学ということになるかと思います。

　もう一つには——これはアメリカと決定的に違うのですが——，日本の場合，大綱化以降も，教養教育・共通教育の科目と専門教育の科目は科目そのものが分かれている，ということがあります。どこの大学もそうだと思うのですが，この事情が科目数の多さにつながっていると思います。先生方は専門も教養も教えなければならないので，どちらの側の科目も提供する形になっています。しかし，アメリカの多くの大学の場合には，先生は科目のシーケンスのなかのどの部分を担当するかは決まっていますが，その科目自体が，ジェネラル・エデュケーションか専門教育かで分かれているものはごく少数の GE の特別な科目以外ありません。たとえば「私は今年，lower division（3–4 年次向け科目を指す upper division に対する，1–2 年次向け科目）の西洋史を担当します」というと，それを専門教育の単位として履修する学生もいれば，GE の単位として履修する学生もいるのであって，一つの科目を教えるなかで，学生の側が履修の区別をしているという形になるわけです。科目として分けてしまうのではなくて，学生の履修の別として選択できるような仕組みをとれば，先生は GE だからいい加減にやるというわけにはいきません。自分のデパートメントの科目ですから，専門科目として自分の専門を教えていることになるわけです。学生の方は自分の他の科目との履修形態を考えたうえで，これを GE として登録するのか専門として登録するのかを決めるので，日本よりは少し効率的な気がします。

　それをするためには，日本もナンバリングという言葉でシーケンスをつくるようになりましたけど，そういったものをきちんと考えなければなりません。しかし，シーケンスがついているかというと，あまりそこまではいっていない，という問題が一つあります。教員の別がなくなったにもかかわらず，科目の別がこれだけはっきりと出されていると，共通教育なのか教養教育なのか専門なのか，という議論を

必然的に起こしてしまうような気がしてなりません。

　崎山：一つの科目を学部向けに出したり，大学院向けに出したり，一般教養向けに出したり，実際そういう運用をしている大学もありますが，設置基準に関してはまず引っかかりますし，認証評価でもおそらくアウトなのではないかと思います。そのときの言い訳として，「評価基準を明確に分けてしまえばよいのではないか」というものがあります。これは先ほどの，オンデマンド型の授業とディスカッションの部分を切り分ける方法にも重なります。知識を提供する部分に関しては共通でかまわないけれども，考え方やアウトプットの部分を変えることによって，授業としてまったく別個のものであるといえるのではないか，という話があるのですが，ただ運用上の問題で，認証評価で引っかかると「だからリスキーなんだ」という話になってしまいます。吉田先生にお聞きする話ではないかもしれませんが，どうなのでしょう。

　吉田：いい策があるわけではないのですが，科目そのものを分けてしまっていることが科目を増やすことになり，教員の負荷を増やし，非常勤を増やすという問題になります。

　教養と専門を分けざるを得ないという，その背後にある論理は「レベルが違うんだ」ということでしょう。教養はレベルが低くて，専門はレベルが高い，ということになるのですが，それは同じ科目のなかであればそういえますが，異なる内容であれば，それを比較することはほとんどできないわけです。

　あるいは学生にとっては，「この分野の科目ははじめて履修するものだから，3年生になっても教養科目の方からとるべきだ」ということもあります。学生の学習の進捗状況をほとんど考えないままに，提供する科目のレベル分けをしてもあまり意味はない，と私はずっと思っています。本当にそれをやるのであれば，たとえば一つのデパートメントのなかで，崎山先生なら歴史学科のようなところで，歴史学の学位を取る人たちが何を学べばいいのか，専門教育として何を学べばいいのか，1年生のときから2年生，3年生，4年生になるまで，内容がどのように構成されているか，という議論がきちんとなされて科目が積み上がっていけばいいのですが，必ずしもそうはなっていないというのが多くの大学の実情でしょう。ディシプリンのなかで科目のレベルの違いをきちんと明確にできて，「これだけ学べば学位になる」というものをつくれば，GE の方はある意味多様なディシプリンを学ぶというところだから，一つのディシプリンのなかの lower division の部分だけを履修すればよいということで，十分成り立つのではないでしょうか。

　したがって，ディシプリンのなかでのレベル分けがきちんとできていないにもかかわらず，「提供する科目のカテゴリーが教養なのか専門なのか」という点だけで分けようとしている，というところが日本のおかしいところです。それは歴史的な桎梏でもありますが，そこを打破しないかぎり，設置審に引っかかる，認証評価に引っかかる……ということになります。認証評価をすり抜けるよいアイデアはありませんが，根本的な問題として，そういったことを考えなければならないのではないかと思っています。

　二宮：歴史的な桎梏というのは，旧制予科のあたりの話ですか。

　吉田：というよりはむしろ，日本にジェネラル・エデュケーションを一般教育として導入するときの，何をやるのか，あるいは誰が担当するのかという，もともとは教員の問題として始まった議論をそのまま引きずって，教養科目は専門科目とは違う科目として提供しなければならない，という話だけずっと残ってしまっている，ということです。

　二宮：ありがとうございます。

　崎山：学内の調整だけで済むのか，ということも問題になると思います。参照基準などをつくる際にも，標準的なカリキュラムをつくるかつくらないかという話になって，結局のところ，うやむやになっています。これは，絶対評価や相対評価といったことにも関わりますし，学士課程全体を通した質の保証を，学問領域間でどのように考えていくのかということとも関わってきます。一つの大学だけではどうしようもない課題だと思います。また，国際教養学部のように，ディシプリンベースではない学部がこれだけ増えてしまうと，さらに議論が難しくなります。

3　若手研究者の雇用をめぐる諸問題，その解決の困難さ

1　教育者としての若手研究者の育成

　渡邉：先ほども少しふれた教養教育や一般教育を担う側の問題，ひいては高等教育研究の若手育成といった問題はどうでしょうか。

　崎山：教養教育や一般教育の担い手たちは，基本的に大学院で研究者として養成されてきた人たちですが，大学に就職する際には教育者として評価され，教育者としての役割をかなり期待されるようになります。就職する先が一般教育部門なのか専門教育部門なのかによっても求められるものが違います。研究者としてのアイデンティティが強いと，どうしても自分の専門領域に近いことだけを教えたい，もし

くは研究者を再生産する部署で教育をしたい，弟子を育てたいといった思惑をもちます。そういったことが，ハイアラーキーをつくっていくうえで大きく影響しているのではないでしょうか。つまり，一般教育を担当すれば，弟子を育てることもできないし，自分が研究していることそのものを話すこともできない，と考えるわけです。実際，私の感覚からいうと，「自分が研究していることも意外としゃべれるよ」とも思うのですが。

　そのあたりで，教育者としての育成があまりうまくいっていないと思うのですが，これはどの段階でサポート・支援をするべきなのでしょうか。大学院生の段階でプレFD（Faculty Development）のような形で意識づけをするのが重要なのか，それとも非常勤講師などをやっているときに，雇用した側が研修という形で意識づけをする方がよいのか，それとも専任教員になったタイミングでFDという形で意識づけをする方がよいのか。そのあたりについて，吉田先生，実践を交えて何かないでしょうか。

　吉田：早稲田大学の例でいえば，大学総合研究センターでプレFDに似たことは行っています。今年からグローバルエデュケーションセンターで授業としてもやり始めました。それを高度TA（Teaching Assistant）と呼んでいます。RA（Research Assistant）ではなく教育補助ができるようなTA，つまり授業のなかで出席を取ったりペーパーを配ったりするのではなく，もう少し先生の教育補助をして，将来的には大学教員になっていく者を育てていこう，というものです。事前に大学総合研究センターの研修を受け，TAをしている間もセンター主催の意見交換会などに出ることを要件として，通常のTAよりは高い賃金を支払い，修了証を発行しています。

　もう一つ早稲田大学の例でいえば，海外の大学のTeaching & Learning Centerのようなところで教授法の指導を受けるということを行っています。現在，アメリカのワシントン州立大学と提携しており，希望する教員が学年末に現地で2週間，Teaching & Learningについて実際に模擬授業等をやりながら指導を受けるとともに，夏には早稲田に来てもらって，授業をみてもらってアドバイスをもらう，といったこともやっています。これは非常に人気があります。かかる費用も大学負担です。この取り組みは日本の大学全体にとってよいものなのですが，早稲田大学にとっては残念なことに，そこに手を挙げてくる主に若手の方々は任期つきで，任期つきの方たちをそのまま常勤にする制度がないために，その人たちは任期が終われ
ばどこかに行ってしまいます。したがって，せっかくお金をかけてよい人材を育て

ているのですが，力をつけた方々はみんな他の大学に貢献するような仕組みになってしまいます。

　類似した取り組みは京都大学や東京大学でも行われていますし，一定の意味はあると考えています。近年の傾向として，「教育ができるか」ということが，若手にかぎらず教員採用において非常に重視されていて，面接で模擬授業をやってもらうことが当たり前になってきているので，その意味では，研究者としてプロになるとともに，教育者としてもプロになることは必要であるし，そうであるべきでしょう。

2　大学改革関連業務と研究の間で

　吉田：もう一つ悩ましい問題は，大学内のセンター系のところに就職される方のことです。そこで求められる資質は研究でも教育でもなく，アドミニストレーションに近い部分です。講演会をマネジメントしたり，何かの企画をつくったり，そういう仕事をやらざるを得ません。大学としてはそういう人が不可欠で，その仕事は事務職員の方ではとてもできないので，やはり大学の教育や研究のことをわかっている人にやってもらった方がよいのです。それをベースにして次のステップがあればよいのですが，そこに長くいるのは本当によいことなのか，研究者として育ちたいと思う人にとっては疑問符がつくのではないかと思います。

　もう少し敷衍していえば，私の研究領域でもある高等教育研究の研究者たちの悩ましさもそこにあります。羽田先生のインタビューでも言及されていたと思いますが，最近，高等教育関係のセンターをもつ大学が非常に増えているので，高等教育研究をやる人たちのなかには，初職として就職口をそこに求める人が増えてきています。つまり，大学の事務組織の一部として，事務職員と一緒に仕事をする人が非常に増えています。それは大学のための仕事であって，大学のためには必要なのですが，そこでやった仕事を研究だと思って研究発表がなされる状況が増えていることは問題であると思います。たとえば，IR（Institutional Research）はその典型で，学内でデータを取って現状を発表すれば，研究としての格好はつきますが，それを研究だと思ってよいのでしょうか。

　特に今の日本の大学は，ここ30年ほどずっと改革を求められて動いているなかで，学内の仕事のうち，大学独自の仕事よりも改革対応の仕事が非常に増えています。高等教育センターのようなところには，そういう仕事が降ってくるわけです。これに対してどのように対応するか，というとき，「IRをやりましょう，FDをやりましょう」という話になるのですが，そうして仕事として与えられたことを研究だ

と思ってしまうのです。それは高等教育研究をやる人間にとっても，高等教育研究の学界にとっても，非常に大きな問題であろうと私は考えています。二宮さん，その点に関していかがでしょうか。

　二宮：この本の読者のなかには，教育社会学や高等教育論の若手研究者だけでなく，一般の人文・社会科学系の若手研究者で大学改革に携わる何らかの仕事をしてきた人も多くいらっしゃると思います。そうした当事者たちが吉田先生の言及された事態をどのように理解しているかということについては，これから私が研究していきます。むしろ，渡邉さんはどうでしょうか。関西の若手研究者の間で大学改革に関わる仕事があったわけですが，それをどのように受け止めてきたのでしょうか。

　渡邉：私は自分の出身学部の改組騒動をきっかけにカーッとなって改革論議に足を踏み入れただけの人間なので，そのあたりの事情はよくわからないのですが，京都大学のプレ FD ということでは，文学研究科が OD・ポスドク問題の対策として始めた学部・研究科主導の集中的なプログラムと，高等教育研究開発推進センターのプログラムがそれぞれあって，特にその初期の参加者は FD 関係で就職がかなりスムーズにいったように遠目にはみえていました。そうすると，アカデミアで生き残っていくために FD 関係のこともやって，それで就職したら学内の大学改革関係のことは業務としてやりながら，あとは「研究」という自分の牙城をどこまで守れるか，ということになるのでしょうか。あくまで印象ですが。

　ただ，関わってしまった以上は「毒を食らわば」で，仕事として課された部分は学内での論議にしたがいながら粛々とやるけれども，研究者として大学改革について批判的な議論もするという――「いい意味での二枚舌」とあえて言いますが――，そういう人も一定数いると思います。この本や，先に同じ出版社から出た『反「大学改革」論』の執筆メンバーも多かれ少なかれそうでしょうし。ちなみに，後者の編集時に「こんなタイトルの本を出すと就職に差し支えるのではないか」という話が出たこともあったのですが，私自身に関して言えば，今の職場ではとくに問題は生じていません。批判的な議論をしていようとしていまいと，学内の仕事をきちんとこなしている限り，研究として何をやっていようと問題ではない――「『反「大学改革」論』なんて本，出してるんだね」と，えらい人からいじられることはあるものの――という状況です。それは，そういう議論が個々の大学の具体的な問題にフィードバックしていないということで，かえって根が深いとも言えるかもしれませんが。

　二宮：ありがとうございます。崎山先生はどうですか。崎山先生も私と同じよう

な仕事，いや私よりも困難な仕事をされてきたと思いますが，どうでしょう。

　崎山：センター系に就職したので，いろいろなことをやってきて，今でもやっています。現在，このコロナ禍の状況のなかで，学内には一部の教員しか入っていないこともあって，物理的に大学にいるのが私だけ，そういう状況が何度かあったために，急遽業務が回ってきたりすることもありました。この手の「誰の仕事かはっきりしないけど，誰かがやらなきゃ組織が回らない仕事」は，アドミニストレーション寄りで，二宮さんらが研究されている「第三の専門職（新しい専門職）」的な仕事でもあります。そして意外にも大学の仕事として重要なものも多いです。私の場合，歴史研究を専門としているので，大学の歴史を引きつければ，こういう仕事をずっと誰かがやってきたということはわかりますし，教員評価といった観点で資料を見ていくと，19世紀半ばからあまり変化はなく，近代の大学というとどこでも同じようにやっているのだとわかります。大変ではありますが，自分のなかで折り合いをつけてやっています。

　個人的には，そもそも現在，専門だけを教えることのできる大学があるのだろうか，と疑問すら抱いています。アドミニストレーションも，授業開発・カリキュラム開発も，誰かが担わなければなりませんから，それを誰かに押しつけるのではなく，みんながきちんと交換可能な状態で回せるようになってほしいと思います。

　先ほどの吉田先生のお話に戻りますと，プレFDは重要だと思っています。私の所属大学でも今年度から，早稲田大学の事例などを参考にしながら，プレFD・高度TAといったことを議論していて，これから研究者・教育者になっていく人たちには，最低限のことを理解したうえで就職していってほしいと願っています。ただ，そうした部分の負担が増すと研究の時間がなくなるので，それについてはさわりの部分だけで，どうしたら知識をキャッチアップできるか，ということだけを意識づけられればよいと思っています。

　二宮：プレFDについていえば，現場の指導教員の方が嫌がるという話を聞くこともあります。つまり，「院生の研究時間を奪うな」ということです。博士論文を書くことが重要であって，週に何時間も奪われるのは非常に困るという噂を聞くこともあり，悩ましいと感じます。

　崎山：時間数を極力減らして，オンデマンド型のeラーニングのプレFDにして，あとは後期TAという形で授業を負担してもらいながら，さまざまなことを数年間で学んでもらう形も可能だと思っています。私の大学では部分的にTAが授業を担当できるようになりました。これは指導教員側に大きなメリットがあります。自

分の授業の一部を自分の指導する学生に割り振って，その給与を大学側がもってくれるわけですから。教員側からも非常に前向きな意見が多く，期待されています。

吉田：今のことに関して，忙しいなかで研究も教育もアドミもやらなくてはならないというのが共通の課題であり，運命であると思いますが，高等教育研究といったときに，それがもつ危うさがあります。先ほども言いましたが，アドミとしてやった IR や FD の仕事をそのまま研究だと思って学会で発表するということの危うさを非常に感じるわけです。それは，データが少ないからとか，事例だからふさわしくないとか，そういうわけではありません。

研究である以上，何らかのディシプリンの体系のなかに自分を位置づけて，新しいオリジナルな部分を提示したり，現状に対する批判的なスタンスをとったり，問題をはらんでいる部分をクリアにしたり，そうした部分がどこかに必要であると思います。おそらく，先生方も歴史学や哲学といったそれぞれの専門領域の研究ではそういうことをされていると思います。他方で，仕事は仕事，アドミはアドミで，時間は取られるけれどやらなければならない，あるいは，初年次教育は自分の専門とは異なるけれどやらなければならない，ということは，それはそれでいいと思います。

しかしながら，高等教育研究の場合，仕事と研究領域が近いがゆえに，仕事としてやったことが研究であると勘違いして，そのまま研究にしようとすることが起きています。無反省に仕事を研究と勘違いしてもってくることは，本人にとっても不幸だと思います。高等教育研究という領域があるのかないのかは何ともいえませんが，学会はありますから，その学会のもつ意味は一体何か，つまり研究としてどのような進歩ができるのかということを考えると，そこが不安でもあり，不満でもあり，あるいは若い世代の人たちを考えると，かわいそうだと思う点でもあります。高等教育研究に携わっている者からみると，現状がそういう方向に向かっているということだけは，申し上げておきます。

崎山：おそらくこの部分は重要なところで，要するに「仕事と研究をどのように切り離すか」という距離感の問題です。両方を求められていて，その距離が近すぎるとうまく区別ができないということになります。学問として批判されるのか，業績・仕事として批判されるのかによって受け答え方もかなり異なります。学問として批判されるのは当然のことなので，ある程度納得しながら次のステップに移りやすいと思いますが，仕事をそれと同じような勢いで批判されると厳しいのではないでしょうか。そのあたりは切り分けながらやっていかなければならないと思います。しかし，それがすべて個人の問題かというと必ずしもそうではなくて，業績がなけ

れば契約を更新できないという制度的な縛りがあるのかもしれませんし，「学会等で知見を共有し情報提供をしてほしい」というオファーがあるのかもしれません。

3　非常勤講師・任期つき教員

渡邉：非常勤の話はどうでしょう。

崎山：これも難しい話題です。どのような問題を議論すればよいか，渡邉さんから補助線を引いていただけると助かります。

渡邉：一つには，吉田先生がご著書の結論部で指摘されているように，日本の教養教育・一般教育が非常に貧しいなかで行われてきて，そのバッファにあたっていたのが教養部，さらには非常勤と呼ばれている人たちであり，システムの拡大・縮小に際してその人たちを調整弁とすることでさまざまな状況に対応してきたということがあります。当事者にはそれぞれの事情や都合，現状に対する不満もあるのですが，それらが見えにくく声が聞こえにくい，というのが非常勤についての問題として残り続けている。現在のコロナ禍のなかでも，おそらく同じようなことが起こっているだろうと思います。

　一方で，私の場合，たまたま自分の所属先で，今年度，非常勤の方の助けが必要になる事情があり，その際に後輩など信頼できる人に多く来てもらうことになったのですが，なかでも複数の大学を渡り歩いている方がさまざまな場所での知見を持ち寄ってくださり，大いに助けられました。コロナ禍で遠隔授業の形式になったとき，知識や知見の蓄積という部分では，一つの所属しかもっていない者より，さまざまな場所を渡り歩いている人の方が多くのものをもっているという気づきがありました。少し話が散らかりましたが，非常勤に関する話題提供として。

崎山：ありがとうございます。非常勤に依存している大学の問題がありますが，それがこれからどのように変わっていくのかということ，また一方，この状況で非常勤の人たちの声が聞こえにくいということ，といった問題ですね。吉田先生はどうお考えですか。

吉田：非常勤は悩ましいですね。たとえば非常勤の給与の安さは，学問にきちんとお金をかけてこなかったということの象徴であり，近年では，任期つきの教員にその問題が集約されていると思います。今後どうなっていくのかについては何ともいえません。というのは，日本ではドクターの学生数が 2011 年をピークとしてそれ以降減少し続けています。今後研究者になろうとする人が減っていくだろうと考えたとき，就職がしやすくなるのではないかという見通しが立たないわけではあり

ませんし，他方，大学がつぶれていく時代にきちんと専任を雇うところなどないの
だから同じように大変になるだろう，という予測も立ちます。

　遠隔授業が一般化したときに，果たしてそれは非常勤による代替になるのか，そ
れとも非常勤を切ることになるのか，これも今の状況では私もわかりません。先ほ
ど渡邉さんが，「あちこちで非常勤をやっているからいろいろな知識が得られる」と
いうことをおっしゃいましたが，それは決して望ましい話ではなく，たまたまあち
こちで非常勤をやらざるを得ないから知識があったにすぎません。非常勤の問題は
解消の手立てが見つかりません。

　同じようなことでいえば，任期つきの教員で3年，5年と多数の大学を渡り歩い
ている方もたくさんいらっしゃいますが，それも非常に問題です。それは，研究内
容が切れてしまうからです。私のような研究領域だと，教育関係で，先ほども言っ
たセンター系で仕事をされる方も多いのですが，センターで要請された仕事を研究
成果として残されている場合があります。しかし次のセンターに移ってミッション
が変わると，そこで要請されたものがまた研究として課されることになります。そ
うして研究がつながることがないまま，「一体この人は何の研究をする人？」という
意見が教授たちの間に出てくることになります。採用の際に，特に早稲田大学は大
学院もあって後継者の養成も重要ですので，力があっても研究に一貫性がない人は
雇えない，ということもありえます。このことは，日本の将来の学術研究を担う人
の育成を考えたときに，非常勤と同じくらい大きな問題をはらんでいると思います。

　崎山：ありがとうございます。今回，大学で授業ができなかった期間に「学費返
金問題」が提起されて，今でも主張しているグループがあります。気持ちはよくわ
かりますが，学費返還が実現したとき，非常勤の人たちの契約がどうなるかと思う
と，積極的に支援する気にはなれませんでした。こういう状況のなかで，最も立場
の弱い非常勤や任期つき教員が調整弁になってしまうことを恐れています。

　また今回，時間もなかったとはいえ，合意形成も契約もない状況下で非常勤講師
の方々に遠隔授業への対応を無理強いしたことは大学として考えなくてはならない
課題だと考えています。「自分の家から配信してください」といっても，配信でき
る部屋がない場合もあります。なぜ私が今日，大学にいるかというと，私のパート
ナーが非常勤講師で，家で授業の動画を作成しているからです。昼間，家に私の居
場所はありません。

　仕事が私生活まで浸食してきているにもかかわらず，相変わらずの薄給です。非
常勤の方は90分の動画を1万円くらいで作っているわけです。映像制作会社に頼

むと 10 万円以上かかるでしょう。もちろん映像のクオリティは違います。ただし，専門的な知識を前提につくられた映像です。誰でも簡単に作れる類のものではありません。しかもこの状況で，大学だけが不当に儲けているわけでもないのです。誰も幸せになっていません。

　渡邉さん，この点についてどう考えていますか。

　渡邉：話題を振っておきながら，どうしたらいいのかわからないというのが正直なところです。私も任期つきで——2 年任期プラス 1 年更新の「特別専任」を 3 年間やった後，切り替わって——現在，5 年任期の 2 年目ですが，所属している教養部内ではこの雇われ方でも恵まれた方なので，それで教養部長補佐という役職をあてられて，部内のマネジメント，たとえば急遽退職した教員の科目の後任の非常勤探しなどにも関わっています。そういうとき，自分自身が就職前に 5 年間，いわゆる「専任非常勤」時代があって，だんだん精神的にきつくなってきたという経験があるので，どういう方にお願いするのがいいか迷います。とりあえず，博士号をとるかとらないかのタイミングで，「学振」をとっていないとか，とっていても教歴がないような人にとって，就職が見つかるまでのつなぎの非常勤，教育経験を積むための非常勤であれば本人にもアカデミアにも積極的にプラスになると思って，伝手がある限りそういう方に声をかけるようにしていますが。

　崎山：二宮さんはどうでしょう。

　二宮：私は今，地方国立大学に勤務していますが，そこでは非常勤のなり手がいません。ですからこれはケース・バイ・ケースであって，非常勤の方々が団結して問題を解決することの困難の一つではないかと思います。

　崎山：私は若手研究者問題にも関わってきたので，いろいろと情報がやってきます。やはり，地方の問題はかなり大きいです。首都圏では研究者が余っているのに地方では足りないということはよく聞きます。もしかすると，オンデマンド型やZoom などが，地方の人にとっては状況を改善してくれるものになるかもしれません。しかし，短期的には状況は改善するかもしれませんが，実際にそれでうまく回るかといえば，おそらくそのようなことにはならないでしょう。予算カットにつながっていくかもしれません。そのあたりをどう乗り越えていくか，いかにうまくお金が回るシステムを構築できるかが課題だと思ってはいます。

4　若手研究者の雇用問題は研究されてきたのか

　渡邉：非常勤問題は高等教育関係の学会，あるいは教育社会学会で，研究対象と

して話題になることはあるのでしょうか。

吉田：日常的な話題にはなっても，研究対象としてきちんと研究があるかといえ
ば，あまり目にしたことはないです。

崎山：日本社会学会が最初に若手研究者問題に関するアンケート調査を行ってい
て，日本歴史学協会も，若手研究者問題という形で社会学の人たちの知見を借りな
がらやっています。これもアンケート調査が前提です。それ以上の，非常勤という
ものがいつどのように発生し，どういう位置づけになって，それがどのようにバッ
ファとして使われるようになって……といった話はあまりにも当たり前で，意外と
盲点になっていて，体系的な研究がなされていません。

ここにはかなり複雑な背景もあります。大学においては，医学部の無給医の話も
この問題に括られるべきものかもしれません。多くの領域で，「通過儀礼」的な位置
づけに置かれてきたのかもしれません。また，ジェンダーの問題が明確に出る話で
もあります。

二宮：戦前だと専門学校ですか。戦後の私立大学の，専門学校の先生はどこから
来たのか，といった研究になるでしょうか。

崎山：新制大学になったときの旧制高校の先生の話題もあります。断片的に聞い
たり読んだりしたことはあるのですが，それらをまとめて，誰が非常勤講師になっ
たのか，誰がどういうことをやったか，つまりどういうリクルートの経緯があった
のか，どういう再生産がされてきたか，といったことをケーススタディとして，ど
こかに焦点を当ててやるのは面白いかもしれません。おそらく 1960-70 年代に分水
嶺があって，大学が大規模化していくときに，オーバードクターの話などと関連し
て問題化してきたのではないかと思います。それはたしかに，誰もきちんとやって
いませんね。天野郁夫先生の研究の裏バージョンができるかもしれません。学問領
域を限定して，たとえば「歴史学」と限定すれば可能かもしれません。ただ，専任
教員は追えても非常勤講師は難しいかもしれません。

二宮：高等教育研究としてやらなければならない課題だと今日認識しました。あ
りがとうございます。ただ，実際に調査をやろうとすると，調査対象者へリーチす
ることが難しいですよね。

崎山：1960 年代，70 年代であれば，授業を受けていた人たちにインタビューす
るしかないと思います。「自分の受けていた授業を非常勤の教員が担当していた記
憶はありますか」と。私の父親も，「非常勤の先生にこういうことを教えてもらった
んだ」という話を断片的にしています。1980 年代くらいから，もしかすると今定年

退職される先生方の初職の段階で，どういうところで非常勤をやってきたのか，といったインタビュー調査ができるのかもしれません。

　米谷：ところで，非常勤の先生方は基本的には教養教育に関連されることが多いのでしょうか。読者にはそのあたりがわからないのではないかと思います。専門教育と教養教育，どちらが非常勤の方が割合的に多いのでしょうか。

　崎山：これは各大学によって事情が違うと思いますが，私の所属大学では，語学教育と体育で非常勤講師への依存度が非常に高いです。これは，たとえば体育だと 30 人，最大でも 50 人くらいと，ある程度のクラスサイズが決まっていて，一学年 2,500 人ほどをそのサイズに分けるとなればそれなりの数が必要になるからです。専任教員ではどうしても頭数が足りないので，非常勤講師に頼らざるを得ないわけです。専門教育の非常勤は，基本的に，専門領域としてカバーする領域を増やすためのものですね。近年だとサバティカルや教員の退職に伴って生じた穴を塞ぐケースも多くなっているかもしれません。もちろん大学にもよると思いますが，一般教育ほどの割合にはならないと思います。

　米谷：ありがとうございます。

4　おわりに

　渡邉：最後に，今日インタビューをさせていただくにあたって，事前に羽田先生のインタビューにも——ご本人にご了解をいただいたうえで——目を通していただきましたが，その内容に関して吉田先生から何かご意見・ご感想などおありですか。

　吉田：羽田先生のお話は大変面白く拝見いたしました。特に異論があるわけではなく，参考になる部分が非常に多かったです。非常にエネルギッシュで，ある意味，これまで置かれた状況のなかで，「その状況でいいのか」と批判的な目で見てさまざまなことをやってこられたのだと思います。

　渡邉：ありがとうございます。ちなみに，羽田先生と吉田先生のお付き合いは長いのでしょうか。

　吉田：そうですね。教育社会学会にもずっといらっしゃっていましたし，高等教育学会になってからはずっとですから，かれこれ何十年の付き合いです。高等教育学会ができたのは 1997 年ですが，それ以前から存じ上げていましたし，そういう意味では長いですね。

　崎山：こうしてもう一度羽田先生のインタビューを読んでみると，やはり面白

いですね。「本当に活字になるんだ。みんなこれを読むんだ」と。今回のインタビューも楽しかったです。今日は長時間にわたって，いろいろなことをざっくばらんにお聞かせいただきありがとうございます。話しながら昔の記憶のふたが開いた部分もありましたし，これからの問題もクリアになりました。特に今後の方針については，リベラル・エデュケーションを何のためにやるのか，どのようにして誰が担っていくのか，といった点に関してはまだみえない部分もありますが，継続的に考えるきっかけとして，非常にありがたい機会になったと思っています。

あとがき

　本書はそれぞれ専門的な知識をもつ研究者によって提示される，現在進行中の「大学改革」に対するオルタナティブなあり方を共有するという狙いをもっている。そのため，編者は研究，教育，社会貢献活動の現代的な課題に対して学術的に通暁している研究者や，自らの教育実践に対して自省的な検討を進めている研究者へ執筆を依頼した。その際，ソーシャル・ネットワーキング・サービス（SNS）での緩やかなつながりが有効であった。SNS 上で行われている仕事に関するささやかな情報交換，たわいない趣味の紹介，生活に関する感情の吐露などを通じた研究者間の，必ずしも日常的に積極的なコミュニケーションが行われているわけではないからこその「弱い紐帯の強さ」（The Strength of Weak Ties）が分野横断的に存在しているようである。

　インタビューを快くお引き受けくださった羽田貴史先生，吉田文先生のお二人に対してあらためて心からお礼申し上げる。編者・編集者の 4 名が先生方へ長時間にわたり，失礼を顧みることなく根掘り葉掘りお話を伺うことになった。羽田先生は近代日本の国立大学財政制度や，占領下の教育改革の研究をはじめとして，現代の大学運営や教員養成制度の研究など幅広い領域を切り拓いてこられた。また，吉田先生は戦後日本の大学における一般教育（General Education）やその類似概念である教養教育の課題に継続して取り組まれ，e- ラーニングや成人を対象とする再教育についてもお詳しい。大学を研究の対象に据えてきた研究者から「大学改革」に関する多様な論点を引き出すことを試みているお二人に対するインタビューは「なぜ，現代の大学がこうなっているのか？」「なぜ，大学政策はこのように進行してきたのか？」という問いについて立体的に考えるための糸口になっているであろう。読者の皆さまが大学についてディスカッションする際に，インタビューで展開されている知見をご活用いただけるようであれば幸いである。

　本書の編集の過程で，筆者が本題または副題へ入れるようお願いをした言葉が「現場」であった。大学に限らず個人的，社会的な実践が行われるさまざまな「現場」において，そのときそこで生じていたこと，感じられていたこと，考えられていたことを書き留めることは難しい。たいていの場合において実践そのものに注力するべきであって，それをわざわざ記録する余裕はない。しかし，あるべき像が大所高所から提示されることと同時に，「現場」の状況に即して思考を少しずつ積み上

げていくことも必要である。国民国家の成立よりもはるかに古い時代から存在している，人びとが集まって真理の探究を進める大学について，その長い歴史の経緯を丁寧にふまえた理想のあり方と「いまここ」での現実に対して考えられていることがらの両者を同時に検討するのである。各分野の研究者は自らが大学生だった頃にはまったく経験したことのない，詳細に書き込まれるシラバス，休講のまったくない 2 学期制での全 15 回の講義，2 カ月で一つのまとまりのある知識伝達が求められるクォーター制，講義時間外の学習に関する具体的な指示，大学での学習や生活の方法を身につけるための親切で丁寧な初年次教育（FYE：First-Year Experience），成績評価への異議申し立てに対する回答，休学者や成績不振者に対する細やかな個別支援，家計支持者に対する大学の活動報告，成績評価のためのルーブリック，学習や生活のふりかえりのためのポートフォリオ，職業生活でも通用する能力を評価するジェネリックスキル・テスト，学習内容のアウトプットによって理解を深めるアクティブ・ラーニング，学習管理システム（LMS：Learning Management System）の利用や e- ラーニングといったオンラインでの学習，社会的な実践に貢献するサービス・ラーニング，語学習得ではなく現地での生活体験や課題解決のためのプロジェクトの遂行を重視する海外短期留学，正課内外のキャリア教育やインターンシップ，高大連携事業やオープンキャンパス，特色ある入学試験などへの関わりを求められて，それらの「現場」においてことあるごとに当惑する。その思い迷う状況から生じる考察は意義深いのである。

　本書は 2019 年初夏に刊行することを予定していた。しかし，編者による作業が遅延するうちに 2020 年春からは新型コロナウイルス感染症（COVID-19）の流行への対応に追われることになり，さらに刊行が遅延することになってしまった。各執筆者には必要に応じて時勢に即した加筆をいただいている。ご迷惑をかけたことは多く，編者一同お詫び申し上げる。

　最後に，本書の出版に関してお世話になったナカニシヤ出版の米谷龍幸氏に対して感謝申し上げる。「大学改革」の「現場」に対して日々の雑談によってではなく，論考によって批判的に検討する機会は必ずしも多いわけではない。こうした形での議論が継続されることを期待している。

編者を代表して

二宮　祐

事項索引

236

人名索引

執筆者紹介（五十音順，＊は編者）

井上義和（いのうえ よしかず）
帝京大学共通教育センター教授
担当：第6章

笠木雅史（かさき まさし）
広島大学人間社会科学研究科・総合科学部准教授
担当：第7章

北村紗衣（きたむら さえ）
武蔵大学人文学部英語英米文化学科准教授
担当：第8章

崎山直樹＊（さきやま なおき）
千葉大学大学院国際学術研究院准教授
担当：まえがき・序章・インタビュー

標葉靖子（しねは せいこ）
実践女子大学人間社会学部准教授
担当：第5章

標葉隆馬（しねは りゅうま）
大阪大学社会技術共創研究センター准教授
担当：第3章

嶋内佐絵（しまうち さえ）
東京都立大学国際センター准教授
担当：第1章

成瀬尚志（なるせ たかし）
大阪成蹊大学経営学部准教授
担当：第9章

二宮 祐＊（にのみや ゆう）
群馬大学学術研究院（主担当 大学教育・学生支援機構教育改革推進室）准教授
担当：第4章・インタビュー・あとがき

羽田貴史（はた たかし）
広島大学名誉教授・東北大学名誉教授
担当：インタビュー

光永悠彦（みつなが はるひこ）
名古屋大学大学院教育発達科学研究科准教授
担当：第2章

吉田 文（よしだ あや）
早稲田大学教育・総合科学学術院教授
担当：インタビュー

渡邉浩一＊（わたなべ こういち）
福井県立大学学術教養センター准教授
担当：インタビュー

現場の大学論
大学改革を超えて未来を拓くために

2022 年 7 月 20 日　　初版第 1 刷発行

編　者　崎山直樹・二宮　祐・渡邉浩一
著　者　井上義和・笠木雅史・北村紗衣・
　　　　標葉靖子・標葉隆馬・嶋内佐絵・
　　　　成瀬尚志・羽田貴史・光永悠彦・
　　　　吉田　文
発行者　中西　良
発行所　株式会社ナカニシヤ出版
〒606-8161　京都市左京区一乗寺木ノ本町 15 番地
　　　　　　　　　Telephone　075-723-0111
　　　　　　　　　Facsimile　075-723-0095
　　　　Website　http://www.nakanishiya.co.jp/
　　　　Email　iihon-ippai@nakanishiya.co.jp
　　　　　　　　　郵便振替　01030-0-13128

印刷・製本＝ファインワークス／装幀＝白沢　正
Copyright © 2022 by N. Sakiyama, Y. Ninomiya ＆ K. Watanabe
Printed in Japan.
ISBN978-4-7795-1545-3

ファシリテーションとは何か　コミュニケーション幻想を超えて

井上義和・牧野智和［編著］／中野民夫・中原淳・中村和彦・田村哲樹・小針誠・元濱奈穂子［著］ファシリテーションが要請される時代を私たちはどう読み解けばよいのか。ファシリテーションが様々な現場で求められる社会に迫る。　2400 円＋税

残された酸素ボンベ　主体的・対話的で深い学びのための科学と社会をつなぐ推理ゲームの使い方

標葉靖子・福山佑樹・江間有沙［著］　楽しみながら科学技術と社会への多面的な見方や思考力を鍛えるために東京大学で開発されたコミュニケーション型推理ゲーム教材を解説。　2400 円＋税

責任ある科学技術ガバナンス概論

標葉隆馬［著］　科学技術政策の現状と課題，科学技術研究の倫理的・法的・社会的課題（ELSI）など，科学と社会に関わるテーマを包括的に解説。　3200 円＋税

災禍をめぐる「記憶」と「語り」

標葉隆馬［編］　公的な記録からこぼれ落ちていく，災禍をめぐる経験や感情，思考。それらを社会に留め，記憶を継承していくにはどうすればいいのか。　3600 円＋税

教養教育再考　これからの教養について語る五つの講義

東谷護［編著］／佐藤良明・森利枝・伊藤守・標葉靖子・小島美子・塚原康子［著］　大学だけに閉じこもらない，広く市民にも開かれた教養を大学から考えるために，さまざまな角度からいま「教養教育とは何か」を考える。　2600 円＋税

文系大学教育は仕事の役に立つのか　職業的レリバンスの検討

本田由紀［編］　人文・社会科学系の大学教育は仕事に「役立っている」のではないか。調査結果に基づいて，さまざまな角度から検討を行う。　2600 円＋税

テストは何を測るのか　項目反応理論の考え方

光永悠彦［著］　そのテスト，大丈夫？　PISA などに用いられている公平なテストのための理論（＝項目反応理論）とその実施法をわかりやすく解説。　3500 円＋税

反「大学改革」論　若手からの問題提起

藤本夕衣・古川雄嗣・渡邉浩一［編］／宮野公樹・二宮祐・藤田尚志・高野秀晴・井上義和・児島功和・佐藤真一郎・坂本尚志・堀川宏・杉本舞［著］　これから大学はどうなっていくのだろうか。今後の大学を担う若手たちが，現状の批判的検討を通じて，より望ましい方向性を模索する。　2400 円＋税

ゆとり京大生の大学論　教員のホンネ，学生のギモン

安達千李・新井翔太・大久保杏奈・竹内彩帆・萩原広道・柳田真弘［編］／益川敏英・佐伯啓思・毛利嘉孝・山極壽一ほか［著］　突然の京都大学の教養教育改革を受けて，大学教員は何を語り，ゆとり世代と呼ばれた学生たちは何を考え，そして，議論したのか？　1500 円＋税